Michael Böhnke / Thomas Schüller
Zeitgemäße Nähe

Studien zur Theologie und Praxis der Seelsorge

84

Herausgegeben von
Konrad Baumgartner und Erich Garhammer
in Verbindung mit
Martina Blasberg-Kuhnke und Franz Weber

Michael Böhnke / Thomas Schüller

Zeitgemäße Nähe

Evaluation von Modellen pfarrgemeindlicher Pastoral nach c. 517 § 2 CIC

echter

Bibliografische Information der Deutschen Nationalbibliothek

Die Deutsche Nationalbibliothek verzeichnet diese Publikation in der Deutschen Nationalbibliografie; detaillierte bibliografische Daten sind im Internet über <http://dnb.d-nb.de> abrufbar.

www.echter-verlag.de
Druck und Bindung: Difo-Druck GmbH, Bamberg
ISBN 978-3-429-03411-5 (print)
978-3-429-04605-7 (ebook)

Vorwort

In der römisch-katholischen Kirche gibt es europaweit einen zunehmenden Priestermangel. Dieser führt dazu, dass das Amt des Pfarrers in zahlreichen Pfarrgemeinden nicht besetzt werden kann und sich die traditionelle Gestalt der Leitung einer Pfarrgemeinde – jede Pfarrgemeinde hat ihren eigenen Pfarrer – verändert. Angesichts dieser Entwicklung haben sich Pastoralpraktiker in den Bistümern und Pfarrgemeinden, sowie Bischöfe und Pastoraltheologen auf die Suche nach Alternativen begeben.

Eine neue Form der Leitung einer Pfarrgemeinde – kurz Gemeindeleitung genannt – ermöglicht c. 517 § 2 des kirchlichen Gesetzbuchs Codex Iuris Canonici (CIC). Er erlaubt den Diözesanbischöfen im Falle des Priestermangels, Diakonen und nichtgeweihten Personen bzw. Personengruppen, die „Teilhabe an der Ausübung der Hirtensorge für eine Pfarrei" zu übertragen. Für die Moderation der Hirtensorge müssen sie einen Priester bestimmen, der diese Aufgabe in der Regel nebenamtlich wahrnimmt. Diese neu in den Codex von 1983 aufgenommene Norm hat ihre Wurzeln in der pastoralen Praxis Südamerikas. Als entscheidende Quelle kann ein Beschluss angesehen werden, den die Generalversammlung der lateinamerikanischen Bischöfe 1968 in Medellin gefasst hat.

C. 517 § 2 CIC wurde in Deutschland u. a. in den Diözesen Aachen und Limburg – dort durch partikularrechtliche Statuten – den jeweiligen ortskirchlichen Gegebenheiten angepasst. Die Leitung in vakanten Pfarrgemeinden wurde dort seit 1991 entsprechend organisiert. Während die Zahl der Fälle, in denen die Gemeindeleitung gemäß c. 517 § 2 CIC erfolgen konnte, im Bistum Aachen im einstelligen Bereich und damit eher gering blieb, wurde der Canon im Bistum Limburg häufig angewendet.

Bislang ist die Anwendung der durch den c. 517 § 2 CIC ermöglichten Form der Gemeindeleitung in den Pfarrgemeinden in Deutschland nicht und im deutschsprachigen Bereich kaum erforscht. Diese Lücke wird durch eine empirische Untersuchung, deren Genese und Ergebnisse in dieser Publikation vorgestellt werden, gefüllt.

Im Projektteam haben Michael Böhnke als Projektleiter, Thomas Schüller als Kooperationspartner, Johannes Keppeler als Forschungsassistent sowie Sarah Drysch, Meike Grubert, Arno Hadasch, Christina Jessel, Anja Stemmeler und Jochen Vennebusch als wissenschaftliche und studentische Hilfskräfte mitgewirkt. Untersuchungsdesign und Leitfaden, Transkription und Auswertung wurden vom

Team in über zwanzig ganztägigen Kolloquien gemeinsam entwickelt und diskutiert. Alle Interviews wurden von Johannes Keppeler in den beteiligten Pfarrgemeinden durchgeführt. Die Publikation dieser Studie wird von Thomas Schüller und Michael Böhnke verantwortet.

Ein herzlicher Dank gilt allen Interviewpartnern in den sechs beteiligten Pfarrgemeinden. Ihre Einstellungen und Erwartungen stehen im Zentrum. Ein weiterer Dank gilt der Deutschen Forschungsgemeinschaft, die das Projekt vom 01.01.2008 bis 31.12.2010 gefördert hat. Ohne diese Förderung hätte es nicht stattfinden können. Nicht zuletzt gebührt ein Dank den wissenschaftlichen Mitarbeitern des Institutes für Kanonisches Recht der Universität Münster Thomas Neumann, Martin Zumbült und Johannes Klösges, die die abschließende Korrektur und das Layout der Studie vorgenommen haben.

Wuppertal/Münster im Januar 2011 Michael Böhnke/Thomas Schüller

Inhaltsverzeichnis

1 Einleitung

1.1 Thema und Anspruch der Studie

Der zunehmend spürbare Priestermangel hat viele Pfarrgemeinden in eine tiefe Strukturkrise gestürzt. Genau genommen geht es nicht um Priestermangel; es geht – und man könnte das als Zuspitzung des Priestermangels deuten – um Pfarrermangel. Und es geht in Bezug auf die Strukturkrise der Pfarrgemeinden zeitgleich um die Gemeinde-Idee. Es handelt sich also um eine Krise, die zwei Brennpunkte kennt. Unter Pfarrermangel ist zu verstehen, dass zunehmend weniger Pfarrgemeinden einen eigenen Pfarrer haben. Nur etwa 22 % der Pfarrgemeinden in den Bistümern Deutschlands sind es gegenwärtig noch.[1] Das Besondere und zugleich Dramatische daran: Anders als das Amt des Religionslehrers, Theologieprofessors, Vikars, kirchlichen Richters oder als ein Amt in kirchlichen Verwaltungen, kann das Amt des Pfarrers nach geltendem kirchlichem Recht nur mit einem Priester besetzt werden.

Zum zweiten ist in der pastoralen Praxis die Gemeinde-Idee an Grenzen gestoßen.[2] Die Gemeinde als Sozialform christlichen Lebens habe sich von der Lebenswelt der Moderne entfernt, erreiche die Pluralität der Lebensstile durch ihr geschlossenes Milieu und ihre Binnenorientierung nicht mehr und werde weder der Individualisierung noch der sozialen Mobilität als Kennzeichen der Moderne gerecht, so lautet in Zusammenfassung eine gängige – allerdings nicht die einzige – kritische Diagnose.[3] Gemeinde als Sozialform des pfarrlichen Lebens, dieses

[1] Vgl.:http://www.dbk.de/fileadmin/redaktion/veroeffentlichungen/arbeitshilfen/ah_231.pdf,33 (10.09.2010).

[2] Vgl. R. Bucher, Die Gemeinde nach dem Scheitern der Gemeindetheologie. Perspektiven einer zentralen Sozialform der Kirche, in: G. Ritzer (Hg.), „Mit Euch bin ich Mensch …". (FS Friedrich Schleinzer), Innsbruck; Wien 2008, S. 19-46. Ferner: B. Spielberg, Kann Kirche noch Gemeinde sein? Praxis, Probleme und Perspektiven der Kirche vor Ort, Würzburg 2008.

[3] Eine weitere Diagnose lautet, dass die Praxis gescheitert sei, weil Gemeinde nie strukturbildend habe wirken können. Die pastorale Macht sei beim Klerus verblieben. Basisgemeinden müssten an die Stelle von Pfarrgemeinden treten. Man sollte sich vom Parochialprinzip verabschieden. Vgl. N. Mette, Vom pfarrlichen Territorialprinzip zur Option für ortsbezogene Gemeinden, in: PthI 26 (2006), S. 8-21. Die Kritik am Parochialprinzip liegt auch der Gemeindebildung in Poitiers zugrunde. Vgl. R. Feiter, H.

sich im Terminus der Pfarrgemeinde ausdrückende Ideal, „ist Objekt der kritischen Infragestellung geworden".[4]

Wie kann in einer solchen Situation in den deutschlandweit über 12000 Pfarrgemeinden pastorales Handeln aufrecht erhalten, weitergeführt, durch neue Impulse bereichert und zukunftsfähig gestaltet werden? Was geschieht mit den Pastoralstrukturen? Wie werden sich pastorale Dienste, Ämter und Rollen weiter entwickeln? Mit diesen drei Fragen wird die durch den Pfarrermangel wie die Gemeinde-Idee bedingte Krise der pfarrgemeindlichen Pastoral zugleich angezeigt und dimensioniert. Sie erstreckt sich auf das pastorale Handeln, die Pastoralstrukturen und die pastoralen Dienste, Ämter und Rollen.

1.1.1 Brennpunkt Pfarrermangel

Die Bischöfe als die für die Organisation der pfarrgemeindlichen Pastoral in ihren Diözesen Verantwortlichen haben verschiedene Möglichkeiten, mit der Krise unter dem Aspekt des Pfarrermangels umzugehen.

Im pastoralen Handeln kann ein Pfarrer durch Diakone und pastorale Mitarbeiterinnen und Mitarbeiter – Pastoral- oder Gemeindereferentinnen und -referenten – sowie durch Ehrenamtliche unterstützt und entlastet werden. Diese nehmen dann bestimmte Aufgabenbereiche, etwa die Jugendarbeit oder Sakramentenkatechese verantwortlich wahr, sind dabei jedoch an die Weisungen des Pfarrers gebunden. In diesem Sinn haben die genannten Personen- und Berufsgruppen vielerorts die Kapläne bzw. Vikare ersetzt, die es aufgrund des Priestermangels schon seit längerem kaum noch gibt. Zudem kann die Zahl der Termine für Amtshandlungen des Pfarrers reduziert werden, etwa durch den Wegfall von Sonntagsgottesdiensten oder die Zusammenlegung von Taufen; pastorale Kooperationen mit anderen Pfarrgemeinden können eingegangen werden. Der Pfarrer kann ferner von Aufgaben der Verwaltung zugunsten der Pastoral entlastet werden. All das kann ein Bischof initiieren, gutheißen, rechtlich ermöglichen oder verfügen.

Hinsichtlich der Pastoralstrukturen lässt sich durch eine Fusion von Pfarrgemeinden die Ordnung, dass jede Pfarrgemeinde ihren eigenen Pfarrer hat, wieder herstellen. So ist es beispielsweise im Bistum Essen geschehen. Die Zahl der Pfarreien wurde dort auf 43 reduziert. Die durchschnittliche Zahl der Getauften je

Müller (Hgg.), Was wird jetzt aus uns, Herr Bischof? Ermutigende Erfahrungen der Gemeindebildung in Poitiers, Ostfildern 32010.

[4] H. Haslinger, Lebensort für alle. Gemeinde neu verstehen, Düsseldorf 2005, S. 109.

Pfarrei erhöhte sich gleichzeitig auf über 20.000 Katholiken.[5] Eine weniger weitgehende Möglichkeit besteht darin, Priestern das Pfarramt in mehreren Pfarrgemeinden zu übertragen, sei es dauerhaft als Pfarrer oder vorübergehend als Pfarradministrator, oder ausländische Priester anzuwerben und als Pfarrer oder Pfarradministrator einzusetzen.[6]

Auch ist vorgeschlagen worden, die Pastoral lebensraumorientiert auszurichten. Der soziale Lebensraum wird dann in seiner möglichen Vielfalt als pastoraler Raum verstanden. Die Grenzen der Pfarrgemeinden sollen überschritten, nicht mehr erreichte, durch die Sinusstudie aber identifizierte Milieus sollen wieder erreicht werden.[7] Das Postulat einer lebensraumorientierten Pastoral, die Überwindung der pfarrgemeindlichen Grenzen, wird in einigen Bistümern für die Strukturreform genutzt.[8] Wenn allerdings nur die Zahl der gemeindepastoralen Orte verringert wird, ist dadurch der Lebensraum der Menschen als pastoraler Raum noch lange nicht erschlossen. An die Stelle des Lebensraums, der die Gemeinde als Prinzip auch der pfarrlichen Strukturen ablösen sollte, tritt der Pfarrermangel als Prinzip der Strukturreform. Wird die derzeitige „Gestalt des priesterlichen Amtes [...] zum archimedischen Konstruktionspunkt für die Anlage sämtlicher pastoraler Strukturen und Praxisformen"[9], werden nicht neue Räume eröffnet, nur alte Orte geschlossen mit der Konsequenz, dass nicht mehr Nähe zu den Menschen und ihren Sorgen, Hoffnungen und Nöten geschaffen wird, sondern Distanz. Auf die Gläubigen kommen durch die neuen Strukturen neue Anforderungen zu. Was die Bischöfe damit von den aktiven Gemeindemitgliedern verlangen, ist schnell aufgezählt: Überwindung des Kirchturmdenkens, Flexibilität und Mobilität, Abschied von liebgewonnenen Gewohnheiten.

[5] Vgl. ebd. u. C. Schneider, Kooperation oder Fusionierung von Pfarreien? Strukturelle Veränderungen im Bistum Essen aus kirchenrechtlicher Sicht, Essen 2008 (= Münsterischer Kommentar zum Codex Iuris Canonici. Beihefte; 53).

[6] Vgl. K. Gabriel, Die Situation ausländischer Priester in Deutschland. Studie im Auftrag der Wissenschaftlichen Arbeitsgruppe für weltkirchliche Aufgaben (zusammen mit R. Achtermann und S. Leibold) (im Erscheinen); K. Gabriel, R. Achtermann, S. Leibold, Notprogramm oder weltkirchliche Öffnung? Eine empirische Studie über ausländische Priester in deutschen Diözesen, in: HerKorr 64 (2010), S. 456-460.

[7] Medien-Dienstleistung GmbH in Kooperation mit der Katholischen Sozialethischen Arbeitsstelle e.V. (Hg.), Religiöse und kirchliche Orientierungen in den Sinus-Milieus 2005. Milieuhandbuch, München 2005. Vgl. M. N. Ebertz, H.-G. Hunstig (Hgg.), Hinaus ins Weite. Gehversuche einer milieusensiblen Kirche, Würzburg 2008.

[8] Vgl. M. Belok (Hg.), Zwischen Vision und Planung. Auf dem Weg zu einer kooperativen und lebensweltorientierten Pastoral. Ansätze und Erfahrungen aus 11 Bistümern in Deutschland, Paderborn 2002.

[9] Haslinger, Lebensort, S. 73.

In einigen Bistümern sind Bischöfe einen anderen Weg gegangen. Sie haben Diakone und Laien an der Gemeindeleitung[10] beteiligt, um die Folgen des Pfarrermangels für die übrigen Priester ebenso wie für die Pfarrgemeinden zu lindern. Hierbei besteht die Gefahr, dass die Krise, in die die Gemeinde-Idee in der Praxis vielerorts geraten ist, nicht berücksichtigt wird, m. a. W. dieses Modell könnte als Lösung eventuell nur dort greifen, wo das Gemeindeleben funktioniert, das Prinzip Gemeinde also nicht oder noch nicht in der Krise ist.

Zu einer solchen Beteiligung von Diakonen und Laien an der Gemeindeleitung haben sich in Deutschland vor allem die ehemaligen Bischöfe von Aachen und Limburg, Klaus Hemmerle und Franz Kamphaus, entschieden. Sie haben sich dabei auf die durch c. 517 § 2 CIC eröffnete Option gestützt.

Generell ist von den Bischöfen angesichts des Pfarrermangels ein Handeln gefordert, das der Erwartung der Gläubigen, den Mangel zu beheben, entspricht. Doch das scheint innerhalb der selbst gesetzten Grenzen, z. B. der, die Zulassungsbedingungen zum Priesteramt nicht verändern zu wollen, nicht leicht möglich zu sein. Jahrelang haben die Bischöfe versucht, die Folgen des Mangels zu lindern. Ein solches Handeln lässt sich unter dem Begriff Mangelverwaltung zusammenfassen. Der Begriff stigmatisiert ein solches Handeln gleichzeitig als defizitär, weil es nicht in der Lage ist, den Pfarrermangel zu beheben.

1.1.2 Brennpunkt Gemeinde-Idee

Faktisch behoben wird der Pfarrermangel derzeit lediglich durch eine Anpassung der Zahl der Pfarrgemeinden an die Zahl der Pfarrer. Die dafür notwendigen Fusionen führen einerseits zu sehr großen Pfarreien und andererseits zu einer Entkopplung von Pfarrei und Gemeinde. Und damit ist der Überstieg zum zweiten Brennpunkt der Krise, dem Niedergang der Gemeinde-Idee, vollzogen. Ohne auf die Vor- und Nachteile dieser Strategie an dieser Stelle näher eingehen zu wollen, kann und muss doch so viel angemerkt werden: Die Verbindung von Pfarrei und Gemeinde ist weder für die Pfarrei noch für die Gemeinde notwendig. Die Verbindung steht jedoch für institutionelle Bedeutung der Gemeinde-Idee, als deren wichtigstes Organ der Pfarrgemeinderat angesehen werden kann. Eine Pfarrei besteht als öffentliche Person des kirchlichen Rechts weiter auch ohne Gemeinde. Institutionell und hinsichtlich ihrer personellen, finanziellen und säch-

[10] Der Begriff Gemeindeleitung ist kein kanonistischer Fachbegriff. Er wird im Folgenden verwendet, um die Teilhabe von Diakonen und Laien an der Wahrnehmung der Hirtensorge in einer vakanten Pfarrei zu bezeichnen. In diesem Sinn findet er sich in der pastoraltheologischen Literatur. Gemeinde wird dabei als Pfarrgemeinde verstanden. Der Codex des kanonischen Rechts kennt diesen Begriff ebenfalls nicht. Er verwendet den Begriff Pfarrei.

lichen Ausstattung ist sie zudem in Deutschland nicht von der Gemeinde, sondern vom Bistum abhängig. Die Existenz der Pfarrei erlischt auch nicht automatisch dadurch, dass das Amt des Pfarrers nicht besetzt werden kann. Insofern ist auch die Verbindung von Pfarrei und Pfarrer nicht zwingend. Eine Pfarrei ohne Pfarrer ist denkbar, eine Pfarrei ohne Priester nicht, zumindest nicht, solange es in der Pfarrei eine Gemeinschaft von Gläubigen gibt. Eine Gemeinde ist andererseits aber auch ohne Pfarrei denkbar. Zwar kommt ihr nicht der Charakter einer juristischen Person in der Kirche zu, es sei denn, die Gemeinde organisiert sich als öffentlicher Verein kirchlichen Rechts[11], aber christliches Gemeindeleben ist durchaus auch ohne diesen Rechtsstatus denkbar. Seitdem die kirchlichen Amtshandlungen keine Bedeutung mehr für den zivilen Personenstand haben – Stichwort Kirchenbücher – und seit Abschaffung des Pfarrzwangs sowie der Gemeindekirchensteuer in Deutschland, lässt sich das Subjekt Gemeinde durchaus ohne Pfarrei, beispielsweise als Basisgemeinde denken. In der Pastoraltheologie wird handlungsleitend auf Basisgemeinden und kleine christliche oder lokale Gemeinschaften Bezug genommen, die auch ohne ständig präsente Leitung von außen ihren christlichen Alltag lebendig gestalten können. Sie verstehen sich nicht primär als Außenstellen oder Untergliederungen einer Großpfarrei, sondern als „Grundeinheit der Diözesanstruktur“[12] oder „Prinzip von Kirche“[13], was sich nicht zuletzt darin seinen Ausdruck verschafft, dass sie sich darauf berufen, ein neuer Weg des ‚Kirchesein‘ zu sein.

Werden Basisgemeinden als „Hilfe zur ersten und zur vertieften Verkündigung des Evangeliums und Ursprung neuer Dienste“[14], als „Kernzellen kirchlicher Strukturierung“ und so als „eine neue Art Kirche zu sein“[15] verstanden, ist damit sowohl der Enterritorialisierung von Gemeinde das Wort geredet – Gemeinde wird funktional verstanden – als auch darauf hingewiesen, dass eine so verstandene Gemeinde keine dauernde Leitung von außen braucht.

Kirchenrechtlich kann die Leitung der kleinen christlichen Gemeinschaften – wird sie denn doch wieder als Sozialform verstanden – gemäß c. 516 § 2 CIC[16] organisiert werden. Das Zusammenwirken von Priester und Gemeinde lässt sich

[11] Vgl. das Beispiel der Integrierten Gemeinde: http://www.kig-online.de (01.10.2010).

[12] K. Nientiedt, Frankreich: Strukturmodell für die Seelsorge, in: HerKorr 60 (2006), S. 61-63, hier S. 61.

[13] Vgl. F. Klostermann, Prinzip Gemeinde: Gemeinde als Prinzip des kirchlichen Lebens und der Pastoraltheologie als der Theologie dieses Lebens, Wien 1965.

[14] N. Mette, Ein neues Verständnis vom Kirche-Sein. Impulse aus einer lateinamerikanischen Ekklesiologie, in: Diakonia 38 (2007), 198-203, hier S. 198.

[15] F. Weber, Im Gegenwind und Aufwind. Eindrücke vom 11. Treffen der brasilianischen Basisgemeinden, in: Diakonia 36 (2005), S. 439-444, hier S. 443-444.

[16] Vgl. P. Krämer, Nichtpfarrliche Gemeinschaften – ein Gegensatz zur Pfarrstruktur? Zur Interpretation von c. 516 § 2 CIC, in: AfkKR 163 (1994), S. 351-364.

prinzipiell offener formulieren, weil die Rechte und Pflichten anders als die eines Pfarrers nicht festgeschrieben sind. Mit der Entkopplung von Pfarrei und Gemeinde ist gegeben, dass eine Gemeinde, die nicht als Pfarrei verfasst ist, auch nicht von einem Pfarrer geleitet werden muss. Damit sind wir wieder beim ersten Brennpunkt der Krise, dem Pfarrermangel, angekommen.

Die Diskussion um die Krise der Pfarrgemeinde kann an dieser Stelle nämlich um den Aspekt bereichert werden, dass auch die Verbindung von Priester und Pfarrgemeinde nicht zwingend ist. Der priesterliche Dienst kann nicht nur in der Pfarrgemeinde gelebt werden. Priester handeln auf Diözesanebene, sie wirken als Professoren und arbeiten in Einrichtungen des sozialen und gesellschaftlichen Lebens. Die Gemeinschaft, mit der und in der sie Eucharistie feiern, ist nicht unbedingt eine Pfarrgemeinde.

Durch diese nicht notwendige Verbindung von Pfarrei, Gemeinde und Priester ergibt sich theoretisch eine Vielzahl von Optionen zur Verwaltung oder gegebenenfalls Bewältigung der Strukturkrise der Pfarrgemeinden. Die Einsicht in die Nicht-Notwendigkeit dieser Verbindung ist zugleich Indikator des Umbruchs und der Krise. Zur Krise gehört, dass die unterschiedlichen Konzepte in Kräfte verzehrender Weise miteinander konkurrieren. Der Konflikt etwa zwischen der Pfarrei als von außen geleiteter Kirche vor Ort und der Gemeinde als „Keimzelle der kirchlichen Strukturierung“ scheint über die Macht des Stärkeren ausgetragen zu werden, wobei die eine Seite sich gewöhnlich auf die Macht der Institution, die andere sich auf die Macht des Geistes zu berufen pflegt.

1.1.3 Im Fokus: Canon 517 § 2 CIC

In der folgenden Untersuchung möchten wir uns auf eine konkrete Option zur Verwaltung oder Bewältigung der Krise beschränken, und zwar die Beteiligung von Diakonen und Laien an der Leitung einer Pfarrgemeinde. Diese Option steht nicht im luftleeren Raum. Sie kann nur im Kontext des skizzierten Umbruchs und der skizzierten Krise diskutiert werden (vgl. 2.1.1). Normiert wurde sie durch den kirchlichen Gesetzgeber in c. 517 § 2 CIC. Die Norm lautet:

> „Si ob sacerdotum penuriam Episcopus dioecesanus aestimaverit participationem in exercitio curae pastoralis paroeciae concredendam esse diacono aliive personae sacerdotali charactere non insignitae aut personarum communitati, sacerdotem constituat aliquem qui, potestatibus et facultatibus parochi instructus, curam pastoralem moderetur."

> „Wenn aufgrund von Priestermangel der Diözesanbischof der Meinung ist, daß die Teilhabe an der Ausübung der Hirtensorge für eine Pfarrei einem Diakon oder einer anderen Person, die nicht mit dem priesterlichen Charakter ausgestattet ist, oder einer Gemeinschaft von Personen anvertraut werden

> müsse, hat er einen Priester zu bestimmen, der, ausgestattet mit Vollmachten und Befugnissen eines Pfarrers, die Hirtensorge leitet."[17]

Die durch diese Norm rechtlich legitimierte Option wurde und wird weltweit ergriffen.[18] Sie geht von der Voraussetzung aus, dass eine Pfarrgemeinde nicht aufhört zu existieren, wenn das Amt des Pfarrers nicht besetzt werden kann. Sie hält zugleich an der Verbindung von Pfarrei und Gemeinde fest, durch die der Gemeinschaft der Gläubigen der Charakter einer öffentlichen juristischen Person in der Kirche zukommt. Damit wird der Rahmenvorgabe der Gemeinsamen Synode der Bistümer in der Bundesrepublik Deutschland gefolgt, Gemeinde als Leitbild der Pfarrei zu verstehen.[19] Die Pfarrei wird nicht in erster Linie als kirchliche Verwaltungsstruktur, die sie auch ist, gesehen, vielmehr präsentiert sie sich als Kreis von durch den Wohnort zusammengehörigen und durch das Bekenntnis des einen Glaubens verbundenen Menschen, unabhängig von deren sozialen Status oder Gruppenzugehörigkeit, die untereinander und mit dem Pfarrer kommunizieren. Mittelpunkt ihres pfarrgemeindlichen Lebens ist die Versammlung zur sonntäglichen Eucharistiefeier, die die Erfahrung der Zusammengehörigkeit und Gleichheit der verschiedenen Individuen und Gruppen auf der Basis des gottesdienstlichen Geschehens vermittelt. Dieses Bewusstsein prägt das soziale Verhalten in der Pfarrgemeinde. In diesem Sinn bietet die Pfarrgemeinde das Bild eines überschaubaren, gegliederten und integrierenden Gemeinwesens.

Wenn einerseits nun an dem Leitbild der Gemeinde für die Pfarrei, wie er in der Begriffszusammensetzung Pfarrgemeinde zum Ausdruck kommt, festgehalten werden soll und andererseits eine solche Pfarrgemeinde nach Freiwerden des

[17] Die Übersetzung folgt der in: K. Lüdicke (Hg.), Münsterischer Kommentar zum Codex Iuris Canonici, Loseblattsammlung, Essen, seit 1985. Diese gibt den Text – mit einer Ausnahme – adäquat wieder. Die im Auftrag der deutschsprachigen Bischofskonferenzen sowie Bischöfe herausgegebene Übersetzung schwächt die Aussagen des Kanons ab; z. B. wird „cura pastoralis" in c. 517 § 1 CIC/1983 mit „Seelsorge", hier aber mit „Seelsorgsaufgaben" und „participationem concredere" mit „beteiligen" wiedergegeben. Beiden Übersetzungen gemeinsam ist die Qualifizierung von „potestatibus und facultatibus" durch den bestimmten Artikel. Das legt nahe, der moderierende Priester müsse mit allen Vollmachten und Befugnissen des Pfarrers ausgestattet sein (so H. Paarhammer, Übertragung einer Pfarrei an mehrere Seelsorger, in: Münsterischer Kommentar zum Codex Iuris Canonici, c. 517, Rn. 4). Die Analyse der Textgeschichte wird zeigen, dass diese Auffassung kaum der Intention des Gesetzgebers entspricht.

[18] Vgl. Th. Schüller, M. Böhnke (Hgg.), Gemeindeleitung durch Laien? Internationale Erfahrungen und Erkenntnisse, Regensburg 2011.

[19] Vgl. Gemeinsame Synode der Bistümer in der Bundesrepublik Deutschland, Rahmenordnung für die pastoralen Strukturen und für die Leitung und Verwaltung der Bistümer in der Bundesrepublik Deutschland.(http://www.dbk.de/fileadmin/redaktion/Synoden/gemeinsame_Synode/band1/17_pastorale_Strukturen.pdf) (10.09.2010).

Pfarramts nicht nur vorübergehend, sondern auf absehbare Zeit keinen Pfarrer mehr bekommt, stellt dies für sie eine einschneidende Erfahrung dar. Wir haben in sechs solch einschneidenden Situationen, in der eine Pfarrgemeinde als Pfarrgemeinde bestehen bleibt, aber keinen neuen Pfarrer bekommen hat und Diakone oder Laien leitend die Verantwortung für die Pastoral in den Pfarrgemeinden übernommen haben, Interviews mit Verantwortlichen, aktiven und passiven Pfarrgemeindemitgliedern unterschiedlichen Alters und Geschlechts durchgeführt.

Wir wollten etwas über die Einstellungen, Erwartungen und Ansprüche der Interviewpartner in dieser krisenhaften Umbruchsituation erfahren, und zwar zu den Pastoralstrukturen, zu den pastoralen, Diensten, Ämtern und Rollen und zum pastoralen Handeln. Das unmittelbare Ziel der Studie besteht in der Formulierung eines hypothetischen Anforderungsprofils für die Pastoralstrukturen, das pastorale Handeln sowie die pastoralen Handlungsträger, dem sich kirchliches Leitungshandeln auf der Ebene der Pfarrgemeinde aber auch der Diözese stellen müsste. Auch wenn die hypothetischen Ergebnisse der Studie durch eine weitere Untersuchung auf ihre Belastbarkeit hin geprüft werden müssten, vermögen sie Enttäuschungen zu erklären, die sich genau dann ergeben, wenn das kirchliche Leitungshandeln nicht den Erwartungen entspricht, auf denen das Anforderungsprofil basiert. Zudem lassen sich auf der Basis der Ergebnisse der Studie hypothetisch Erkenntnisse für eine zuverlässige Orientierung pastoraler Reformen formulieren und weitere Forschungsdesiderate benennen.

1.2 Canon 517 § 2 CIC – Versuch einer genetischen Rekonstruktion

Doch zunächst steht der Canon 517 § 2 CIC selbst im Mittelpunkt. Die Norm, ihre Begründung und der Normzweck sind seit Mitte der achtziger Jahre Gegenstand kanonistischer Forschung, die sich bei der Interpretation des Canons zudem seit 1993 auf die veröffentlichten Protokolle zur Textgeschichte stützen konnte. Grundlegend geworden sind im deutschsprachigen Raum die Arbeiten von Heribert Schmitz[20] und Michael Böhnke[21]. Die unabhängig voneinander entstandenen Interpretationen haben eine breite wissenschaftliche Diskussion in Gang gebracht. Expliziert werden kann der Normtext desungeachtet folgendermaßen:

[20] H. Schmitz, ‚Gemeindeleitung' durch ‚Nichtpfarrer-Priester' oder ‚Nichtpriester-Pfarrer' Kanonistische Skizze zu dem neuen Modell pfarrlicher Gemeindeleitung des c. 517 § 2 CIC, in: AfkKR 161 (1992), S. 329-361.

[21] M. Böhnke, Pastoral in Gemeinden ohne Pfarrer. Interpretation von c. 517 § 2 CIC/1983, Essen 1994 (= Münsterischer Kommentar zum Codex Iuris Canonici. Beihefte; 12).

„Der Kanon normiert das Handeln des Diözesanbischofs zur Organisation der pfarrlichen Hirtensorge bei Priestermangel. Mit Priestermangel wird jene Situation gekennzeichnet, in der es einem Diözesanbischof auf längere Zeit nicht möglich erscheint, eine Pfarrstelle gültig zu besetzen. In diesem Fall kann er das pastorale Handeln unmittelbar und verantwortlich insgesamt Personen anvertrauen, die nicht die Priesterweihe empfangen haben. Aus den Personen werden durch die Anvertrauung der Teilhabe an der Wahrnehmung der Pastoral keine Ersatzpriester und auch keine Nichtpriester-Pfarrer. Implizit wird ihnen zusammen mit der Beauftragung die Vollmacht übertragen, im Namen und Auftrag der Kirche in einer Pfarrei pastoral zu handeln. Von Rechts wegen haben sie nicht das Pfarramt inne, und es werden keine neuen kirchlichen Ämter begründet. Der Codex knüpft ein solches Vorgehen des Diözesanbischofs an die Bedingung, dass er gleichzeitig einen Priester zu bestimmen habe, der die Hirtensorge moderiert. Dieser Priester, der nicht Pfarrer ist, repräsentiert das unverzichtbare hierarchische Prinzip in der Kirche. Der Diözesanbischof soll ihm Vollmachten und Befugnisse delegieren, die dem Pfarrer von Rechts wegen zukommen, damit einzelne Akte der Hirtensorge erlaubt und gültig erfolgen können. Die Pflichten und Aufgaben eines Pfarrers braucht er prinzipiell nicht zu übernehmen. In der Frage der konkreten Gestaltung der einzelnen Aufgaben im Verkündigungs-, Heiligungs- und Hirtendienst wird kein Sonderrecht geschaffen. Aber der Kanon verlangt, die angesichts der gegebenen Situation im einzelnen bestehenden Möglichkeiten auszuschöpfen."[22]

Durch die im Rahmen dieser Studie erfolgte weitere Erforschung der Genese des Textes haben sich darüber hinaus weitere – kanonistisch bislang nicht diskutierte – aber pastoraltheologisch hochinteressante Einsichten ergeben. Um sie geht es im Folgenden.

1.2.1 Die pastorale Perspektive

„Wenn eine Pfarrei nicht in normaler Weise betreut werden kann oder keinen dort wohnhaften Pfarrer hat, kann sie der Sorge eines Diakons oder einer Gruppe von Ordensleuten anvertraut werden, gemäß dem Beispiel, das man in einigen Gebieten mit sehr positiven Ergebnissen gemacht hat", heißt es in den 1968 von der Generalversammlung des Lateinamerikanischen Episkopates in Medellin gefassten Beschlüssen.[23] Den Bischöfen Lateinamerikas ging es seinerzeit ausdrücklich um die „Suche nach einer neuen und intensiveren Präsenz der Kirche in der gegenwärtigen Umwandlung Lateinamerikas im Lichte des II. Vatikanischen

[22] M. Böhnke, Die Zukunft der ‚priesterlosen' Gemeinde. Kirchenrechtliche Aspekte, in: ThG 38 (1995), S. 162-178, hier S. 176.

[23] Adveniat (Hg.), Sämtliche Beschlüsse der II. Generalversammlung des Lateinamerikanischen Episkopates Medellin 24.8.-6.9.1968, Essen 1970, S. 144. Es handelt sich bei dieser Ausgabe um die deutsche Übersetzung der durch den Papst am 24.10.1968 approbierten Texte.

Konzils“ (15) sowie darum, „die Strukturen in der Kirche, die den ständigen Dialog ermöglichen und Wege für die Zusammenarbeit der Bischöfe, Priester, Ordensleute und Laien weisen, zu erneuern und neue zu schaffen“ (10). Die zitierte Formulierung in den von Papst Paul VI. am 24.10.1968 approbierten Beschlüssen der lateinamerikanischen Bischöfe ist aufgrund ihrer inhaltlichen und formalen Parallelität als eine entscheidende Quelle zu c. 517 § 2 CIC anzusehen, auch wenn dies in den CIC Fontes keine Erwähnung findet.[24] Die Idee, Pfarrgemeinden der Sorge eines Diakons oder Ordensleuten anzuvertrauen, entspringt der Erfahrung. Deren Qualität wird mit positiven praktischen Ergebnissen begründet. Geschöpft wird aus der Quelle in dem Bewusstsein, dass sie eine neue und intensive Präsenz der Kirche in einer gesellschaftlichen Umbruchsituation ermögliche und der Hoffnung, dass sie einen kooperativ orientierten Beitrag zur Erneuerung kirchlicher Strukturen auf der Basis der Beschlüsse des II. Vatikanischen Konzils, vor allem Lumen Gentium 38 und Christus Dominus 31, leiste.

Dass die gute Praxiserfahrung Grund für die Formulierung und Aufnahme von c. 517 § 2 CIC in das kirchliche Gesetzbuch von 1983 gewesen ist, lässt sich durch eine Einlassung des Sekretärs der Studienkommission De populo Dei, deren Aufgabe die Redaktion des zweiten Buches im CIC von 1983 war, Erzbischof Rosalio José Castillo Lara, belegen. Erst nachdem dieser in der Sitzung der Studienkommission vom 19. April 1980 auf die guten Erfahrungen hingewiesen hat, die in seiner Diözese in Venezuela gemacht worden sind, in der eine Gemeinschaft von Gläubigen, die er als Vikarie bezeichnet, spirituell fruchtbar der Hirtensorge einer weiblichen Ordensgemeinschaft anvertraut worden ist, wird der Text, dessen erste Fassung bereits 1970 vorgestellt wurde, einstimmig angenommen. [25]

Dass bereits vor 1970 auch weiblichen Ordensgemeinschaften die Pastoral in Pfarrgemeinden anvertraut worden ist, ergibt sich ebenfalls aus der Redaktionsgeschichte zu c. 517 § 2 CIC. Bei der Beratung der ersten Textfassung[26], in der von

[24] Dort wird allerdings auf ein Dokument über die Rolle der Frau in der Evangelisierung aus dem Jahr 1976 hingewiesen. „Fonction de la femme dans L'évangelisation“; vgl. Sacra Congregatio pro Gentium Evangeliziatione, La Fonction Évangélisatrice (La funzione di evangelizzare), in: E. Lora (Hg.), Enchiridion Vaticanum. Documenti ufficiale della Santa Sede; Band 5 (1974-1976), Testo ufficiale e versione italiana, Bologna 121982, S. 978-1007 (Rn. 1546-1587).

[25] Communicationes 13 (1981), S. 149. In dem Dokument über die Rolle der Frau von 1976 wird auf entsprechende Erfahrungen hingewiesen: „En combien de paroisses déjà, en l'absence du prêtre, n'est-ce pas une religieuse qui assume la responsabilité …“ (1569).

[26] Der erste Textentwurf lautet: „Etiam si, certis in adiunctis, ad normam iuris, participatio in exercitio curae pastoralis parociae conredatur alicui communitati religiosorum aut religiosarum, sacerdos aliquis designetur qui, uti proprius parociae pastor, curam pastoralem moderetur" (Communicationes 24 [1992] S. 110). Die Formulierung lehnt sich an den Text

Angehörigen männlicher und weiblicher Religioseninstitute die Rede war, wurde kritisch gefragt, ob denn auch Ordensfrauen Pfarreien übertragen werden sollen. Die Anfrage wird mit dem Hinweis beantwortet, dass dies bereits in Lateinamerika der Fall sei.[27] Als Konsequenz dieser Diskussion wird der Personenkreis bereits in der zweiten Textfassung erweitert. Es wird nicht mehr zwischen Ordensleuten und Laien unterschieden. Die Rede ist nur noch von Personen oder Personengemeinschaften. Ohne weitere Binnendifferenzierung werden diese Personen seit dem dritten Entwurf nur dadurch gekennzeichnet, dass es sich nicht um Priester handelt: „sacerdotali charactere non insignitae." Erst im Zusammenhang mit der Endredaktion von 1982 wird hinsichtlich des Personenkreises dann wieder eine Binnendifferenzierung vorgenommen, indem Diakone eigens erwähnt werden.

Man kann also aufgrund dieses Befundes, der durch eine detaillierte Analyse der Redaktionsgeschichte[28] bestätigt wird – der Textentwurf wurde zwischen 1970 und 1983 insgesamt achtmal verändert – die These vertreten, dass c. 517 § 2 CIC sich positiven pastoralen Erfahrungen – übrigens nicht nur in Südamerika, sondern auch in Afrika[29] und Asien[30] – verdankt und insofern ein Zeichen der Zeit für die Suche nach einer neuen und intensiveren Präsenz der Kirche positiv aufnimmt. Die Kodifikation zeigt die Sensibilität des kirchlichen Gesetzgebers für die Wahrnehmung dieses Zeitzeichens, der sich methodisch damit ganz in der Spur des Zweiten Vatikanischen Konzils bewegt.

Die sich rechtsgeschichtlich zeigende pastorale Perspektive scheint in der Rezeptionsgeschichte jedoch verloren gegangen zu sein. Aller Kritik an diesem Canon ist gemeinsam, dass sie diese Perspektive auf den Canon nicht berücksichtigt, sei es, weil die Kritiker und Kritikerinnen sie nicht kennen, oder weil sie sich nicht vorstellen können, dass die Konzilsperspektive, von den Zeichen der Zeit auszugehen und diese im Licht des Evangeliums zu deuten, auch bei der Erstellung des

von Medellin an. Die Abweichung ist dadurch begründet, dass die Studiengruppe von dem Grundsatz des Unipersonalprinzips ausging: „principium generale: paroecia committitur uni sacerdoti" (ebd.).

27 Communicationes 24 (1992), S. 110.

28 Vgl. Böhnke, Pastoral, S. 10-27; ferner: Ders., Zukunft, S. 164-169. Ein schematischer Überblick findet sich ebd., S. 178.

29 Vgl. M. Moerschbacher, Laiendienstämter und ihre theologische Perspektive. Das Beispiel der pastoralen Erneuerung in der Erzdiözese Kinshasa, in: M. Böhnke, Th. Schüller (Hgg.), Gemeindeleitung durch Laien? Internationale Erfahrungen und Erkenntnisse, Regensburg 2011, S. 153-172.

30 Vgl. A. Vadakumthala, Bedeutung der 'Leitung der Pfarrgemeinde' durch Laien. Eine analytische Studie von c. 517 § 2 und Erfahrungen und Perspektiven seiner Anwendung in der Kirche Indiens, in: M. Böhnke, Th. Schüller (Hgg.), Gemeindeleitung durch Laien? Internationale Erfahrungen und Erkenntnisse, Regensburg 2011, S. 252-302.

kirchlichen Gesetzbuches eine Rolle gespielt haben könnte.[31] Für die Kirchenrechtswissenschaftlerin Sabine Demel stellt „die Rechtsnorm c. 517 § 2 CIC tatsächlich ein hölzernes Eisen bzw. den Versuch der Quadratur des Kreises dar“[32]; ihr Fachkollege Arturo Cattaneo bezeichnet sie als „Sackgasse“[33]. Indirekt wird ihre Existenzberechtigung mit dem Hinweis bestritten, dass es im CIC 1917 keine Parallele gab und die Norm auch nicht in den CCEO aufgenommen worden ist.[34] Zum letzten Argument hat Andreano Cattaneo jedoch zutreffend bemerkt, dass die Problematik in den orientalischen Kirchen praktisch belanglos sei.[35] Er hat damit zugleich eine These von Stephan Haering entkräftet, der behauptet, dass „für die katholischen Kirchen der orientalischen Riten diese weitgehende Beteiligung von Nicht-Priestern an der pfarrlichen Hirtensorge unvorstellbar ist“.[36] Es lässt sich jedoch recht einfach aufweisen, dass die Kritik keineswegs zwingend ist: Die Feststellung, dass es im CIC 1917 keine Parallele gab, zeigt lediglich die Neuheit der Norm an, erlaubt aber keine Aussage über ihren Sinn. Die Kritiken von Sabine Demel und Andreano Cattaneo selbst lassen sich aufgrund des Hinweises auf die Wahrnehmung der Zeichen der Zeit entkräften. In pastoral-kanonistischer Perspektive, die auf die Zwecksetzung der Präsenz der Kirche bei den Menschen abzielt, wird der Kreis, dem Sabine Demel die Quadratur bescheinigt hat, rund und die Sackgasse, die Andreano Cattaneo sieht, zu einem Weg, weil die Norm geeignet ist, diese Präsenz zu gewährleisten. Die vermutete Ausweglosigkeit bzw. Widersprüchlichkeit tritt erst dann in Erscheinung, wenn die Norm ohne Berücksichtigung der Zeichen der Zeit für die Präsenz der Kirche doktrinal-dogmatisch verstanden wird. Und in diesem Sinn ist sie auch von der Kleruskongregation 1990 hinterfragt worden: So heißt es in der Schlussbotschaft eines internationalen Symposions, welches von der Kongregation für den Klerus zum 30. Jahrestag des

[31] Man darf nicht vergessen, dass der Begriff Aggiornamento im Sprachgebrauch von Papst Johannes XXIII. von Anfang an auch die Aktualisierung des geltenden Kirchenrechts bedeutete. Vgl. O. H. Pesch, Das Zweite Vatikanische Konzil (1962-1965). Vorgeschichte – Verlauf – Ergebnisse – Nachgeschichte, Würzburg 31994, 60: „Wie wir inzwischen aus den neu herausgegebenen frühen Zeugnissen wissen [...], hatte der Papst auf jeden Fall von Anfang an ein „aggiornamento“ des Kirchenrechts im Sinn“.

[32] S. Demel, „Priesterlose“ Gemeindeleitung? Zur Interpretation von c. 517 § 2 CIC/1983, in: MThZ 47 (1996), S. 65-76, hier S. 73.

[33] A. Cattaneo, Die Institutionalisierung pastoraler Dienste der Laien, in: AfkKR 165 (1996), S. 56-79, S. 69.

[34] Vgl. H. Heinemann, Sonderformen der Pfarrgemeindeorganisation gemäß c. 517. Eine kritische Anfrage, in: AfkKR 163 (1994), S. 337-350, S. 345. Dazu auch: C.G. Fürst, Canones-Synopse zum CIC und CCEO, Freiburg–Basel–Wien 1992, S. 35.

[35] Cattaneo, Institutionalisierung, S. 58.

[36] S. Haering, Die Ausübung pfarrlicher Hirtensorge durch Diakone und Laien – Gesamtkirchliches Recht und partikularrechtliche Ausgestaltung, in: AfkKR 165 (1996), S. 353-372, hier S. 369.

Konzilsdekrets Presbyterorum Ordinis veranstaltet worden ist: „Zur Zeit ist es dringend notwendig, auf theologischer und praktischer Ebene den Unterschied zwischen dem Priestertum der Getauften und dem Weihepriestertum tiefer zu klären. Da in manchen Ländern wegen des Priestermangels immer mehr Diakone, Ordensleute und Laien an der Leitung von Pfarrgemeinden beteiligt sind, ist es notwendig, Normen zum richtigen Verständnis und zur Anwendung von Canon 517, 2 des CIC auszuarbeiten."[37] Es geht in der Argumentation der Kleruskongregation nicht mehr um die Präsenz der Kirche in Umbruchsituationen und auch nicht mehr darum, die Zeichen der Zeit „im Sinne Jesu (Mt 16,4) als „Vorzeichen der Hoffnung" zu lesen und zu unterscheiden"[38], denn in diesem Sinn haben sie die Hoffnung auf eine dialogische, zusammenarbeitsorientierte Erneuerung der Strukturen der Kirche genährt. Argumentiert wird stattdessen mit dem Unterschied zwischen dem Priestertum der Getauften und dem Weihepriestertum, den es zu klären gelte.[39] Dies ist eine Umkehrung der Perspektive der lateinamerikanischen Bischöfe, wie auch der Intention des kirchlichen Gesetzgebers, denen es in erster Linie um die Lösung eines pastoralen Problems – das der mangelnden Präsenz der Kirche – ging und in zweiter Linie um eine Innovation der Strukturen, um die Zusammenarbeit zwischen Klerikern und Laien zu fördern. In der römischen Instructio über die Mitarbeit der Laien am Dienst des Priesters werden dann allerdings – wie von der Kleruskongregation gefordert – den Unterschied zwischen Priestertum der Getauften und Weihepriestertum klärende Anweisungen vorgelegt. Dort heißt es, dass bei der Ausübung von einigen Funktionen der geistlichen Amtsträger „bis zu einem gewissen Grad auch nicht mit dem Weihesakrament ausgestattete Gläubige mit den Hirten zusammenwirken, wenn sie zur Ausübung dieser Mitarbeit von der rechtmäßigen Autorität in der vorgesehenen Weise berufen sind."[40]

[37] Kongregation für den Klerus: Internationales Symposion zum 30. Jahrestag des Konzilsdekrets Presbyterorum Ordinis Bonn 1995 (= Verlautbarungen des Apostolischen Stuhls; 124), S. 9.

[38] L. Kaufmann, N. Klein, Johannes XXIII. Prophetie im Vermächtnis, Freiburg i. Ü. 1990, S. 66.

[39] Eine plausible Bestimmung des Verhältnisses von Weihepriestertum und allgemeinem Priestertum nimmt im Anschluss an Lumen Gentium 10 Johannes Paul II. vor. Er versteht in Pastores dabo vobis den ordinierten Priester als Sakrament des allgemeinen Priestertums; Johannes Paul II. (25.03.1992), Nachsynodales Apostolisches Schreiben: Pastores dabo vobis über die Priesterbildung im Kontext der Gegenwart, Bonn 1992 (= Verlautbarungen des Apostolischen Stuhls; 105), S. 17.

[40] Congregatio pro Clericis et aliae, Instructio de quibusdam quaestionibus circa fidelium laicorum cooperationem sacerdotum ministerium spectantem, in: AAS 89 (1997), S. 852-877, 852 (dt. Instruktion zu einigen Fragen über die Mitarbeit der Laien am Dienst der Priester, Bonn 1997 [= Verlautbarungen des Apostolischen Stuhls; 129]) und die Instruktion der Kleruskongregation vom 4. August 2002: Der Priester, Hirte und Leiter der

Die Rezeptionsgeschichte wird also in weiten Teilen von der doktrinal-dogmatischen Unterscheidung zwischen dem Priestertum der Getauften und dem Weihepriestertum dominiert. Darüber gerät die von den Zeichen der Zeit ausgehende und diese für die Präsenz der Kirche in Umbruchsituationen fruchtbar machende, pastoral-kanonistische Perspektive aus dem Blick.

Die Unterscheidung zwischen dem Priestertum der Getauften und dem Weihepriestertum hat in den Dokumenten von Medellin selbst noch keine Rolle gespielt. Vergleicht man die Aussagen von Medellin: „Wenn eine Pfarrei nicht in normaler Weise betreut werden kann oder keinen dort wohnhaften Pfarrer hat, kann sie der Sorge eines Diakons oder einer Gruppe von Ordensleuten anvertraut werden, gemäß dem Beispiel, das man in einigen Gebieten mit sehr positiven Ergebnissen gemacht hat" mit der der Kleruskongregation, dass „bis zu einem gewissen Grad auch nicht mit dem Weihesakrament ausgestattete Gläubige mit den Hirten zusammenwirken, wenn sie zur Ausübung dieser Mitarbeit von der rechtmäßigen Autorität in der vorgesehenen Weise berufen sind", wird die Umkehr der Perspektive deutlich. Man wird konstatieren müssen, dass die einseitige Betonung der Differenz von Weiheamt und Laienämtern, sowie die fehlende theologische Bestimmung des Verhältnisses von beiden in Bezug auf den pastoralen Dienst die Rezeption des Canons bestimmt und die sich an ihm orientierende Praxis belastet. Rechtsdogmatisch ist der Canon jedoch – dies ergibt sich aus seiner Genese – vom Grundsatz der Sicherung der Pastoral in pfarrerlosen Gemeinden her auszulegen. Denn er stellt die normative Anerkennung und nachträgliche Regulierung einer vor allem auf der Südhalbkugel gängigen und segensreichen pastoralen Praxis zur Sicherung der Seelsorge dar. Dass diese dadurch erfolgt, dass ein Bischof, der Diakone oder Laien in pfarrerlosen Pfarrgemeinden mit der Wahrnehmung der Pastoral beauftragt, einen moderierenden Priester bestimmen muss, ist der nachrangigen Tatsache geschuldet, dass auch in diesen Fällen nicht vom hierarchischen Prinzip, das im Pfarreienrecht durchgängig bei der Codexreform beachtet wurde, abgewichen werden sollte.

1.2.2 Der Bezug zum II. Vatikanischen Konzil

Wenn die Erfahrung der Grund ist, aus dem die Quelle für die Norm sprudelt, und wenn aus der Quelle in dem Bewusstsein geschöpft worden ist, dass sie eine neue und intensive Präsenz der Kirche ermöglicht und von der Hoffnung getragen ist, dass sie einen Beitrag zur kooperativen Erneuerung kirchlicher Strukturen auf der Basis der Beschlüsse des II. Vatikanischen Konzils ermögliche, so ist diese

Pfarrgemeinde, Bonn 2002 (= Verlautbarungen des Apostolischen Stuhls; 157). Darin vor allem Nr. 23-25.

Bezugnahme auf das II. Vatikanische Konzil methodisch und inhaltlich zu bedenken. Methodisch ist dies insofern schon geschehen, als verdeutlicht werden konnte, dass Canon 517 § 2 CIC die Zeichen der Zeit für eine Präsenz der Kirche in Umbruchsituationen deutet und insofern eine Aktualisierung des Kirchenrechts darstellt, die aus dem Vertrauen lebt, dass das fruchtbare Wirken der Ordensleute – Männer und Frauen – in vakanten Pfarreien dem Wirken des Heiligen Geistes zugerechnet werden kann. Inhaltlich ist der Bezug auf die Beschlüsse des II. Vatikanischen Konzils noch darzustellen. Das soll im Folgenden geschehen. Vorausgeschickt sei ein kurzer Hinweis zur Konzilshermeneutik.

Auch wenn man sich hermeneutisch auf den Geist des II. Vatikanischen Konzils beruft, hat das Verständnis von den verabschiedeten Konzilstexten auszugehen.[41] Denn nur die verbindlichen Texte können Geltung beanspruchen. Das geschieht freilich auf eine spezifische Weise. Bei den Texten des II. Vatikanischen Konzils handelt es sich nämlich unabhängig von der Unterscheidung zwischen ihrem dogmatischen und pastoralen Charakter um solche, die das Selbstbild der Kirche und ihr identitätssicherndes Wissen prägen. Jan Assmann hat solche Texte kulturwissenschaftlich als formative Texte bezeichnet.[42] Formative Texte fordern Verbindlichkeit ein. Sie sind verbindlich auch für normierende Texte wie z. B. kirchenrechtliche Canones. Diese müssen konzilskonform sein. Sie dürfen dem durch das Konzil formulierten Selbstbild der Kirche und ihrem identitätssichernden Wissen, das inhaltlich als Verkündigung des universalen Heilswillens Gottes zu verstehen ist,[43] nicht widersprechen. Insofern sind die Canones des kirchlichen Gesetzbuches und ist auch c. 517 § 2 CIC vom Konzil her zu verstehen und nicht umgekehrt.[44]

[41] Ansprache von Papst Benedikt XVI. an das Kardinalskollegium und die Mitglieder der römischen Kurie beim Weihnachtsempfang, Donnerstag, 22. Dezember 2005, vgl.: http://www.vatican.va/holy_father/benedict_xvi/speeches/2005/december/documents/hf_ben_xvi_spe_20051222_roman-curia_ge.html (02.09.2010).

[42] Vgl. J. Assmann, Religion und kulturelles Gedächtnis, München 2000, S. 127. Assmann geht es um kulturelle Texte, die über die Distanz hinweg normative und formative Verbindlichkeit einfordern. „Formative Texte formulieren das Selbstbild der Gruppe und ihr identitätssicherndes Wissen."

[43] Vgl. ausführlich: M. Böhnke, Universaler Heilswille Gottes. Eine Relecture einleitender Formulierungen in den Texten des Zweiten Vatikanischen Konzils, in: IKaZ 37 (2008), S. 230-242.

[44] Vgl. die Kontroverse zwischen N. Lüdecke und P. Hünermann. N. Lüdecke, Der Codex Iuris Canonici als authentische Rezeption des Zweiten Vatikanums. Statement aus kanonistischer Sicht, in: Rottenburger Jahrbuch für Kirchengeschichte, 26 (2007), S. 47-69; P. Hünermann, Ist der CIC revisionsbedürftig? Dogmatische Anfragen an die Kanonistik zur Interpretation des CIC/1983, zum bischöflichen Amt, zur Ortskirche und zu den Laien, in: ThG 50 (2007), S. 15-30.

Es gibt nur wenige Textstellen in den Dokumenten des II. Vatikanischen Konzils, die zur inhaltlichen Begründung von c. 517 § 2 CIC herangezogen werden könnten. In pastoral-kanonistischer Perspektive wird man sicher zuerst auf eine exklusive Formulierung in Christus Dominus 31 verweisen müssen: „Praeterea cum muneris paroecialis tota ratio sit bonum animarum“ (Der einzige Sinn des pfarrlichen Dienstes besteht im Heil der Seelen). Dass das Heil der Seelen in der Kirche immer das oberste Gesetz sein muss, diese pastoral-kanonistische Perspektive ist in den Codex von 1983 als Schlusssatz aufgenommen worden. Ebenso wie in Christus Dominus 31 steht die Formulierung in c. 1752 CIC im Kontext des Pfarrerrechtes.[45]

Bedenkt man, dass die Formulierungen von Medellin und des ersten Textentwurfes zu c. 517 § 2 CIC Ordensleute im Blick hatte, wird man als weitere Textstelle in den Dokumenten des II. Vatikanischen Konzils auf Christus Dominus 35 verweisen müssen. Der Text lautet:

> „Vor allem können die Ordensverbände, die sich nicht einem rein beschaulichen Leben widmen, angesichts der drängenden Notlage der Seelen und des Mangels an Diözesanklerus von den Bischöfen herangezogen werden, um in den verschiedenen Seelsorgediensten Hilfe zu leisten; dabei ist jedoch auf die Eigenart eines jeden Verbandes zu achten. Diese Hilfeleistung, die auch durch die zeitweilige Übernahme von Pfarreien erfolgen kann, mögen die Oberen nach Kräften fördern.“

Aus dem unmittelbaren Kontext ergibt sich, dass an dieser Stelle nicht nur an Ordensgeistliche gedacht ist. Vielmehr ist in Christus Dominus 34 ausdrücklich von Ordensmännern und -frauen die Rede, nachdem zuvor über Ordenskleriker gehandelt worden ist.

> „Auch die anderen Ordensleute, Männer wie Frauen, gehören in einer besonderen Weise zur Familie der Diözese. Auch sie leisten der heiligen Hierarchie große Hilfe, und sie können und müssen diese Hilfe, weil die Anforderungen des Apostolats gewachsen sind, von Tag zu Tag mehr leisten.“

Christus Dominus 35 beschreibt dann die Anforderungen des Apostolates im Einzelnen.

Die lateinamerikanischen Bischöfe konnten sich in Bezug auf die oben zitierte Passage im Dokument von Medellin auf Christus Dominus berufen. Das gleiche gilt für den ersten Textentwurf zu c. 517 § 2 CIC, in dem von Mitgliedern männlicher und weiblicher Religioseninstitute die Rede ist. Die Änderung von 1970

[45] Vgl. Th. Schüller, Die Barmherzigkeit als Prinzip der Rechtsapplikation in der Kirche im Dienste der salus animarum. Ein kanonistischer Beitrag zu Methodenproblemen der Kirchenrechtstheorie, Würzburg 1993 (= Forschungen zur Kirchenrechtswissenschaft; 14).

hinsichtlich des Personenkreises, dem die pfarrlich-pastorale Verantwortung übertragen werden soll, erfordert allerdings einen zweiten Blick in die Konzilstexte. Die Aufmerksamkeit gilt diesmal den Textstellen, die sich mit der Möglichkeit befassen, Laien pastorale Aufgabe zu übertragen.

Lässt man die wenig spezifischen Aussagen in Lumen Gentium 38[46] und Presbyterorum Ordinis 9[47] über die Anerkennung der Würde und Verantwortung der Laien durch die geweihten Hirten außen vor, so bleiben lediglich die Aussagen in Lumen Gentium 35 und Apostolicam Actuositatem 24.

Lumen Gentium 35 beschreibt die kirchliche Realität in außergewöhnlichen Situationen und setzt eine dementsprechende Praxis als selbstverständlich und bekannt voraus:

> „Wenn nun einige von ihnen [gemeint sind die Laien] beim Mangel an geweihten Amtsträgern oder bei deren Verhinderung unter einem Verfolgungsregime gemäß ihrer Befähigung[48] gewisse heilige Aufgaben ersatzweise[49] erfüllen und viele von ihnen ihre ganzen Kräfte dem apostolischen Werk widmen…"

Der Text lässt keinen Zweifel daran aufkommen, dass Laien priesterliche Aufgaben ersatzweise erfüllen können. Ebenso rechnet er mit der Möglichkeit, dass dies hauptberuflich – mit ihrer ganzen Kraft – geschieht.

Legitimiert wird diese Praxis in genereller Weise durch die Formulierung in Apostolicam Actuositatem 24. Dort heißt es:

> „Schließlich vertraut die Hierarchie den Laien auch gewisse Aufgaben an, die enger mit den Ämtern der Hirten verbunden sind, etwa bei der Unterweisung in der christlichen Lehre, bei gewissen liturgischen Handlungen und in der Seelsorge. Kraft dieser Sendung unterstehen dann die Laien bei der Ausübung ihres Amtes voll der höheren kirchlichen Leitung."[50]

46 „Die geweihten Hirten aber sollen die Würde und Verantwortung der Laien in der Kirche anerkennen und fördern. Sie sollen gern deren klugen Rat benutzen, ihnen vertrauensvoll Aufgaben im Dienst der Kirche übertragen und ihnen Freiheit und Raum im Handeln lassen".

47 „Die Priester sollen die Würde der Laien und die bestimmte Funktion, die den Laien für die Sendung der Kirche zukommt, wahrhaft anerkennen und fördern."

48 „Pro facultate" bezieht sich wohl auf die Charismen der Gläubigen, weshalb abweichend zur offiziellen Übersetzung „nach Möglichkeit" besser heißen sollte „gemäß ihrer Befähigung". Der Kommentar zu Lumen Gentium, S. 276, vermerkt, dass in der relatio „ausdrücklich auf das in Artikel 12 über den Glaubenssinn und die Charismen der Gläubigen Ausgesagte … der Laien" verwiesen worden sei.

49 In der offiziellen Übersetzung wird „supplere" mit „stellvertretend erfüllen" wiedergegeben. Sinngemäßer wäre eine Übersetzung durch „ersatzweise erfüllen". Die Univozität mit „vicarius", das auch mit „stellvertretend" übersetzt wird, wäre dadurch vermeidbar.

50 Vgl. auch c. 228 § 1 CIC.

Die Konzilsväter haben also eine Teilnahme von Personen, die das Priestertum als Getaufte leben, an der Wahrnehmung der Hirtensorge, die der Kirche aufgetragen ist, zweifelsfrei für möglich gehalten. Begründet wird dies mit dem Priestersein aller Getauften. Materiell erstreckt sich die Teilnahme auf die Pastoral insgesamt. Dies wird durch die Dimensionen Verkündigung, Liturgie und Seelsorge angesprochen. Sie ist nicht auf einzelne Aufgaben beschränkt und schließt die Aufgaben aus, die das Priestertum der Weihe voraussetzen. Somit ist auch die Ausweitung des Personenkreises im Verlauf der Redaktionsgeschichte von c. 517 § 2 CIC durch entsprechende Aussagen des II. Vatikanischen Konzils inhaltlich legitimiert. Dies gilt ausdrücklich auch für die implizierte Einbeziehung von Frauen.

In seiner berühmten Enzyklika Pacem in Terris vom 11. April 1963, die nicht ohne Einfluss auf das Zweite Vatikanische Konzil geblieben ist, hat Papst Johannes XXIII. die zunehmende Teilnahme der Frauen am öffentlichen Leben als ein Merkmal der Zeit bezeichnet.

> „An zweiter Stelle steht die allgemein bekannte Tatsache, daß die Frau am öffentlichen Leben teilnimmt, was vielleicht rascher geschieht bei den christlichen Völkern und langsamer, aber in aller Breite, bei den Völkern, welche als Erben anderer Überlieferungen auch andere Lebensformen und Sitten haben."[51]

Er begründet die Entwicklung damit, dass Frauen sich zunehmend ihrer Würde als menschlicher Person (!) bewusst würden und die sich daraus ergebenden Rechte und Pflichten im öffentlichen Leben beanspruchten.

> „Die Frau, die sich ihrer Menschenwürde heutzutage immer mehr bewußt wird, ist weit davon entfernt, sich als seelenlose Sache oder als bloßes Werkzeug einschätzen zu lassen; sie nimmt vielmehr sowohl im häuslichen Leben wie im Staat jene Rechte und Pflichten in Anspruch, die der Würde der menschlichen Person entsprechen."[52]

Eine Ausnahme für das öffentliche Leben der Kirche wird in Pacem in Terris nicht formuliert. Apostolicam Actuositatem hat diese im Artikel 9 dann explizit gefordert:

> „Da heute die Frauen eine immer aktivere Funktion im ganzen Leben der Gesellschaft ausüben, ist es von großer Wichtigkeit, daß sie auch an den verschiedenen Bereichen des Apostolates der Kirche wachsenden Anteil nehmen."

[51] Johannes XXIII., Enzyklika Pacem in Terris vom 11.04.1963, in: AAS 55 (SER 3 Vol. 5), S. 257-304, Nr. 41.

[52] Ebd.

Als problematisch ist c. 517 § 2 CIC also nicht auf dem Hintergrund des Konzils anzusehen, etwa weil er möglicherweise den Texten des Konzils widersprechen würde. Er wird es erst in einer Perspektive, in der als Träger der pastoralen Sendung der Kirche ausschließlich das Weihepriestertum angesehen wird. Die schon zitierte Formulierung in Apostolicam Actuositatem 24, der Artikel beginnt mit der Aussage:

> „Es ist die Aufgabe der Hierarchie, das Apostolat der Laien zu fördern",

ist allerdings auch hier maßgebend. Sie muss deshalb gerade an dieser Stelle genau gelesen werden. Es handelt sich ihr zufolge bei der Verkündigung, im liturgischen Handeln und bei der Seelsorge um ein Tun, das vornehmlich mit den Ämtern der Hirten verbunden ist. Aus dieser Verbundenheit lässt sich jedoch kein Exklusivitätsanspruch ableiten. Von daher wirken Personen, die das Priestertum als Getaufte leben und sich aufgrund einer bischöflichen Beauftragung mit ihrer ganzen Kraft dem apostolischen Werk widmen, an der pastoralen Sendung der Kirche und nicht am Amt des Weihepriesters mit. Sie unterstehen in der Ausübung ihres kirchlichen Amtes der höheren kirchlichen Leitung, also in der Regel dem Bischof.

Festzuhalten ist, dass c. 517 § 2 CIC eine Norm ist, die sich der sensiblen Wahrnehmung der Zeichen der Zeit verdankt. Wenn sie das „Zeichen der Zeit" der Anvertrauung von Pfarreien an Ordensleute als „Vorzeichen der Hoffnung" versteht, dann beinhaltet die der Norm zugrundeliegende Erfahrung Hoffungspotenzial in Hinblick auf die Präsenz der Kirche wie auch der Erneuerung kirchlicher Strukturen. Methodisch wie inhaltlich bleibt die Norm, wie durch ihre genetische Rekonstruktion nachgewiesen werden konnte, in den Spuren des II. Vatikanischen Konzils. Akzeptiert das Kirchenrecht die Aufgabe, Pastoral rechtlich zu ermöglichen und so seinen Teil zur Realisierung der Sendung der Kirche beizutragen, werden Kanonisten die Norm nicht als „Quadratur des Kreises" ansehen müssen. Vielmehr stellt sie für die Diözesanbischöfe als Adressaten der Norm eine Optionserweiterung zur Sicherung der Pastoral auch in Zeiten des Priestermangels dar, von der sie Gebrauch machen können, es aber keineswegs müssen. Nur, wenn sie es tun, ist ihr Handeln sowohl pastoraltheologisch als auch lehramtlich und kirchenrechtlich gedeckt.

1.2.3 Die Rechtsstellung des moderierenden Priesters

Freilich haben sie dazu eine in der Norm formulierte Bedingung zu beachten, die aus dem Grundsatz des Unipersonalprinzips „principium generale: paroecia committitur uni sacerdoti" abgeleitet worden ist: der moderierende Priester. Die Rechtsform für den moderierenden Priester ist seit 1971 diskutiert worden und blieb bis zur Endredaktion umstritten. Es hat in der Studiengruppe offensichtlich eine große Unsicherheit in Bezug auf die rechtliche Ausgestaltung der Rolle des moderierenden Priesters gegeben. Durch die Streichung der Formulierung „uti proprius parociae pastor“ im Jahr 1980 wird eine entscheidende Weichenstellung vorgenommen. Hubert Müller kommentiert: „Wer „uti proprius pastor“ arbeitet, kann und muss auch als Pfarrer ernannt werden“.[53] Genau das soll aber nicht der Fall sein, um die Befugnisse der an der Hirtensorge Beteiligten nicht gleich wieder zu beschneiden, wie es zur Begründung in der Dokumentation der Redaktionssitzung vom 19. April 1980 heißt.[54] Mit dieser Änderung wird also bewusst ein weiter Raum für eine Teilhabe an der Hirtensorge eröffnet, da der moderierende Priester seine Aufgabe nicht wie ein Pfarrer wahrnehmen muss. In die gleiche Richtung zielt eine weitere Änderung der Rechtsstellung des moderierenden Priesters, die erst in der Schlussredaktion vorgenommen worden ist: Sollte sich der moderierende Priester noch 1982 der Vollmacht eines Pfarrers erfreuen können: „potestate parochi gaudens“, so sieht der kodifizierte Text vor, dass er mit Vollmachten und Fakultäten eines Pfarrers ausgestattet werden soll: „potestatibus et facultatibus parochi instructus“. Der Plural zeigt an, dass dem moderierenden Priester keineswegs alle Vollmachten und Fakultäten verliehen werden müssen, die dem Pfarrer von Amts wegen zukommen. Offensichtlich wollte man in der Endphase der Redaktion nochmals unterstreichen, ein um der Pastoral willen flexibles Rechtsinstitut mit dieser Norm schaffen zu wollen.

1.3 Zur Rezeption von c. 517 § 2 CIC im deutschsprachigen Raum

Es hatte lang gebraucht, bis nach der Kirchenrechtswissenschaft in Deutschland auch die Bistümer im deutschsprachigen Bereich den c. 517 § 2 CIC für ihre Personal- und Pastoralplanungen angesichts des zunehmenden Priestermangels in ihren Diözesen entdeckt und angewandt haben. Dieser Prozess begann Anfang der 90er Jahre im letzten Jahrhundert, als mit dem Bistum Linz in Österreich und dem Bistum Limburg zwei Diözesen erstmalig partikularrechtliche Normen veröffentlichten, die dieses neue und in seiner Anwendung noch weithin unbekannte Instrument des Parochialrechts auf die jeweiligen diözesanen Eigenheiten präzisierten und für Rechtssicherheit der in dieser Rechtsform arbeitenden Gläubigen

[53] H. Müller, Leitung der Pfarrgemeinden bei Priestermangel – Beteiligung von Nichtpriestern an pfarrlichen Leitungsaufgaben. Kirchenrechtliche Aspekte, in: Erzbischöfliches Generalvikariat Köln (Hg.), Der Priesterrat im Erzbistum Köln. Personal- und Pastoralplanung. Bericht über die Tagung vom 26.-28. November 1991 in Bad Honnef, Köln o. J., S. 25-40, hier S. 28.

[54] Communicationes 13 (1981), S. 149: „per non ridurre eccessivamente la portata di questa nuova figura nè coartare troppo l'ambitio di competenza di questi incaricati".

sorgten. Zu diesem Zeitpunkt war zumindest in diesen beiden Diözesen der Punkt erreicht, wo es den Diözesanbischöfen mit Verweis auf c. 526 § 1 CIC nicht mehr gelang, allen Pfarreien einen eigenen Pfarrer zu geben. Bereits 1991 hat der damalige Bischof von Limburg, Franz Kamphaus, mit dem Dokument Gemeindeleitung in Kooperation[55] erstmalig die Möglichkeit beschrieben, hauptamtliche pastorale Mitarbeiter und Mitarbeiterinnen mit der Wahrnehmung der Hirtensorge in einer Pfarrei in Zusammenarbeit mit einem Priester zu betrauen. Zu diesem Zeitpunkt wurden diese vor Ort arbeitenden Seelsorgerinnen und Seelsorger noch Bezugspersonen genannt. Dieser Begriff wurde in der Literatur kritisiert, weil er aus der Kleinkindpädagogik stammend[56] als nicht geeignet betrachtet wurde, diese verantwortliche Aufgabe sachgerecht zu umschreiben.

Im Folgenden wird die Anwendung des c. 517 § 2 CIC in der Schweiz, in Österreich und in Deutschland beschrieben. Nicht unerwähnt bleiben darf, dass seit 2009 auch im Bistum Bozen-Brixen die rechtliche Möglichkeit geschaffen wurde, in dieser Diözese die Seelsorge nach c. 517 § 2 CIC in den Pfarreien auszuüben.[57]

Was Deutschland angeht, sind neben dem bereits genannten Bistum Limburg die Diözesen Aachen, Mainz und Freiburg zu nennen, von denen auch durch entsprechend promulgierte Rechtstexte oder veröffentlichte Pastoralprogramme bekannt ist, dass dort diese kirchliche Norm angewandt wurde und zum Teil noch angewendet wird. Für das Bistum Mainz existieren aus dem Jahr 1996 die Leitlinien zur künftigen pastoralen Planung in den Pfarrgemeinden des Bistums Mainz[58]. „Die Leitlinie 19 handelt über die Bestellung von Priestern als Pfarrmoderatoren und ehrenamtlichen oder hauptamtlichen nichtpriesterlichen Personen als Gemeindebeauftragten, die im ‚Sinne einer außerordentlichen Maßnahme' ‚einen spezifischen Auftrag zur Wahrnehmung von Leitungsaufgaben' gemäß c. 517 § 2 erhalten."[59] Trotz auch dokumentierter praktischer Erfahrungen mit diesem Modell der Seelsorge[60] im Bistum Mainz, ist seitdem nichts über den Erlass

55 Amtsblatt Limburg 1991, S. 117-118.

56 Vgl. Böhnke, Pastoral, S. 70.

57 Vgl. Richtlinien für die Pastoral in den Seelsorgeeinheiten „Werft eure Netze aus!" vom 19.6.2009, http://www.bz-bx.net/bolzano/allegati/24125/RichtlinienPastoral.pdf (7.9.2010).

58 Kirchliches Amtsblatt für die Diözese Mainz 1996, S. 45-51.

59 Th. Schüller, Hirtensorge in Pfarreien ohne Pfarrer. Der c. 517 § 2/CIC 1983 – eine kirchenrechtliche Norm für neue Formen der Gemeindeleitung?, in: Kirchliches Recht als Freiheitsordnung. Gedenkschrift für Hubert Müller, Würzburg 1997 (= Forschungen zur Kirchenrechtswissenschaft; 27), S. 169-195, hier S. 189.

60 Vgl. H. Hallermann, Die Verantwortung gemeinsam tragen. Erfahrungen mit der kooperativen Pastoral im Bistum Mainz im Hinblick auf c. 517 § 2 CIC, Mainz 1999 (= Mainzer Perspektiven; 13).

entsprechender diözesanrechtlicher Normen bekannt geworden. Im gleichen Jahr wie im Bistum Mainz wurde in der Erzdiözese Freiburg ein Programm mit dem Titel Wege kooperativer Pastoral und Gemeindeleitung in pfarreiübergreifenden Seelsorgeeinheiten[61] aufgelegt, das die Möglichkeit vorsah, „ein Pastoralteam mit der Wahrnehmung von Seelsorgeaufgaben verantwortlich zu beauftragen“[62]. Gleichzeitig wird ein Priester bestimmt, der die Seelsorge leitet und die Amtsbezeichnung Kurat erhält, die aus dem Verbandskatholizismus (zum Beispiel bei der DPSG) bekannt ist. Er sei mit den (!) Vollmachten und Rechten eines Pfarrers ausgestattet, ohne rechtlich ein Pfarrer zu sein. Leider liegen keine Erfahrungsberichte über die möglicherweise erfolgte Anwendung dieser Leitungsform von Pfarreien im Erzbistum Freiburg vor.

Das Bistum Aachen hat nach intensiven Vorüberlegungen noch unter Bischof Klaus Hemmerle erstmalig 1993 begonnen, in bisher fünf Situationen ein Team von Ehrenamtlichen zusammen mit einem Gemeindereferenten/einer Gemeindereferentin in Zusammenarbeit mit einem nebenamtlich leitenden Priester nach c. 517 § 2 CIC mit der verantwortlichen Wahrnehmung der Seelsorge zu betrauen.[63] Im Unterschied zum Bistum Limburg ist es also ein Team von Ehrenamtlichen, das zusammen mit einem Hauptamtlichen die Verantwortung trägt, so dass nicht zu sehr der hauptamtliche pastorale Mitarbeiter/die pastorale Mitarbeiterin in die Rolle eines Ersatzpfarrers rutscht und zudem der Gedanke des gemeinsamen Tragens der Verantwortung verteilt auf verschiedenen Schultern in den Vordergrund rückt. Natürlich ist zu beachten, dass eine solche Beauftragung von Ehrenamtlichen einer noch intensiveren Vorbereitung, Begleitung und fortlaufenden Unterstützung durch das Bistum bedarf. Zudem bedeutet die Beauftragung von Ehrenamtlichen ein erhebliches zeitliches Engagement. Bischof Heinrich Mussinghoff hat diese Linie seines Vorgängers behutsam fortgeführt und in der einen oder anderen Situation neue Teams mit dieser Aufgabe betraut.

In den Erzbistümern Bamberg und München-Freising verrieten nur die Personalnachrichten in den Amtsblättern dieser Diözesen, dass in dem einen oder anderen Fall pastorale Mitarbeiter und Mitarbeiterinnen nach c. 517 § 2 CIC beauftragt wurden. Während es in Bamberg diese Praxis seit längerem schon nicht mehr zu geben scheint, gibt es solche Situationen im Erzbistum München-Freising noch, wobei aber auch in dieser Erzdiözese tiefgreifende Strukturveränderungen anstehen, was die Zahl und Größe der Pfarreien angeht.[64]

[61] Amtsblatt der Erzdiözese Freiburg 1996, S. 415-425.

[62] Ebd., S. 421.

[63] Vgl. Böhnke, Pastoral, S. 74-75.

[64] Vgl. das aktuelle Pastoralprogramm „Dem Glauben Zukunft geben. Orientierungsrahmen zur Ausgestaltung von Seelsorgeeinheiten in der Erzdiözese München und Freising.

Obwohl im Erzbistum Köln sehr früh 1992 angeregt durch intensive Diskussionen im Priesterrat[65] zum c. 517 § 2 CIC mit Blick auf den Kirchenvorstand und Pfarrgemeinderat partikularrechtliche Normen erlassen wurden,[66] ist in dieser Erzdiözese zwar flächendeckend der c. 517 § 1 CIC zur Leitung der sog. Seelsorgebezirke zur Anwendung gekommen, aber niemals der c. 517 § 2 CIC.

Das Bistum Limburg mit seinem ehemaligen Bischof Franz Kamphaus hat in der Zeit von 1991 bis 2009 von allen deutschen Bistümern am stärksten von c. 517 § 2 CIC Gebrauch gemacht.[67] Am Ende der Amtszeit von Bischof Franz Kamphaus waren in knapp 70 von 340 Pfarreien Pfarrbeauftragte und leitende Priester nach c. 517 § 2 CIC tätig. Dabei waren ausschließlich hauptamtlich im pastoralen Dienst stehende Ständige Diakone, Pastoralreferent/innen und Gemeindereferent/innen als Pfarrbeauftragte eingesetzt, wobei das noch darzustellende Statut für die Pfarrseelsorge nach c. 517 § 2 CIC durchaus den Einsatz von ehrenamtlichen Pfarrbeauftragten vorsah. Nachdem in dem bereits genannten Modell der Gemeindeleitung in Kooperation aus dem Jahr 1991 in einer dritten Variante die Umsetzung des c. 517 § 2 CIC in ersten Umrissen angesprochen war, kam es 1995 erstmalig zur Promulgation eines verbindlichen Statuts für die Pfarrseelsorge nach c. 517 § 2 CIC.[68] Dieses Statut wurde 1999 mit leichten Modifikationen erneut in Kraft gesetzt und immer wieder bis zum 31.12.2009 verlängert.[69] Der neue Bischof von Limburg, Franz-Peter Tebartz-van Elst, hat dieses Statut nicht mehr verlängert[70] und durch Personalentscheidungen inzwischen die Zahl der Pfarreien, deren Seelsorge nach c. 517 § 2 CIC geordnet ist, auf 19 Situationen zurückgeführt. Die noch eingesetzten Pfarrbeauftragten und leitenden Priester erhalten den Text des nicht mehr in Kraft befindlichen Statuts als Anlage zu ihrem Ernennungsdekret, so dass über diesen Weg faktisch die lange Zeit geltende Rechtslage in diesem Bistum fortdauert. Angesichts weitreichender Pläne des amtierenden Bischofs von Limburg, die Zahl der Pfarreien im Bistum Limburg radikal auf ca. 40 Pfarreien zu reduzieren, wird sich absehbar das Pfarrbeauftragtenmodell in Limburg in den nächsten Jahren von selbst erledigen.

Struktur- und Personalplanung 2020" (http:// www.erzbistum-muenchen.de/media/media13563120.PDF [28.10.2010]).

[65] Vgl. Müller, Leitung, S. 25-40.

[66] Vgl. Erlaß zur Ergänzung des Kirchenvorstandsrechts und des Rechts der Pfarrgemeinderäte in bezug auf can. 517 § 1 und § 2 CIC vom 01.12.1992, in: Amtsblatt des Erzbistums Köln 1992 Nr. 263, S. 336.

[67] Vgl. Th. Schüller, Seelsorge in Gemeinden ohne Pfarrer, Limburg 1996 (= Limburger Texte; 21).

[68] Amtsblatt Limburg 137 (1995), S. 259-260.

[69] Letzte Verlängerung erfolgte im Amtsblatt Limburg 2006, S. 222.

[70] Vgl. http://www.kath.net/detail.php?id=23317 (07.09.2010).

Anders als in Deutschland sieht die Lage in Österreich aus.[71] Bis auf die Diözese Graz-Seckau und im Bereich des Militärbischofs existieren in allen anderen Bistümern diözesane Normen, die die Anwendung des c. 517 § 2 CIC in diesen österreichischen Bistümern regeln. Vorreiter waren die Bistümer Linz und Innsbruck. Bereits 1994 wurde im Bistum Linz eine Rahmenordnung Pfarrassistent/in[72] veröffentlicht, die 2000 in überarbeiteter Form als Rahmenordnung für Pfarrmoderatoren und Pfarrassistenten/innen[73] erneut in Kraft gesetzt wurde. Im Bistum Innsbruck wurde 1996 erstmalig die Rahmenordnung für Pfarrkuratoren/-innen und Pfarrmoderatoren[74] in Kraft gesetzt und 2002 in überarbeiteter Form unter dem Titel Novellierung der Rahmenordnung für Pfarrmoderatoren und Pfarrkuratoren/-innen[75] erneut promulgiert. Für beide Bistümer liegen auch schon erste ausführliche Untersuchungen vor, die belegen, welche pastoralen Konsequenzen und Erfahrungen mit diesem Modell der Seelsorge gemacht worden sind.[76]

Die anderen Bistümer in Österreich folgten diesen beiden Diözesen in den nächsten Jahren, was die partikularrechtliche Normsetzung zu c. 517 § 2 CIC angeht. Nach dem Erzbistum Wien[77] sind die Bistümer St. Pölten[78], Eisenstadt[79],

[71] Vgl. W. Rees, Die Sicherung der Hirtensorge. Can. 517 § 2 CIC und die österreichischen diözesanen Rahmenordnungen, in: J. Panhofer, S. Schneider (Hgg.), Spuren in die Kirche von morgen. Erfahrungen mit Gemeindeleitung ohne Pfarrer vor Ort – Impulse für eine menschennahe Seelsorge, Ostfildern 2009 (= Kommunikative Theologie; 12), S. 156-174; J. Hirnsperger, Der Pfarrassistent/die Pfarrassistentin: Ein neues Amt in der pfarrlichen Seelsorge. Kanonistisch-pastorale Reflexionen zum Salzburger Modell, in: AfkKR 178 (2009), S. 125-143.

[72] Linzer Diözesanblatt 140 (1994), S. 64-66.

[73] Linzer Diözesanblatt 146 (2000), S. 43-46.

[74] Verordnungsblatt der Diözese Innsbruck 71 (1996), S. 4-6.

[75] Diözesanblatt. Amtliche Mitteilungen der Diözese Innsbruck 77 (2002), S. 1-5.

[76] J. Panhofer, Hören, was der Geist den Gemeinden sagt. Gemeindeleitung durch Nichtpriester als Anstoß zur Gemeindeentwicklung – Eine empirisch-theologische Studie zu can. 517 § 2, Würzburg 2003 (= Studien zur Theologie und Praxis der Seelsorge; 58) (für das Bistum Innsbruck); H. Eder, Gemeindeleitungsmodelle mit Beteiligung Ehrenamtlicher in der Diözese Linz. Erste Erfahrungen und pastoraltheologische Anmerkungen, in: ThPQ 157 (2009), S. 48-54 (für das Bistum Linz).

[77] Vgl. Diözesane Rahmenordnung für die Beteiligung an den pfarrlichen Seelsorgeaufgaben gemäß c. 517 § 2 CIC (Ordnung für Pfarrassistenten) vom 01.08.1998, in: Wiener Diözesanblatt 136 (1998), S. 69-72.

[78] Vgl. Rahmenordnung für „Pfarrbeauftragte" in der Diözese St. Pölten vom 09.01.1997, in: St. Pöltner Diözesanblatt Nr. 1 vom 15.01.1997, S. 22.

[79] Vgl. Diözesane Rahmenordnung für die Gemeindeleitung nach Can. 517 § 2 CIC vom 01.09.1997, in: Amtliche Mitteilungen der Diözese Eisenstadt vom 25.6.1997, S. 69-71.

Gurk-Klagenfurt[80], Feldkirch[81] und recht aktuell das Erzbistum Salzburg[82]. Noch ist es eine nicht unbeträchtliche Zahl von Pfarrgemeinden in den österreichischen Bistümern, die nach c. 517 § 2 CIC kirchenrechtlich organisiert sind.[83]

Besondere Bedeutung hat c. 517 § 2 CIC in den beiden größtenteils deutschsprachigen Bistümern Chur und Basel in der Schweiz. Seit dem 11.1.2005 gibt es im Bistum Basel ein diözesanes Gesetz, das vom Bischof für den deutschsprachigen Teil dieser Diözese in Kraft gesetzt wurde, mit dem Titel: Pfarrer/Gemeindeleiter/-in. Voraussetzungen für die Übernahme der Leitungsverantwortung[84], das sehr detailliert auf die Anwendung des c. 517 § 2 CIC eingeht. Schon fünf Jahre früher wurden im Bistum Chur Richtlinien für die Einsetzung von Gemeindeleitern und Gemeindeleiterinnen im Bistum Chur vom 10.3.2000[85] veröffentlicht, zu denen man noch ein sog. Pflichtenheft eines Pfarradministrators bzw. verantwortlichen Priesters, eines Gemeindeleiters/einer Gemeindeleiterin und eines Seelsorgehelfers/einer Seelsorgehelferin, die vom Bischofsrat am 9. März 2000 ad experimentum verabschiedet worden sind, zählen muss.[86] Diese inzwischen schon über lange Jahre bewährten Normen sind von hoher praktischer Bedeutung, weil es in beiden Bistümern eine beträchtliche Anzahl von nach c. 517 § 2 CIC beauftragten Seelsorgern und Seelsorgerinnen gibt.[87] Insbe-

[80] Vgl. Vorläufige Rahmenordnung für Pfarrmoderatoren und Pfarrassistenten vom 01.07.2001 (bisher unveröffentlicht).

[81] Vgl. Rahmenordnung für den Pfarrmoderator, den Pfarrassistenten/die Pfarrassistentin vom 18.06.2002, in: Feldkircher Diözesanblatt 34 (2002), S. 53-55.

[82] Vgl. Rahmenordnung für Priester und Pfarrassistenten/Pfarrassistentinnen in Gemeinden ohne Pfarrer vor Ort, in: Verordnungsblatt der Erzdiözese Salzburg Nr. 9 vom 01.09.2008, S. 98-103. Hierzu Hirnsperger, Pfarrassistent, mit einer genauen Analyse dieser Ordnung.

[83] Vgl. S. Schneider, Eine wechselvolle Geschichte. Zu den Österreich-Treffen von Pfarrmoderatoren und PfarrassistentInnen, in: Ders., Panhofer, Spuren, S. 144-155, hier: 153: „Aufgrund der Unterschiedlichkeit der Leitungsmodelle konnte bisher keine genaue Statistik der Zahlen der PfarrassistentInnen in Österreich erstellt werden. Seit 1995 sind ca. 100 Frauen und Männer als hauptamtliche GemeindeleiterInnen in den Diözesen Österreichs tätig."

[84] Vgl. http://www.bistum-basel.ch/pdf/pfarrer_gemeindeleiter_voraussetzung.pdf (07.09.2010).

[85] Vgl. Schweizerische Kirchenzeitung 168 (2000), S. 200-201.

[86] Vgl. ebd., S. 201.

[87] Vgl. B. Kopp, Gemeindeleitung zwischen Notlösung und Außerordentlichkeit. Erfahrungen aus der Deutschschweizer Kirche, in: Schneider, Panhofer, Spuren, S. 175-184, hier S. 175: „Am längsten dürfte es GemeindeleiterInnen im Bistum Basel, der größten Schweizer Diözese, geben: Seit 1989 formell, informell etwa ab 1986. In Basel werden knapp 45 % der nicht vakanten Pfarreien durch Diakone (66) und LaientheologenInnen (139) geleitet. Für diese außerordentliche Leitung der Pfarreien sind die Gemeindeleitenden durch den Bischof beauftragt. Im zum Bistum Chur gehörenden Kanton Zürich werden 48 % der 98

sondere aus der Perspektive der mit dieser verantwortlichen Aufgabe betrauten Seelsorgerinnen liegen auch erste erfahrungsrückgebundene Beiträge vor.[88] Bedeutsam für den Schweizer Kontext ist das Dokument der Schweizer Bischofskonferenz Beauftragte Laien im kirchlichen Dienst[89] aus dem Jahr 2005. In diesem Dokument werden kanonistisch sachkundig die verschiedenen kirchenrechtlichen Facetten der Anwendung des c. 517 § 2 CIC dargestellt; gleichfalls wird eine stimmige systematisch-theologische Entfaltung der verschiedenen Seelsorgeämter in der Kirche vorgenommen.

Schaut man sich die verschiedenen partikularrechtlichen Gesetze der genannten Bistümer im deutschsprachigen Raum in einer Querschnittsanalyse an[90], so lassen sich folgende markante Beobachtungen bzw. Problemkreise benennen:

a) Es bereitet den Diözesanbischöfen nicht wenige Schwierigkeiten, eine adäquate Bezeichnung für Priester, die keine Pfarrer sind, und doch leiten, und Gläubige, die nicht Priester sind, und doch verantwortlich an der Hirtensorge einer Pfarrei teilhaben, zu finden. Für den leitenden Priester finden wir in den ausgewählten deutschsprachigen Diözesen folgende Amtsbezeichnungen: Pfarrseelsorger (Bozen-Brixen), Pfarrprovisor (Salzburg), Pfarrverantwortlicher (Basel), Pfarradministrator bzw. verantwortlicher Priester (Chur), letztverantwortlicher Moderator der Seelsorge (Schweizer Bischofskonferenz), Pfarrmoderator (Eisenstadt, Linz, Innsbruck), Moderator (Wien), Leitender Priester (Limburg) und zuständiger Priester (Pfarrer, Moderator etc.) (St. Pölten).

Nicht weniger bunt ist die Palette der Amtsbezeichnungen für die mit der Ausübung an der Teilhabe der Hirtensorge betrauten nichtpriesterlichen Gläubigen. So werden sie als Pfarrverantwortliche (Bozen-Brixen), Pfarrassistenten/innen (Eisenstadt, Wien, Linz und Salzburg), Pfarrkuratoren (Innsbruck), Pfarrbeauftragte (St. Pölten, Limburg) und Gemeindeleiter/innen (Basel, Chur) bezeichnet.

Da der universalkirchliche Gesetzgeber keine Vorgaben gemacht hat, wie in diesem Fall der außerordentlichen Wahrnehmung von Seelsorge in vakanten Pfarreien die pastoral handelnden Akteure amtlich bezeichnet werden müssen, überrascht diese Vielfalt nicht. Angesichts eines aus dem Jahre 1984 stammenden

Pfarreien durch 32 LaientheologenInnen und 15 Diakone und 52 % durch Priester geleitet, welche als Pfarrer oder Pfarradministratoren am Ort wirken."

[88] Vgl. beispielhaft M. A. Schwartz, Hat die „Gemeindeleiterin" eine Leitungsfunktion? Rechtliche Möglichkeiten der Anwendung der cc. 129 § 2 und 517 § 2 CIC/1983, Berlin 2008 (= ReligionsRecht im Dialog; 7).

[89] Vgl. Schweizer Bischofskonferenz, Beauftragte Laien im kirchlichen Dienst, Freiburg i. Ü. 2005 (= Dokumente der Schweizer Bischöfe; 12).

[90] Vgl. hierzu die ausführliche Darstellung bei Th. Schüller, Partikularrechtliche Umsetzung des c. 517 § 2 CIC in den deutschsprachigen Bistümern, in: Th. Schüller, M. Böhnke (Hg.), Gemeindeleitung, S. 226-251.

Dekretes über die einheitliche Denomination der Pfarrseelsorger[91] im Bereich der Österreichischen Bischofskonferenz überrascht der Titel Pfarrprovisor (Salzburg), weil nach dem Dekret der Österreichischen Bischofskonferenz dies ein Priester sein soll, der interimistischer Leiter einer vorübergehend freien (vakanten) Pfarrei gemäß c. 539 CIC sein soll[92] und auch der Begriff Pfarradministrator scheint uns auf der Grundlage des Dekretes nicht möglich zu sein, weil es dort heißt, der Administrator sei der „Vertreter eines amtsbehinderten Pfarrers (can. 539)“[93]. Beide in c. 539 CIC angesprochenen Konstellationen sind aber nicht mit der in c. 517 § 2 CIC zu vergleichen, weil in dem einen Fall die Pfarrstelle besetzt ist, aber der Pfarrer an der Ausübung seiner Amtspflichten gehindert ist, und in dem anderen Fall die Pfarrei zwar vakant ist, aber bald durch den Diözesanbischof wieder mit einem Pfarrer besetzt wird.[94] Es fällt auf, dass die Bezeichnung Pfarrverantwortlicher einmal für den leitenden Priester (Basel) und zugleich für die nichtpriesterlichen Seelsorger (Bozen-Brixen) verwendet wird. Dies mag ein Fingerzeig sein, stärker zwischen den Begriffen Verantwortung und Leitung für das Gelingen von Pastoral in einer Pfarrei zu unterscheiden.[95] Alle anderen Titel sind mit dem Anliegen des c. 517 § 2 CIC in Einklang zu bringen und müssen von daher nicht problematisiert werden, weil sie deutlich genug zum Ausdruck bringen, dass die leitenden Priester keine Pfarrer sind.

91 Vgl. Österreichischen Bischofskonferenz, Dekret über einheitliche Denomination der Pfarrseelsorger, in: Amtsblatt Österreichische Bischofskonferenz Nr. 1 1984, S. 8, auch abgedruckt in: ÖAKR 34 (1983/84), S. 378.

92 Vgl. ebd. S. 378: „Provisor für den interimistischen Leiter einer vorübergehend freien (vakanten) Pfarre (can. 539).“ Hier wird die erste Fallkonstellation des c. 539 CIC thematisiert, die die Ernennung eines Priesters zum Administrator für den Fall des Freiwerdens der Pfarrstelle meint, wobei der zuständige Diözesanbischof aber in naher Zukunft wieder einen neuen Pfarrer für diese Pfarrei bestellen wird. Vgl. H. Schwendenwein, Die Katholische Kirche. Aufbau und rechtliche Organisation, Essen 2003 (= Münsterischer Kommentar zum Codex Iuris Canonici. Beihefte; 37), S. 492-493.

93 ÖAKR 34 (1983/84), S. 378. Damit ist der zweite Fall in c. 539 CIC angesprochen, „wenn der Pfarrer durch Gefangenschaft, Exil oder Ausweisung, wegen Unfähigkeit, angegriffener Gesundheit oder aus einem anderen Grund an der Wahrnehmung seiner pastoralen Aufgaben in der Pfarrei gehindert ist“.

94 Nach Hirnsperger, Pfarrassistent, S. 134, will man in Salzburg mit der Bezeichnung Pfarrprovisor „offensichtlich kein neues Amt einrichten, sondern greift auf ein bereits bestehendes Seelsorgeamt zurück und gibt ihm eine eigengeprägte, auf die geänderte Aufgabenstellung abgestimmte Rechtsform.“

95 Vgl. J. Reidegeld, Gemeindeleitung, Gemeindeverantwortung, Gemeindeorganisation. Elemente einer differenzierten pfarrlichen Verantwortung (erscheint Essen 2011 [= Münsterischer Kommentar zum Codex Iuris Canonici. Beihefte]).

b) In nachkodikarischen römischen Stellungnahmen[96] wird zu c. 517 § 2 CIC mahnend angemerkt, dass seine Anwendung immer auf Zeit, d. h. befristet, zu geschehen habe und immer die absolute Ausnahme darstellen solle, um nicht durch eine lang andauernde und extensive Umsetzung dieser Form der Wahrnehmung von Seelsorge in vakanten Pfarreien den Leitungsdienst des Pfarrers zu verdunkeln und den Eindruck zu erwecken, es handle sich bei der Realisierung von c. 517 § 2 CIC um eine gleichrangige Form der Pfarrseelsorge wie in Pfarreien, die einen eigenen Pfarrer haben.

In der Regel erfolgt die Beauftragung der nichtpriesterlichen Seelsorger/innen befristet in einer Zeitspanne von drei Jahren (Wien, Chur), über fünf Jahre (Eisenstadt, St. Pölten, Linz) hin zu längeren Fristen wie acht bis 12 Jahre (Basel) oder unbefristet (Salzburg, Limburg, Innsbruck). Eine Verlängerung der Beauftragung ist überall möglich, wobei manchmal vorher der Pfarrgemeinderat (Linz, Bozen-Brixen, Wien, Limburg) anzuhören ist oder gar mit Zweidrittelmehrheit der Verlängerung zustimmen muss (St. Pölten). Im Bistum Eisenstadt muss der Pastoralassistent/die Pastoralassistentin mindestens 35 Jahre alt sein.[97] Ausdrücklich ist in den (Erz-)Bistümern Wien, Linz, Eisenstadt, St. Pölten, Innsbruck und Limburg die Rede davon, dass auch Ehrenamtliche mit dieser Aufgabe betraut werden können, wobei auch Bistum Aachen ebenfalls dieser Weg gegangen wird.[98] Von Ständigen Diakonen und hauptamtlich pastoralen Mitarbeitern und Mitarbeiterinnen wird Berufserfahrung gefordert (3 bis 5 Jahre) und nahezu durchgängig erwartet, dass sie mit ihren Familien im Pfarrhaus (Pfarrhof/Österreich) oder auf dem Pfarrgebiet wohnen. Den Diözesanbischöfen ist also eine örtliche Präsenz der vor Ort verantwortlich tätigen Seelsorger augenscheinlich ein zentrales Anliegen.[99] In allen untersuchten Bistümern ist es der Diözesanbischof, der sowohl den leitenden Priester wie die nichtpriesterlichen Gläubigen ernennt und beauftragt, womit deutlich wird, dass sie gemeinsam in seinem Auftrag für ihn als eigentlichen Hirten der vakanten Pfarreien die Hirtensorge vor Ort in diesen Gemeinden verantworten.[100]

96 Vgl. Kleruskongregation, Instruktion „Der Priester, Hirte und Leiter der Pfarrgemeinde".

97 Diese Altersgrenze scheint am Mindestalter für verheiratete Männer orientiert zu sein, die sich zu Ständigen Diakonen weihen lassen wollen (vgl. c. 1031 § 3 CIC).

98 Vgl. Böhnke, Pastoral, S. 74-75.

99 Vgl. Bistum Basel, Pfarrer, wo es heißt, dass von den Gemeindeleitern/innen die „Bereitschaft, die Residenzpflicht zu erfüllen (vgl. c. 533 § 1 CIC)" erwartet werde. Hier wird sogar mit Verweis auf die Residenzpflicht des Pfarrers eine ortsnahe Präsenz der Gemeindeleiter/innen mit ihren Familien gefordert.

100 Vgl. Bistum St. Pölten, Rahmenordnung, S. 22, wo die Formulierungen der Rahmenordnung den Anschein erwecken, dass der Pfarrgemeinderat mit 2/3-Mehrheit den frei von ihm bestimmten Pfarrbeauftragten wählt, der dann nur noch durch das Bischöfliche Ordinariat – also nicht den Diözesanbischof persönlich – ernannt wird. Sollte es in St. Pölten

c) Im nächsten Schritt soll geprüft werden, welche Aufgaben, Rechte und Pflichten dem leitenden Priester und welche den vom Bischof mit der Wahrnehmung der Hirtensorge betrauten nichtpriesterlichen Gläubigen in den einzelnen diözesanen Gesetzen der Bistümer im deutschsprachigen Raum zu c. 517 § 2 CIC zugewiesen werden. Ein so komplexes und damit auch fragiles Modell der verantwortlichen Wahrnehmung von Hirtensorge, die auf verschiedenen Schultern lastet, setzt klare Aufgaben- und Rollenzuweisungen für alle Beteiligten voraus.

Obwohl bis auf das Bistum St. Pölten[101] in keinem Rechtstext der untersuchten Diözesen die Rede davon ist, dass der leitende Priester Pfarrer sei[102], überraschen doch im Detail die Rechte und Pflichten, die ihm zugewiesen werden. Als Knackpunkt erweist sich hierbei die im Auftrag der deutschsprachigen Bischöfe herausgegebene irreführende Übersetzung von „potestatibus et facultatibus parochi“ mit „den Vollmachten und Befugnissen eines Pfarrers“. Wie die Redaktionsgeschichte des c. 517 § 2 CIC[103] zeigt, war es gerade nicht die Absicht des Gesetzgebers, den leitenden Priester mit der Amtsgewalt des Pfarrers auszustatten, sondern maßgeschneidert auf die konkrete Situation vor Ort, ihm die Vollmachten und Befugnisse eines Pfarrers zu übertragen, die für seinen priesterlichen Dienst

tatsächlich jemals zu einer Anwendung der Rahmenordnung kommen, wären beide Punkte – Wahl in dieser ungebundenen Form und Ernennung durch die diözesane Kurie – kritisch zu beleuchten und u. E. zu verändern.

[101] Vgl. Bistum St. Pölten, Rahmenordnung, S. 22, wo zunächst auffällt, dass zur Stellung des leitenden Priesters so gut wie nichts ausgesagt wird. Stutzig macht nur folgender Passus: „Ein Pfarrbeauftragter ist eine verantwortliche Bezugsperson [...], die in einer Pfarre ohne Priester am Ort haupt- oder ehrenamtlich mit dem zuständigen Priester (Pfarrer, Moderator [...]) an dessen Leitungsaufgabe mitwirkt.“ Diese Aussage insinuiert zumindest, dass der nicht am Ort wohnende Priester Pfarrer ist und auch die Bemerkung, der Pfarrbeauftragte wirke an dessen Leitungsaufgabe mit, lässt darauf schließen, dass den Verfassern dieser Rahmenordnung nicht wirklich bewusst war, was der c. 517 § 2 CIC für eine Situation anspricht, nämlich die tatsächlich auf Dauer vakante Pfarrei. Die Tatsache, dass ein Pfarrer nicht am Ort wohnt, bedeutet ja nicht per se, dass er nicht doch nach c. 526 § 1 CIC in dieser Pfarrei auch Pfarrer im kirchenrechtlichen Sinn ist.

[102] Gelungen ist die Formulierung in der Wiener Rahmenordnung, S. 70, dass der leitende Priester „nicht ‚eigener Hirte' (‚pastor proprius‘ gemäß can. 519 CIC)“, sei, „sondern Vertreter des Bischofs in der betreffenden Pfarre“. Wie schwierig es den einzelnen Bischöfen fällt, die Rechtsstellung des leitenden Priesters zu bestimmen, zeigt auch die novellierte Innsbrucker Rahmenordnung, S. 1, wo es richtig zum Rechtsstatus heißt, der leitende Priester sei kein „pastor propius“, er übe seinen Dienst „nebenamtlich“ aus und sei nicht „an die Residenz- und die Applikationspflicht gebunden“ und gleichzeitig erhält er die Vollmachten und Befugnisse eines Pfarrers und vertritt die Pfarrei rechtsgeschäftlich „nach innen und außen“.

[103] Vgl. Böhnke, Pastoral, S. 12-24.

unabdingbar notwendig sind.[104] Zumeist wird die Missverständnisse auslösende o. g. Übersetzung unkritisch übernommen, so dass von „den Vollmachten und Befugnissen eines Pfarrers“ (Eisenstadt, Chur, Innsbruck) die Rede ist, aber auch von „allen Vollmachten und Befugnissen eines Pfarrers“ (Salzburg) oder „Rechten und Pflichten eines Pfarrers“ (Linz), wobei nicht klar wird, ob hier bewusst ist, dass die Rechte und Pflichten eines Pfarrers nicht das meinen, was Vollmachten und Befugnisse eines Pfarrers sind. Sehr schön lässt sich dies an der Applikations- und Residenzpflichtverpflichtung eines Pfarrers illustrieren, die in den untersuchten Ordnungen der deutschsprachigen Bistümer in disparater Weise bei der Aufgabenumschreibung der leitenden Priester auftauchen. Während die einen festlegen, der leitende Priester sei zumindest an die Applikationspflicht gebunden (Basel, Eisenstadt, Linz, Salzburg), betonen andere, dass dies nicht der Fall sei, ebenso wenig wie die Residenzpflicht (Wien, Limburg, Innsbruck). An dieser Unsicherheit wird deutlich, dass die Bezugsgröße für diese priesterliche Aufgabe immer noch das kanonische Amt des Pfarrers ist, von dem aus der partikularrechtliche Zuschnitt der Rechte, Pflichten und Aufgaben des leitenden Priesters erfolgt. In den neueren diözesanrechtlichen Umsetzungen des c. 517 § 2 CIC wird dem leitenden Priester als vorrangige Aufgabe die Leitung und die Verantwortung für die Seelsorge der vakanten Pfarrei zugewiesen. Dabei überzeugen die Normvarianten, die diesen Leitungsdienst des Priesters benennen und dabei doch im Blick behalten, dass auch den beauftragten anderen Gläubigen, die Anteil an der Ausübung der Hirtensorge haben, in Einzelbereichen der Seelsorge Leitungsaufgaben zukommen. Formulierungen wie im Bistum Bozen-Brixen, nach denen der leitende Priester in einer vakanten Pfarrei nach c. 517 § 2 CIC mit den Pfarrverantwortlichen die Seelsorge leitet[105], oder im Bistum Basel, nach deren Normen bei der sog. „außerordentlichen Leitung“ „der Gemeindeleiter und der leitende Priester die Leitung der Pfarrei gemeinsam wahr“[106]-nehmen, wobei dann

[104] Im Statut des Bistums Limburg war daher konsequent davon die Rede (§ 3 Abs. 1), dass der leitende Priester Befugnisse und Vollmachten eines Pfarrers habe, die im Bestellungsdekret im Einzelnen aufgelistet werden.

[105] Vgl. Bistum Bozen-Brixen, Richtlinien, dort V. Terminologie, Stichwort „Pfarrseelsorger: Der Priester, der in einer vakanten Pfarrei mit Pfarrverantwortlichen die Seelsorge leitet (vgl. c. 517 § 2).“

[106] Vgl. Bistum Basel, Pfarrer, dort unter „3. Bestimmung für die außerordentliche Leitung: Bei der außerordentlichen Leitung nehmen der Gemeindeleiter und der Leitende Priester die Leitung der Pfarrei gemeinsam wahr. Dabei sind drei Zuständigkeitsbereiche zu unterscheiden: – Verantwortung des Gemeindeleiters – Verantwortung des Leitenden Priesters – Gemeinsame Verantwortung (Schnittfläche). In ihrem Zuständigkeitsbereich sind sie dem Bischof gegenüber als Einzelne verantwortlich. Für den gemeinsamen Zuständigkeitsbereich (Schnittfläche) sind Gemeindeleiter und Leitender Priester dem Bischof gegenüber gemeinsam verantwortlich.“

genau zwischen der Verantwortung des Gemeindeleiters, der des leitenden Priesters und der gemeinsamen Verantwortung unterschieden wird, sind geeignete gesetzliche Formulierungen, die einerseits die indispensable priesterliche Leitungsverantwortung unterstreichen und dabei doch im Auge behalten, dass den anderen an der Seelsorge verantwortlich Beteiligten zwar nicht der umfassende Leitungsdienst, wohl aber in Einzelbereichen Leitungsaufgaben zukommen. Wie eng oder weit man die Leitungsverantwortung des leitenden Priesters auch fasst, wichtig bleibt, dass dieser Priester immer auf die Zusammenarbeit mit den vom Bischof beauftragten Gläubigen angewiesen und verwiesen ist. Dies setzt die Fähigkeit und Bereitschaft zur Zusammenarbeit und Kooperation voraus. So hat der Bischof von Eisenstadt als persönliche Voraussetzung für die Bestellung zum leitenden Priester die Fähigkeit und Bereitschaft normativ aufgestellt, „zu partnerschaftlicher Zusammenarbeit, zu einem kooperativen Leitungsstil, zur Delegation und zu einem konstruktiven Umgang mit Konflikten“[107]. Was konkrete Aufgabenbereiche in der Seelsorge angeht, so werden in den meisten diözesanen Ordnungen dem leitenden Priester zunächst die an die Weihevollmacht gebundenen Aufgaben wie die Feier der Eucharistie und die Spendung der Sakramente genannt, die die leitenden Priester nach Möglichkeit persönlich vornehmen sollen.[108] Im Bistum Basel wird noch an die Dispens- und Delegationsvollmacht im sakramentenrechtlichen Bereich als Aufgabe des leitenden Priesters erinnert und ihm die Ministrantenpastoral zugewiesen.[109] Im Erzbistum Salzburg und Bistum Limburg wird als eigene Dienstpflicht des leitenden Priesters noch das wöchentlich zu führende Dienstgespräch mit den an der Seelsorge beteiligten Gläubigen genannt, was sinnvoll ist, soll dieses störungsanfällige Konstrukt von auf verschiedenen Schultern verteilter Seelsorge- und Leitungsverantwortung in einer Pfarrei gelingen.

Und was sind die Aufgaben der Pfarrbeauftragten / Gemeindeleiter / Pfarrassistenten?

Von der Genese und Konzeption des c. 517 § 2 CIC gesehen versteht es sich von selbst, dass die vom Bischof mit der eigenverantwortlichen Wahrnehmung

[107] Vgl. Bistum Eisenstadt, Rahmenordnung, S. 71.

[108] Vgl. z. B., Bistum Limburg, Statut, § 3 Abs. 3; Bistum Eisenstadt, Rahmenordnung, S. 71, Nr. 5: „Der Pfarrmoderator […] hat auch die Verpflichtung, soweit ihm dies möglich ist, unmittelbar seelsorgliche Aufgaben wahrzunehmen, insbesondere jene, die die Priesterweihe voraussetzen“; Erzbistum Salzburg, Rahmenordnung, S. 98, 2.2.: „Dem Pfarrprovisor kommt die Leitung der Seelsorge in der Pfarre zu. Er nimmt die Seelsorge vornehmlich durch die Ausübung der an Leben und Dienst des Priesters gebundenen Aufgaben, insbesondere durch den Vorsitz in der Eucharistiefeier und der Feier der Sakramente, wahr.“

[109] Vgl. Bistum Basel, Pfarrer, 3.2. Verantwortung des leitenden Priesters gegenüber dem Bischof.

von Hirtensorge in einer Pfarrei betrauten nichtpriesterlichen Gläubigen die Hauptlast der seelsorglichen Arbeit vor Ort leisten. Dies zeigt sich auch in den umfänglichen Aufgabenkatalogen der einzelnen diözesanen Gesetze zu c. 517 § 2 CIC. Dabei wird zumeist dem Tria-munera-Schema gefolgt und der Aspekt der Diakonia mit aufgenommen, angefangen vom Dienst der Verkündigung über den Heiligungsdienst (liturgische Aufgaben) bis hin zu Aufgaben im Bereich des Leitens und Verwaltens. Es ist offenkundig, dass die frühen partikularrechtlichen Konkretisierungen in den Bistümern Linz und Limburg hier Maßstäbe gesetzt haben, an denen sich nachfolgende Bistümer zu einem späteren Zeitpunkt orientiert haben. So werden beim Dienst der Verkündigung immer wieder die vorbereitende Sakramentenkatechese, der Religionsunterricht, die Glaubensunterweisung und die Leitung von Wortgottesdiensten mit der Predigt genannt.[110] Während Ständige Diakone taufen und Eheschließungen assistieren[111] können, werden für alle anderen Beauftragten zumeist der Begräbnisdienst, die Spendung von Sakramentalien, die Sorge für die aktive Teilnahme aller Gläubigen an der Liturgie genannt[112], was den Bereich des Heiligungsdienstes angeht. Im Bereich der Diako-

[110] Vgl. z. B. Bistum Limburg, Statut, § 5 Abs. 4; Bistum Eisenstadt, Rahmenordnung, S. 70, 2.1.; Bistum Innsbruck, Novellierung Rahmenordnung, 3.2.2. (zusätzlich noch die Vorbereitung von Aufnahme und Wiederaufnahme in die Kirche); Erzbistum Wien, Rahmenordnung, 3 a.) (hier wird noch die Öffentlichkeitsarbeit unter Verkündigungsaufgaben genannt); Bistum St. Pölten, Rahmenordnung, 2 a.).

[111] Im Bistum Basel kann der Leitende Priester Inhaber der ordentlichen (Diakon, Priester und Bischof) Taufvollmacht, aber auch Gläubige mit außerordentlicher Vollmacht mit der Taufspendung „delegieren" (Anhang Delegierbarkeit durch den leitenden Priester). Augenscheinlich ist nach Ausweis der Baseler Ordnung aber ein Dokument mit dem Titel „Taufvollmacht, außerordentliche: Kriterien und Abläufe in Vorbereitung". Interessant ist auch folgender Sachverhalt. Im eben genannten Anhang ist zu lesen, dass der „Diözesanbischof die außerordentliche Trauvollmacht im Einzelfall auf Antrag des Gemeindeleiters für Situationen erteilt, in denen der Leitende Priester, Mitarbeitende Priester und Diakone der Pfarrei im Pastoralraum nicht alle Trauungen innerhalb der Pfarrei wahrnehmen können. Die außerordentliche Trauvollmacht im Einzelfall wird durch den Diözesanbischof nur erteilt, wenn die Trauung in der Pfarrei des Gemeindeleiters stattfindet." (vgl. Anm. 28). Unklar bleibt, ob mit der außerordentlichen Trauvollmacht an Laien der Sachverhalt des c. 1112 CIC angesprochen ist. Nach Auskunft des Kollegen Loretan sind bisher alle Eingaben der Schweizer Bischofskonferenz in Rom in der Frage der Trauassistenz durch Laien gemäß c. 1112 CIC abschlägig beschieden worden. Dies will nicht so recht zur gerade beschriebenen Baseler Regelung passen.
Im Bistum Innsbruck fällt bei den Aufgaben des Pfarrkuraten auf, dass er und nicht der leitende Priester die Erteilung der Tauferlaubnis bei Taufen außerhalb der Pfarrei und die Entlassung von Nupturienten seiner Pfarrei zur Eheschließung außerhalb des Pfarrgebietes erteilt (vgl. Bistum Innsbruck, Novellierung, S. 2), was in einer besetzten Pfarrei die Aufgaben des Pfarrers sind.

[112] Vgl. Bistum Limburg, Statut, § 5 Abs. 4 II. Nr. 2.

nie wird in Anlehnung an c. 529 § 1 CIC[113] die Sorge für die Kranken, Alten und Hilfsbedürftigen als Dienstpflicht hervorgehoben. Aufschlussreich ist der Bereich des Leitungsdienstes, wobei in der Regel damit auch Fragen der Verwaltung und der Organisation der Pfarrei verbunden werden. Den nichtpriesterlichen Beauftragten in den vakanten Pfarreien werden zumeist die klassischen Verwaltungsaufgaben eines Pfarrers wie Führen der Pfarrchronik, Verwaltung der Kirchenbücher (Matrikel), die verwaltungskanonistische Vorbereitung von Konversionen, Rekonziliationen, des Ehevorbereitungsprotokolls, die Korrespondenz mit staatlichen und kirchlichen Stellen, die Vorgesetztenfunktion für das pfarrgemeindliche Personal wie Pfarrsekretärinnen, Küster, Hausmeister und Organisten, falls vorhanden die Verwaltung eines kirchengemeindlichen Friedhofs, die Erstellung der Kirchenrechnung, die Führung der vermögensrechtlich relevanten Bücher wie Kassenbuch, Messstipendienbuch, Stolbuch und der Kollektenverzeichnisse übertragen.[114] Da es keinen Pfarrer gibt, muss auch die Frage geklärt werden, wer die Verantwortung für die Kirche trägt, so dass diese Aufgabe im Bistum Limburg zum Beispiel dem Pfarrbeauftragten zugewiesen wird, der über die Nutzung des Kirchenraums entscheidet. Weiterhin wird ihnen in verschiedenen Bistümern die Sorge um die Ehrenamtlichen, die Repräsentation der Pfarrei nach innen und nach außen[115] und die Vertretung der Pfarrei in der Dekanatskonferenz der hauptamtlich in der Seelsorge wirkenden Priester, Diakone und pastoralen Mitarbeiterinnen und Mitarbeiter zugewiesen. Mit der rechtlichen Zuweisung dieser vielfach administrativen, aber auch durchaus hoheitlichen Aufgaben an die nichtpriesterlichen beauftragten Gläubigen wird signifikant der Unterschied zu einer mit einem Pfarrer besetzten Pfarrei deutlich. Der nebenamtlich leitende Priester wird mit diesen Aufgaben eines Pfarrers eben nicht betraut und in der Regel auf seine priesterlich-sakramentalen Aufgaben und seine Letztverantwortung der Seelsorge gegenüber dem Diözesanbischof, die auch in seiner Funktion als Dienstvorgesetzter für die Pfarrbeauftragten erkennbar wird[116], beschränkt. Das bedeutet auch, dass er die Anliegen der Pfarrgemeinde im Presbyterium und gegenüber dem Diözesanbischof zu vertreten hat.

[113] Vgl. c. 529 § 1 CIC, der die primären Aufgaben des Pfarrers in der Seelsorge beschreibt, wo es dann heißt: „Er soll sich mit besonderer Aufmerksamkeit den Armen, Bedrängten, Einsamen, den aus ihrer Heimat Verbannten und ebenso denen zuwenden, die in besondere Schwierigkeiten geraten sind."

[114] Beispielhaft für viele Bistum Eisenstadt, Rahmenordnung, S. 70.

[115] Aber es gibt auch den Fall, dass diese Aufgabe wie im Bistum Innsbruck, Novellierung, S. 1, dem Pfarrmoderator zugewiesen wird.

[116] Vgl. Bistum Limburg, Statut, § 3 Abs. 4.; Bistum Eisenstadt, Rahmenordnung, S. 70: „Der/die Pfarrassistent/in übt seinen/ihren Dienst entsprechend der Festlegung im Beauftragungsdekret aus und steht unter der Dienst- und Fachaufsicht des Pfarrmoderators."

In der Addition der einzelnen Aufgaben in der Leitung und Verwaltung einer Pfarrei kommt es jedoch zu einer starken Aufwertung der primären Ansprechpartner in der Pfarrei, die nicht selten bei den Gläubigen den zumindest in der Wahrnehmung evidenten Eindruck vermitteln kann, die nichtpriesterlichen Personen seien die Gemeindeleiter und Gemeindeleiterinnen der nach c. 517 § 2 CIC vakanten Pfarreien.[117]

d) Im deutschsprachigen Raum spielen Pfarrgemeinderat und die pfarrlichen Vertretungsorgane in der Vermögensverwaltung eine herausragende Rolle. Es gehört zu den partikularrechtlichen Besonderheiten vor allem in Deutschland und der Schweiz, dass zum einen aufgrund der staatskirchenrechtlichen Situation, in der die Pfarreien u. a. im Bereich der Vermögensverwaltung zudem Körperschaften des öffentlichen Rechts sind, abweichend von den kodikarischen Vorgaben die pfarrlichen Vermögensverwaltungsräte keine Beratungsgremien des Pfarrers, sondern demokratisch gewählte und arbeitende Entscheidungsgremien sind, denen der Pfarrer in der Regel vorsteht, aber kein Vetorecht hat. Hinzu kommt, dass die pfarrlichen Pastoralräte im deutschsprachigen Raum, die zumeist die Bezeichnung Pfarrgemeinderäte tragen[118], ebenfalls (noch!) in einem gewissen Rahmen Entscheidungskompetenzen besitzen, wobei der Pfarrer in der Regel nicht der Vorsitzende ist, aber ein Einspruchsrecht gegen Beschlüsse dieses Gremiums hat. Da nun in einer vakanten Pfarrei, deren Seelsorge nach c. 517 § 2 CIC geordnet ist, weder der leitende Priester noch der oder die nichtpriesterlichen beauftragten Gläubige(n) Pfarrer im kirchenrechtlichen Sinn sind, kann mit Hans Heimerl und Helmuth Pree, die dies für den Bereich der pfarrlichen Vermögensverwaltungsräte ausgeführt haben[119], festgestellt werden, dass ein Diözesanbischof entscheiden muss, wie er die amtliche Vertretung in diesen pfarrlichen Gremien partikularrechtlich im Fall von c. 517 § 2 CIC regelt. Im Bereich des Pfarrgemeinderates reicht die Palette von ausschließlicher Zuweisung der amtlichen Mitgliedschaft in beiden Gremien an den Gemeindeleiter (Chur, Eisenstadt, Linz), über gesplittete Dialogpartnerschaft im Pfarrgemeinderat und einem ehrenamtlichen Vorsitzen-

117 Vgl. schon früh kritisch zu dieser Entwicklung W. Kasper, Der Leitungsdienst in der Gemeinde, Bonn 1994 (= Arbeitshilfen; 118), bes. S. 18-20.

118 Vgl. H. Grünenthal, Der Pfarrgemeinderat in Deutschland – eine gelungene Verbindung von Pastoral- und Apostolatsrat? Rechtliche Überlegungen zum Miteinander und Füreinander im Pfarrgemeinderat, in: S. Demel, L. Müller (Hg.), Krönung oder Entwertung des Konzils? Das Verfassungsrecht der katholischen Kirche im Spiegel der Ekklesiologie des Zweiten Vatikanischen Konzils, Trier 2007, S. 252-264; zur Situation in Österreich vgl. B. Primetshofer, Kanonistische Bemerkungen zu den österreichischen Pfarrgemeinderats- und Pfarrkirchenratsordnungen, in: ÖAKR 42 (1993), S. 156-177.

119 Vgl. H. Heimerl, H. Pree (Hg.), Handbuch des Vermögensrechtes der katholischen Kirche unter besonderer Berücksichtigung der Rechtsverhältnisse in Bayern und Österreich, Regensburg 1993, S. 400.

den des Verwaltungsrates (Limburg), wobei sowohl der leitende Priester als auch der Pfarrbeauftragte an den Sitzungen mit Rede- und Antragsrecht teilnehmen können, bis hin zu Regelungen, in denen der leitende Priester der Vorsitzende beider Gremien ist (Innsbruck, Salzburg). In den Fällen, wo der nichtpriesterliche Beauftragte nach c. 517 § 2 CIC die Leitung des Pfarrgemeinderates hat, wird aber dem leitenden Priester die Kompetenz übertragen, gegen Beschlüsse dieses Gremiums Einspruch einzulegen (Eisenstadt). Umgekehrt kann man feststellen, dass bei Zuweisung der Leitungsaufgabe in den pfarrlichen Gremien an den leitenden Priester, dieser wiederum die nichtpriesterlichen Gläubigen mit der praktischen Durchführung dieser Aufgabe betrauen kann (Innsbruck, Salzburg[120]).[121] Das Ergebnis des partikularrechtlichen Befundes in der Frage der pfarrlichen Gremien ist disparat und letztlich nicht überzeugend. Die Diözesen, die unbefangener mit der Frage der Leitungsaufgaben an nichtpriesterliche Beauftragte umgehen, weisen die Aufgabe des amtlichen Vorsitzes diesen Personen zu, ohne die Implikationen für die Frage der Leitung einer Pfarrei ausreichend zu beachten. Aber auch die Lösung, mit angeblicher Bezugnahme auf das universalkirchliche Recht (Innsbruck), dem leitenden Priester diese Aufgabe zu übertragen, dann aber durch oft waghalsig formulierte Vertretungsregeln faktisch doch den Pfarrbeauftragten mit dieser Aufgabe zu betrauen, überzeugt nicht. Da in den deutschsprachigen Diözesen aufgrund der von Rom akzeptierten besonderen staatskirchenrechtlichen Situation die pfarrlichen Vermögensverwaltungsräte demokratisch arbeitende und

[120] Vgl. Bistum Innsbruck, Novellierung, 1: „2.2. Aufgaben [...] Laut allgemeinem Kirchenrecht hat der Pfarrmoderator den Vorsitz im Pfarrgemeinderat, kann sich jedoch in Absprache mit dem Pfarrkurator und dem/der Obmann/frau des PGR bei den Sitzungen vertreten lassen. Er behält das Vetorecht für Beschlüsse des PGR. Die Leitung der Sitzungen obliegt gemäß Statut des Pfarrgemeinderates der Obfrau/dem Obmann des Pfarrgemeinderates. Der Pfarrmoderator ist auch Vorsitzender des Pfarrkirchenrates, kann sich aber auch hier in Absprache mit dem Pfarrkurator, der geschäftsführender Vorsitzender sein kann/soll, und in Absprache mit dem/der stellvertretenden Vorsitzenden des PKR bei den Sitzungen vertreten lassen. Die laufenden Geschäfte des Pfarrkirchenrates kann daher im Rahmen der diözesanen Pfarrkirchenordnung der stellvertretende Vorsitzende oder der Pfarrkurator führen. Der Pfarrmoderator muss aber Schriftstücke rechtsverbindlicher Art und die Kirchenrechnung mit dem/der stellvertretenden Vorsitzenden und dem Pfarrkurator, sofern er geschäftsführender Vorsitzender ist, als Erstzeichnungsberechtigter unterfertigen." Vgl. zur Regelung im Erzbistum Salzburg Hirnsperger, Pfarrassistent, S. 134-136.

[121] Nicht eindeutig ist die Regelung im Erzbistum Wien. Nach 2 d.) der Rahmenordnung, S. 70, ist der Pfarrassistent „von Amts wegen Mitglied des Pfarrgemeinderates und dessen Vorstandes". Nach 2 e) der Rahmenordnung, S. 70, unterzeichnet der Pfarrassistent im Geldverkehr allein. Welche Aufgaben und Kompetenzen dem leitenden Priester, der im Erzbistum Wien Moderator genannt wird, zukommen, ist der Rahmenordnung nicht zu entnehmen.

entscheidende Körperschaftsorgane sind, scheint uns der Limburger Weg mit gewählten ehrenamtlichen Vorsitzenden der rechtlich überzeugende Weg zu sein. Solange in den deutschsprachigen Bistümern zumindest mehrheitlich die Pfarrgemeinderäte auch Entscheidungskompetenzen besitzen, müssen, je nach den Aufgabenbereichen aufgeteilt, der leitende Priester und die beauftragten nichtpriesterlichen Gläubigen mit gesplitteter amtlicher Mitgliedschaft in diesem Gremium mitarbeiten.

e) Pfarrer werden gemäß c. 527 § 2 CIC durch den Ortsordinarius selbst oder einen durch ihn beauftragten Priester in einer liturgischen Feier in ihr Amt eingeführt. Zu den Symbolen, die dem Pfarrer dabei überreicht werden, zählen Kelch und Hostienpatene sowie die Schlüssel zur Kirche und den anderen Gebäuden der Pfarrei. In Analogie zum liturgietheologischen Axiom „lex orandi, lex credendi“[122] dürfte an der Frage, ob und wenn ja, wie leitende Priester und die beauftragten nichtpriesterlichen Personen der vakanten Pfarrei vorgestellt werden, einiges für das ekklesiale Selbstverständnis dieser außerordentlichen Wahrnehmung von Seelsorge abzulesen sein. In den meisten der untersuchten diözesanen Ordnungen ist eine solche Amtseinführung vorgesehen. In der Regel ist es der Dekan, der den leitenden Priester und die vom Bischof mit der Wahrnehmung der Seelsorge beauftragten nichtpriesterlichen Gläubigen im Rahmen eines Gottesdienstes einführt.[123] Leider sind die speziellen diözesanen Richtlinien für die liturgische Gestaltung der Vorstellung bzw. Einführung nicht publiziert, so dass die Frage nach dem Wie unbeantwortet bleiben muss. Die entsprechenden Richtlinien des Bistums Limburg sehen vor, dass der Bezirksdekan die bischöflichen Ernennungsurkunden im Gottesdienst verliest und ansonsten auf alle anderen Symbole, die bei einer Pfarrereinführung verwandt werden, verzichtet wird.[124] Insgesamt ist es aber zu begrüßen, dass alle vom Diözesanbischof in einer vakanten Pfarrei eingesetzten Seelsorger der Pfarreiöffentlichkeit im Rahmen eines

[122] Vgl. M. Stuflesser, Memoria Passionis. Das Verhältnis von lex orandi und lex credendi am Beispiel des Opferbegriffs in den Eucharistischen Hochgebeten nach dem II. Vatikanischen Konzil, Altenberge 1998/22000 (= Münsteraner Theologische Abhandlungen; 51).

[123] Vgl. Bistum Innsbruck, Novellierung, S. 1; vgl. Erzbistum Wien, Rahmenordnung, S. 71, wobei dort der zuständige Bischofsvikar nur den Pfarrassistenten „vorstellt“, nicht einführt; Bistum St. Pölten, Rahmenordnung, S. 22, wo es der zuständige Priester ist, der den Pfarrbeauftragten vorstellt und der Pfarrei bei einem Sonntagsgottesdienst „angelobt“; Bistum Limburg, Statut, § 2 Abs. 3; Bistum Eisenstadt, Rahmenordnung, S. 71; Erzbistum Salzburg, Rahmenordnung, S. 103 (vgl. Hirnsperger, Pfarrassistent, S. 139: „Vorstellung und Amtseinführung von Pfarrprovisor und Pfarrassistent geschehen durch den zuständigen Dechanten im Rahmen eines Sonntagsgottesdienstes gemäß den diözesanen Richtlinien.“).

[124] Diese Hinweise verdanken wir Herrn Rechtsdirektor i. K. PD Dr. Peter Platen (Bischöfliches Ordinariat Limburg) in einer Mail vom 28.10.2010 an die Verf.

Gottesdienstes vorgestellt werden, weil die Feier der Liturgie als Grundvollzug von Kirche der geeignete Ort ist, den Dienst der Seelsorger sachgerecht zu illustrieren.

f) In den meisten diözesanen Ordnungen[125] wird auf eine frühzeitige und umfängliche Information der Pfarrei und der betroffenen Seelsorger und Seelsorgerinnen, die nach c. 517 § 2 CIC eingesetzt werden sollen, Wert gelegt und von daher auch rechtlich verbindlich vorgeschrieben. Die Erfahrung im Bistum Limburg hat gezeigt, wie wichtig diese Gespräche sind. Die Nachricht für eine Pfarrei, dass sie auf absehbare Zeit keinen eigenen Pfarrer bekommt, ist zunächst für die Gläubigen dieser Pfarrei eine Enttäuschung und eine Sorgen um den Fortbestand der Pfarrei auslösende Botschaft. „Das Recht trägt damit dem Umstand Rechnung, dass die geweihten Amtsträger und die Pfarrgemeinderäte besondere Verantwortung dafür haben, dass sich die Pfarrgemeinden auf die Veränderungen rechtzeitig einstellen können und die Einführung der neuen Seelsorgeformen akzeptiert wird und gelingt“[126] – so Johann Hirnsperger bezogen auf die entsprechenden Regelungen im Erzbistum Salzburg. Zur Vorbereitung der Pfarreien wird man auch die Information zählen dürfen, welche Aufgaben und Kompetenzen der leitende Priester und welche die vom Diözesanbischof beauftragten nichtpriesterlichen Gläubigen in der Wahrnehmung der Seelsorge haben. Hierbei ist es hilfreich, dass neben den bereits in den diözesanen Ordnungen allgemein zugewiesenen Aufgabenbereichen – vorbildlich zum Beispiel im Bistum Basel eingelöst[127] – in den Bestellungsdekreten des Diözesanbischofs, noch einmal präzisierend auf die konkrete Pfarrei, solche Aufgaben benannt werden.[128] Wer eine

[125] Beispielhaft für andere Bistümer vgl. Bistum Innsbruck, Novellierung, 4: „Die Diözesane Personalkommission nimmt in Absprache mit dem zuständigen Dekan zum frühest möglichen Zeitpunkt mit dem PGR, anderen Verantwortlichen in der Pfarre und dem Pfarrmoderator bzw. dem Pfarrkurator, sofern einer bereits konkret ins Auge gefasst wurde, Kontakt auf.“

[126] Hirnsperger, Pfarrassistent, S. 138.

[127] Vgl. Bistum Basel, Pfarrer, „Nr. 3 Bestimmung für außerordentliche Leitung“, wo präzise die Verantwortung des Gemeindeleiters und die des leitenden Priesters gegenüber dem Bischof anhand ihrer Aufgaben entfaltet wird.

[128] Vgl. Bistum Limburg, Statut, § 2 Abs. 2; Erzbistum Salzburg, Rahmenordnung, 102-103: „4.3.1. Bestellung per Dekret. Pfarrprovisor und Pfarrassistent werden per Dekret durch den Erzbischof bestellt. Gesondert wird als integrierender Bestandteil zum Dekret innerhalb des ersten Dienstmonats die vereinbarte Zuteilung der Aufgabenfelder schriftlich im Zusatzprotokoll festgehalten (vgl. 2.2.).“ Diese gesetzliche Lösung hat Charme, weil sie neben der Rahmenordnung und dem Inhalt des Dekrets über den Verweis auf eine protokollierte Aufgabenfeldumschreibung präzise die Verantwortungsbereiche der Seelsorger regelt. Die Aufgabenumschreibung kann immer wieder angepasst und somit auf die tatsächlichen Bedürfnisse der Pfarrei aktualisiert fortgeschrieben werden, ohne aufwendig die Bestellungsdekrete ändern zu müssen.

Pfarrei auf die Wahrnehmung der Seelsorge nach c. 517 § 2 CIC vorbereitet, sollte auch in regelmäßigen Abständen nachfragen, ob die anspruchsvolle Aufgabenverteilung und Ausübung der seelsorglichen Aufgaben gelingt oder nicht. Von daher ist es zu begrüßen, dass zum Beispiel im Erzbistum Salzburg[129] oder im Bistum Limburg[130], die Personal- und Seelsorgeverantwortlichen in den bischöflichen Kurien regelmäßig Kontakt mit den Seelsorgern suchen, um zeitnah auf Probleme eingehen zu können.

g) Wie ist der hier dargestellte Befund abschließend kirchenrechtlich zu bewerten? Wie kaum in einer anderen Region der Weltkirche sind die Diözesen im deutschsprachigen Raum, die c. 517 § 2 CIC anwenden, bei der partikularrechtlichen Ausgestaltung dieser universalkirchlichen Rahmennorm initiativ geworden. Die zahlreichen, zum Teil mehrfach überarbeiteten Ordnungen zeigen dies deutlich. Den betroffenen Diözesanbischöfen in diesen Diözesen ist es augenscheinlich ein Anliegen, einen gesicherten rechtlichen Rahmen für dieses anspruchsvolle Seelsorgemodell zur Verfügung zu stellen. In allen vier untersuchten Ländern ist in den diözesanen Ordnungen zu c. 517 § 2 CIC unverkennbar, dass sie in der Regel neben dem leitenden Priester von theologisch gut ausgebildeten, hauptamtlich in der Seelsorge tätigen pastoralen Mitarbeitern und Mitarbeiterinnen und Ständigen Diakonen ausgehen, die vom Bischof mit der verantwortlichen Wahrnehmung von Seelsorge in den vakanten Pfarreien betraut werden. Dies macht in der kirchenrechtlichen Diskussion des c. 517 § 2 CIC die nicht selten ermüdend wirkende Fixierung auf die Fragen der Gemeindeleitung durch Laien und das mögliche Entstehen eines sog. nichtgeweihten „Parallelklerus"[131] verständlich, wenngleich diese Norm nicht die Leitung der Pfarrei im Blick hat, sondern die Sicherstellung von Hirtensorge in auf Dauer vakanten Pfarreien.[132]

Ungeachtet der angesprochenen Probleme – erwähnt seien noch einmal die schwierige Suche nach einer sachgerechten Nomenklatur zur Bezeichnung der amtlichen Dienste des leitenden Priesters und der beauftragten nichtpriesterlichen Gläubigen und die nicht zufriedenstellende Normierung der amtlichen Vertretung in den pfarrlichen Gremien – fällt bei der Analyse der partikularrechtlichen Normen zu c. 517 § 2 CIC positiv die konkrete Beschreibung der Aufgaben in der Seelsorge auf, die die Akteure zu leisten haben. Damit konzentrieren sich die

[129] Vgl. Erzbistum Salzburg, Rahmenordnung, 103, „5. Evaluierung und berufsbegleitende Weiterbildung."

[130] Vgl. Bistum Limburg, Statut, „§ 7 Begleitung".

[131] Vgl. A. Cattaneo, Die Institutionalisierung pastoraler Dienste der Laien, in: AfkKR 165 (1996), S. 56-79; G. B. Sala, Können Laien Pfarrer sein? Zur Frage der Teilhabe Nichtgeweihter an der pfarrlichen Leitungsvollmacht in der Kirche. Dogmatisch-pastoraltheologische Erwägungen, in: Forum Katholische Theologie 14 (1998), S. 189-212.

[132] Vgl. Schüller, Hirtensorge, S. 176.

Diözesanbischöfe auf das Herzstück des c. 517 § 2 CIC, der „gläubigengerechten" Sicherstellung von Seelsorge in einer vakanten Pfarrei in allen Dimensionen seelsorglichen Handelns, das autorisiert im Auftrag des Diözesanbischofs als eigentlichem pastor proprius der vakanten Pfarrei geschieht. Mit Hilfe des Tria-munera-Schemas[133] ergänzt um die Aspekte Diakonia und Dienst an der Koinonia gelingt es den Diözesanbischöfen in der partikularrechtlichen Ausgestaltung des c. 517 § 2 CIC, die breite Palette seelsorglicher Aufgaben, die in einer Pfarrei anfallen, den bestellten und beauftragten Seelsorgern sachgerecht zuzuweisen und damit Verantwortlichkeiten rechtlich verbindlich festzulegen.

Wenn Wilhelm Rees für die Situation in Österreich konstatiert, dass das Modell des c. 517 § 2 CIC „gegenwärtig ein Auslaufmodell"[134] zu sein scheine, sein Innsbrucker Kollege Johannes Panhofer zeitgleich im selben Sammelband in der Anwendung des c. 517 § 2 CIC „Spuren in die Kirche von morgen gelegt"[135] sieht, kommt die eigentümliche Spannung zum Ausdruck, die in den deutschsprachigen Diözesen bei der Anwendung des c. 517 § 2 CIC im Moment zu beobachten ist. Einerseits gehen immer mehr Diözesanbischöfe dazu über, angesichts des dauerhaften Pfarrermangels und der gewandelten Lebensräume der Gläubigen auf die Zusammenlegung (Fusion) von Pfarreien zu setzen[136], während eine kleinere Zahl von ihnen durchaus in c. 517 § 2 CIC eine Chance sieht, Pfarreien, die vakant sind, aber aus pastoralen Gründen rechtlich eigenständig bleiben sollen, nach diesem Modell der Wahrnehmung von Seelsorge zu organisieren.[137] „Dahinter steht auch der Gedanke, dass eine Pfarrei, die in ihren Grundvollzügen lebensfähig ist, nicht ohne Not, auch wenn ihr kein eigener Pfarrer gestellt werden

[133] Vgl. L. Schick, Teilhabe der Laien am dreifachen Amt Christi – ein zu realisierendes Programm, in: J. Pfammater, F. Furger (Hgg.), Theologische Berichte. Die Kirche und ihr Recht, Einsiedeln; Köln 1986 (= Theologische Berichte; 15), S. 39-81.

[134] Rees, Sicherung, S. 173.

[135] J. Panhofer, Kirche mit einem neuen Gesicht. Zum ekklesiologischen Beitrag dieses Leitungsmodells für eine Kirche von morgen, in: Ders., Schneider, Spuren, S. 221-240, hier S. 240.

[136] Vgl. Th. Schüller, Pfarrei und Leitung der Pfarrei in der Krise – eine kritische Bilanz der kanonistischen Diskussion zur sog. „Gemeindeleitung" auf dem Hintergrund kooperativer Seelsorgeformen in den deutschsprachigen Diözesen, in: R. Ahlers, B. Laukemper-Isermann (Hgg.), Kirchenrecht aktuell – Anfragen von heute an eine Disziplin von gestern? Essen 2004 (= Münsterischer Kommentar zum Codex Iuris Canonici. Beihefte; 40), S. 153-170, hier S. 167-170.

[137] Vgl. Hirnsperger, Pfarrassistent, S. 140-141, der für die jüngste gesetzgeberische Initiative in Sachen c. 517 § 2 CIC im Erzbistum Salzburg feststellt, dass wohl „das pfarrliche Leben in Gemeinden, die des eigenen Pfarrers wegen Priestermangels entbehren müssen, am besten gefördert wird, wenn Diakone und Laien unter der Leitung eines Priesters, aber doch in gewissem Maß eigenständig und eigenverantwortlich in amtlicher Form am seelsorglichen Dienst beteiligt sind."

kann, kirchen- und staatskirchenrechtlich aufgelöst und einer anderen Pfarrei zugepfarrt werden sollte. [...] Umgekehrt gilt aber auch: Wird der c. 517 § 2 CIC zur Dauerlösung und verhindert er ein vorurteilsfreies Nachdenken über die Sinnhaftigkeit überkommener territorialer Seelsorgestrukturen, dann hat er in der Anwendung durch die Diözesanbischöfe eindeutig sein Ziel verfehlt.“[138]

1.4 Zur Rezeption von c. 517 § 2 CIC in der Weltkirche

Der Vatikan veröffentlicht im jährlich erscheinenden statistischen Jahrbuch der Kirche, dem ‚Annuarium Statisticum Ecclesiae‘[139], die kirchenstatistischen Daten aus aller Welt. Es ermöglicht einen durch Zahlen belegten Überblick über die internationale Rezeption von c. 517 § 2 CIC. Betrachtet wurden die kirchenstatistischen Daten aus den Jahren 1990 bis 2008. Das besondere Forschungsinteresse galt den in Kapitel 3 des ‚Annuarium Statisticum Ecclesiae aufgeführten Daten. Denn dort sind die Zahlenwerte aufgeführt, welche sich auf Pfarreien ohne Pfarrer beziehen. Das statistische Jahrbuch unterteilt die Kategorie „Pfarreien ohne Pfarrer“ in folgende Unterkategorien:

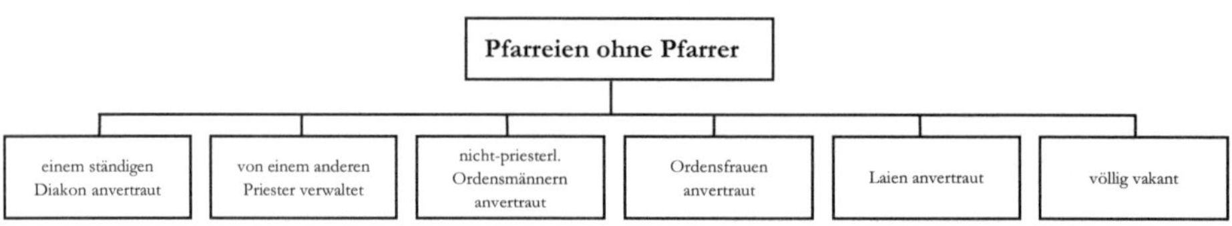

Anhand einer tabellarischen Anordnung im statistischen Jahrbuch ist bei den einzelnen Kategorien vermerkt, wie viele solcher Pfarreien das jeweilige Land aufweist. In der folgenden Auswertung der kirchenstatistischen Daten des ‚Annuarium Statisticum Ecclesiae werden die Daten nach Regionen betrachtet. Als Beispiel für eine solche Region wäre etwa Europa, Afrika oder Nordamerika zu nennen. Die Unterkategorien werden dabei für jede Region stets für sich allein genommen analysiert. In der Darstellung der Auswertungsergebnisse erfolgt eine Konzentration auf die Pfarreien, die Laien anvertraut sind.[140] Nur in der weltweiten Zusammenschau (1.4.12) werden alle Kategorien differenziert dargestellt.

[138] Schüller, Pfarrei, S. 166.

[139] Annuarium Statisticum Ecclesiae. 1990 – 2008, Vatikanstadt: Libreria Editrice Vaticana.

[140] Eine ausführliche Darstellung der Datenauswertung findet sich unter http://www.kath-theologie.uni-wuppertal.de/index.php?id=490.

Die Reihenfolge der hier aufgeführten Regionen erfolgt alphabetisch, so dass sie den Ausführungen des ‚Annuarium Statisticum Ecclesiae' entspricht.[141]

1.4.1 Afrika

Pfarrgemeinden ohne Pfarrer in Afrika, welche Laien anvertraut sind (1990-2008):

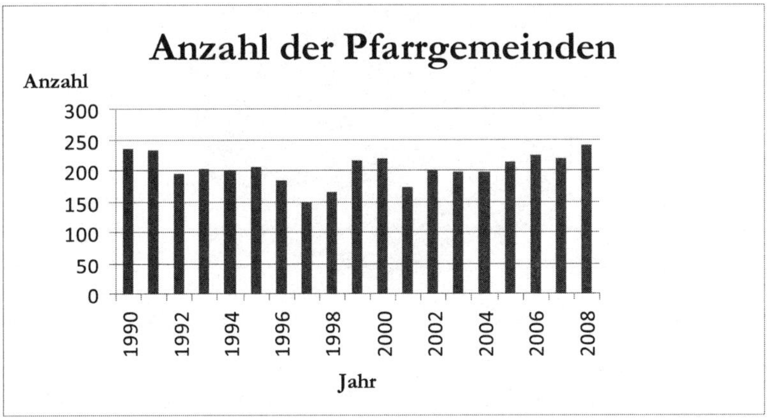

Die Gesamtzahlen liegen im Bereich von 150 (1997) bis maximal 240 (2008) Pfarrgemeinden. Es zeigt sich in der Entwicklung der Gesamtzahlen, dass sich die Werte mit Ausnahme einiger Schwankungen recht konstant halten.

[141] Es ist zu beachten, dass das Verhältnis zwischen der Anzahl der Katholiken zur Anzahl der Pfarrgemeinden weltweit sehr unterschiedlich ist. Daher sind die Daten des ‚Annuarium Statisticum Ecclesiae' relativ zu betrachten. Zudem sei darauf hingewiesen, dass die Daten anhand von vereinheitlichten Meldebögen zustande kommen, so dass fehlerhafte Eintragungen nicht ausgeschlossen werden können.

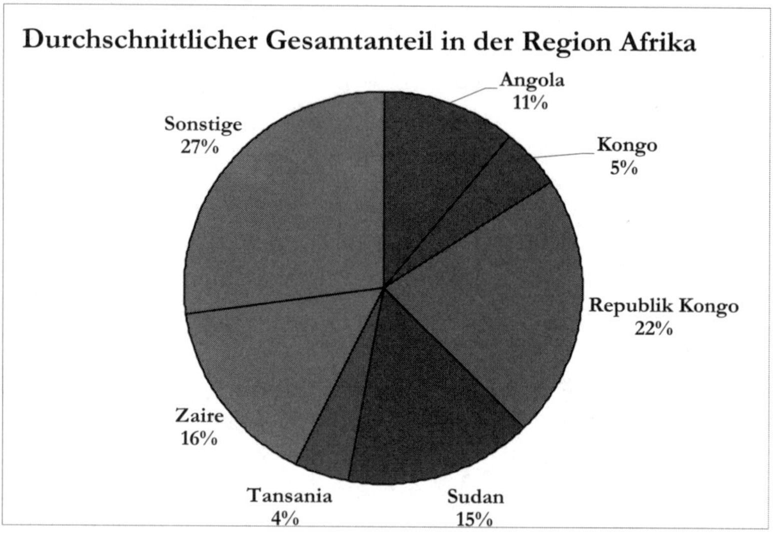

Den größten Anteil an der Gesamtzahl machen die Länder Demokratische Republik Kongo/ früher Zaire mit bis zu 96 (1990) Pfarrgemeinden, der Sudan mit bis zu 79 (2008) und Angola mit bis zu 50 (1990) Pfarrgemeinden aus. Weitere Länder wie Tansania, Kongo und Sambia weisen im Durchschnitt etwa zwanzig Pfarrgemeinden auf. Die meisten afrikanischen Länder haben jedoch entweder keine Pfarrgemeinde dieser Art, oder verschwindend geringe Werte.

1.4.2 Nordamerika[142]

Pfarrgemeinden ohne Pfarrer in Nordamerika, welche Laien anvertraut sind (1990-2008):

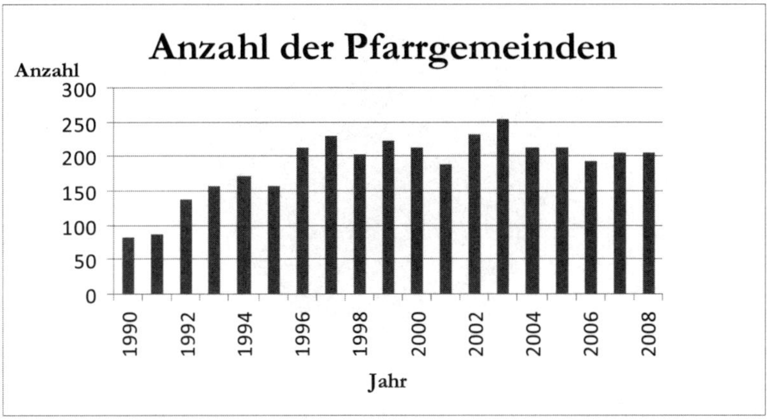

Die Gesamtzahlen Nordamerikas zeigen, dass ein recht deutlicher Anstieg der Pfarrgemeinden vorliegt, welche durch Laien geleitet werden. Das Gesamtminimum beträgt hierbei 83 Pfarrgemeinden im Jahr 1990 und das Gesamtmaximum liegt bei 255 Pfarrgemeinden im Jahr 2003.

142 Vgl. zur Situation der Laien in Nordamerika B. Froehle, Die Bedeutung der 'Leitung von Pfarreien' durch Laien in den Vereinigten Staaten. Entstehende Praxis der Leitung von Pfarreien durch Laien in Katholischen Glaubensgemeinschaften, in: Schüller, Böhnke (Hgg.), Gemeindeleitung, S. 71-114.

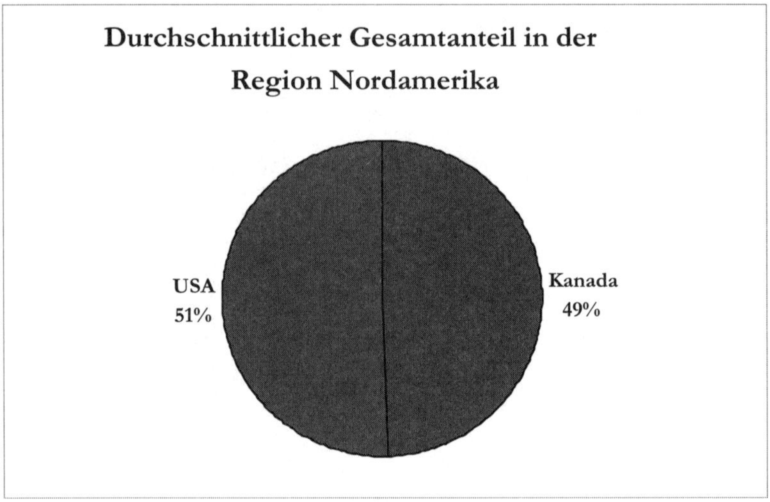

Die ansteigende Tendenz der Gesamtzahlen findet sich ebenso in den spezifischen Daten der USA wieder. Das Spektrum der Zahlen aus den USA erstrecken sich dabei von 26 (1990) bis hin zu 163 (2007) Pfarrgemeinden. Erst ab dem Jahre 2002 machen die USA den Hauptanteil der Gesamtzahlen Nordamerikas aus, da sie mit steigender Tendenz Werte über 100 Pfarrgemeinden aufweisen. In den Jahren 1990 bis 2001 ist hierfür Kanada maßgebend. Mit Werten von beinahe ausnahmslos über 100 Pfarrgemeinden liegen die Zahlen in Kanada sehr hoch. In den Jahren 1992 und 1996 zeigen die Daten Kanadas deutliche Anstiege in den Pfarrgemeindeanzahlen. Einen deutlichen Rückgang der Zahlen gibt es im Zeitraum 2003/2004. Hier fallen die Pfarrgemeindezahlen von 106 Pfarrgemeinden (2003) auf 65 Pfarrgemeinden ab. Diese absteigende Tendenz der Pfarrgemeindezahlen setzt sich auch bis zum Jahr 2008 fort, in dem nur noch 44 Pfarrgemeinden von Laien geleitet werden.

1.4.3 Mittelamerikanisches Festland

Pfarrgemeinden ohne Pfarrer auf dem mittelamerikanischen Festland, welche Laien anvertraut sind (1990-2008):

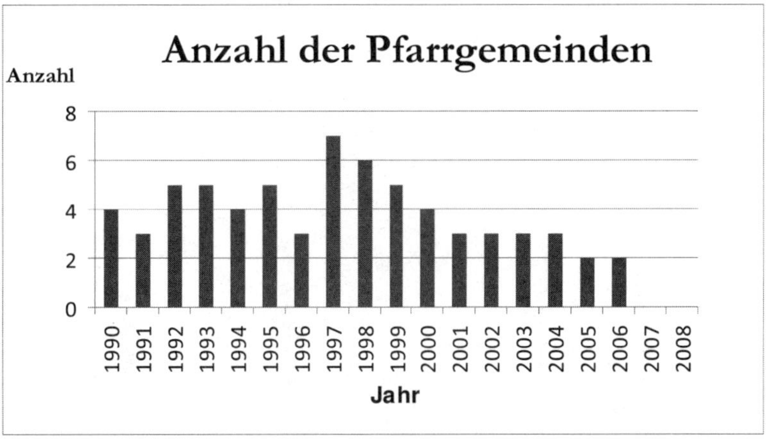

Pfarrgemeinden, deren Leitung Laien obliegt, gibt es auf dem zentralamerikanischen Festland nur in den Ländern Guatemala, Mexiko und Nicaragua. Die absoluten Zahlen reichen von sehr wenigen Pfarrgemeinden, nämlich keine im Jahr 2008 bis maximal sieben Pfarreien im Jahr 1997. Aufgrund der niedrigen Zahlen kann auch hier keine klare Tendenz ausgemacht werden.

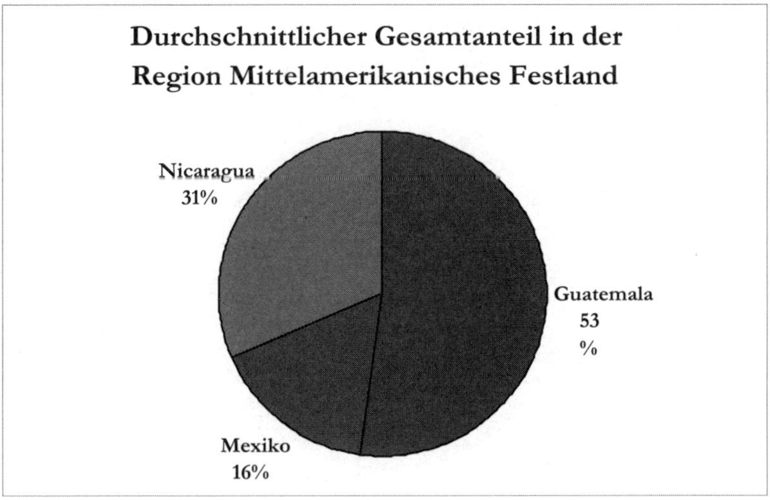

Den Hauptanteil an den Gesamtzahlen bildet hierbei Guatemala mit bis zu 3 kontinuierlich vorhandenen Pfarrgemeinden dieser Art.

1.4.4 Mittelamerikanische Antillen

Pfarrgemeinden ohne Pfarrer auf den mittelamerikanischen Antillen, welche Laien anvertraut sind (1990-2008):

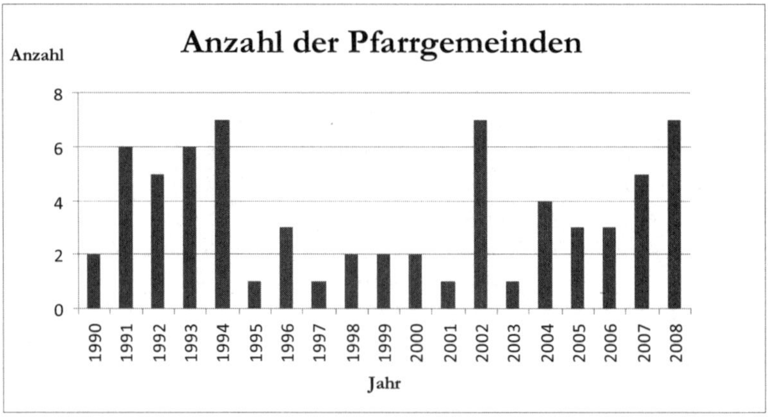

Die Zahlen liegen hierbei im Bereich von einer bis sieben Pfarrgemeinden dieser Art. Durch die geringen Werte ist keine Tendenz feststellbar.

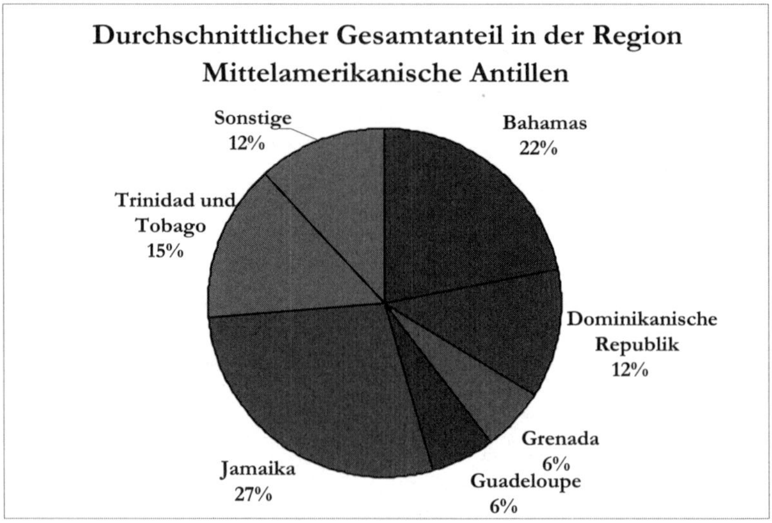

Der individuelle Höchstwert eines Landes liegt z. B. für Jamaika bei fünf Pfarrgemeinden im Jahre 1991, welches somit auch den Hauptanteil an den Gesamtzahlen bildet. Zumeist weisen die übrigen Länder keinerlei Pfarrgemeinden dieser Art auf.

1.4.5 Südamerika

Pfarrgemeinden ohne Pfarrer in Südamerika, welche Laien anvertraut sind (1990-2008):

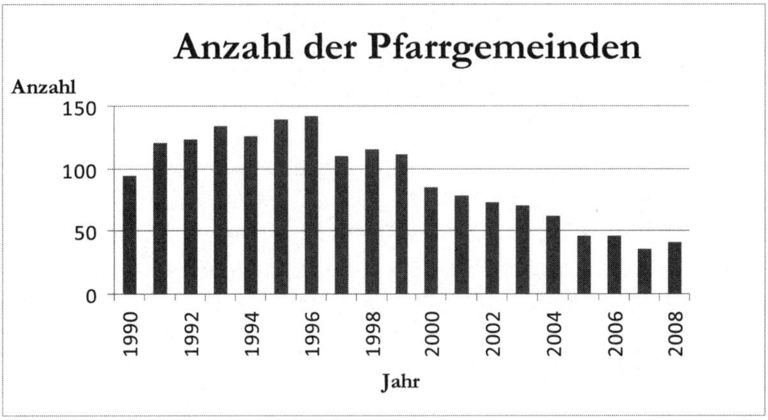

Die Gesamtzahlen der von Laien geleiteten Pfarrgemeinden liegen im Bereich von 41 (2008) bis maximal 142 (1996) Pfarrgemeinden. Die Entwicklung der Zahlenwerte zeigt, dass bis zum Jahre 1996 ein leichter Anstieg der Pfarrgemeindezahlen vorliegt und im Anschluss daran ein kontinuierlicher Abstieg bis zum Jahre 2008 folgt.

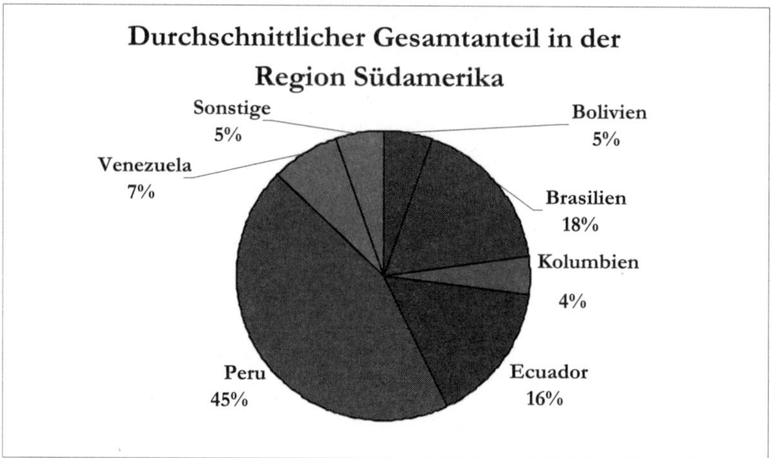

Hauptverantwortlich für die Werte der Gesamtzahlen sind die Länder Peru, Ecuador und Brasilien, in denen sich die Tendenz der Gesamtzahlen deutlich widerspiegelt. Brasilien weist bis zu maximal 29 Pfarrgemeinden im Jahre 1991 auf. In Ecuador beträgt die maximale Pfarrgemeindeanzahl 46 im Jahre 1995 und in Peru werden sogar Höchstwerte von 58 Pfarrgemeinden im Jahre 1997 erreicht. Die Werte der anderen Länder sind in diesem Zusammenhang sehr gering und demnach nicht näher erläutert.

1.4.6 Naher und Mittlerer Osten

Pfarrgemeinden ohne Pfarrer in Asien, Naher und Mittlerer Osten, welche Laien anvertraut sind (1990-2008):

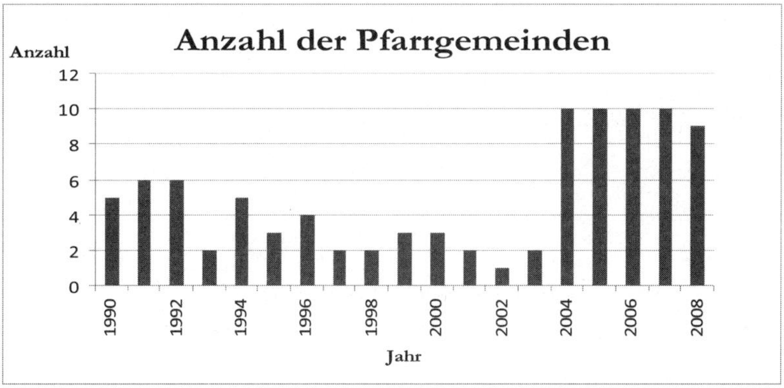

Die Anzahl der von Laien geleiteten Pfarrgemeinden ist in den Ländern des Nahen und Mittleren Ostens sehr gering. Der Bereich der totalen Anzahl liegt hierbei zwischen einer (2002) und zehn (2004) Pfarrgemeinden.

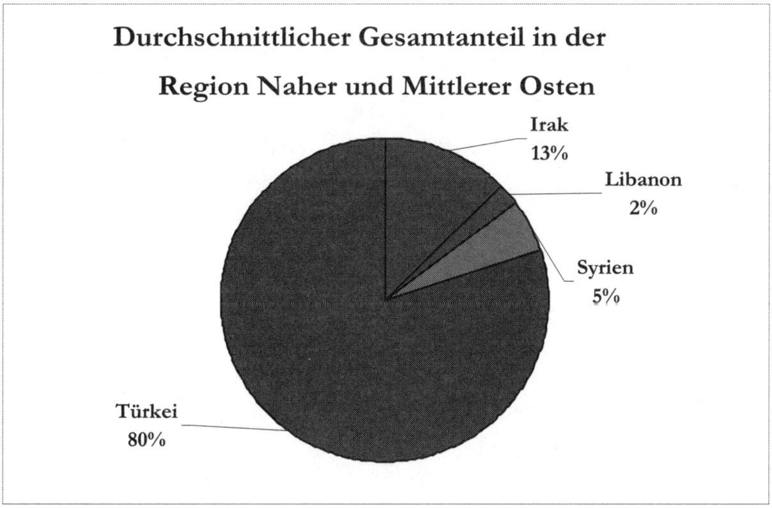

In Syrien und dem Irak gibt es in den Jahren von 1990 bis 2008 zwischen null und einer solcher Pfarrgemeinden. Auch der Libanon hat nur in einem Jahr (1996) zwei von Laien geleitete Pfarrgemeinden, in den übrigen Jahren kommt diese Art der Pfarrgemeindeleitung nicht vor. Hauptsächlich bestimmend für die Gesamtzahl an Pfarrgemeinden ist die Türkei. Hier gibt es zunächst fünf bis sechs Pfarrgemeinden (1990-1992), die von Laien geleitet werden. In den folgenden Jahren sinkt dieser Wert jedoch auf konstant eine Pfarrgemeinde ab. Erst im Jahre 2004 steigt die Anzahl plötzlich auf 9 Pfarrgemeinden an. Auch im darauf folgenden Jahr bleibt diese Anzahl konstant. Im Jahr 2006 wird das Maximum von 10 Pfarrgemeinden, die durch Laien geleitet werden, erreicht. Dieser Wert ändert sich nur minimal, indem 2007 und 2008 nur noch 9 Pfarrgemeinden dieser Art vorliegen.

1.4.7 Süd-Ost-Asien, Fernost

Pfarrgemeinden ohne Pfarrer in Süd-Ost-Asien Fernost, welche Laien anvertraut sind (1990-2008):

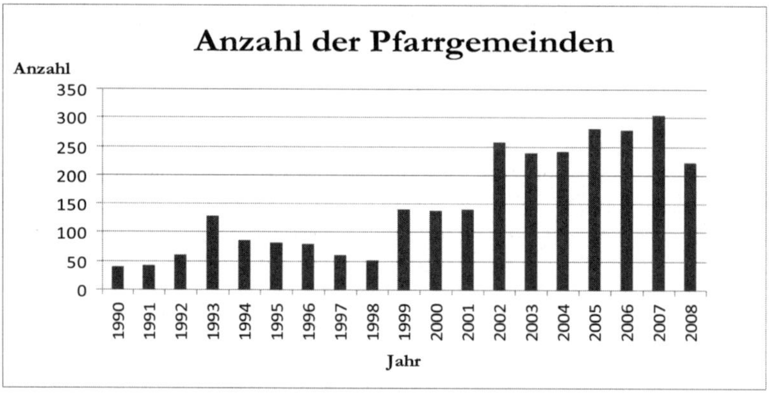

Die Gesamtzahl der von Laien geleiteten Pfarrgemeinden liegt im betrachteten Zeitraum zwischen 40 (1990) und 305 (2008). Dabei ist eine deutlich steigende Tendenz zu erkennen.

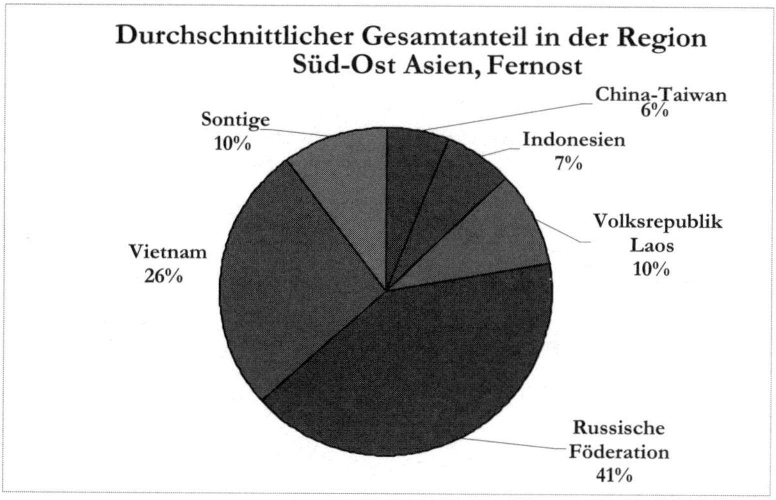

Den größten Anteil tragen Vietnam mit bis zu 94 Pfarrgemeinden (2007), Russland mit bis zu 183 Pfarrgemeinden (2007) und Laos mit bis zu 48 Pfarrgemeinden (2001). Anhand der Gesamtzahlen ist zu beobachten, dass besonders ab dem Jahre 1999 ein klarer Anstieg zu verzeichnen ist. Vor allem die Werte von Russland, Vietnam, Laos und China zeigen dies. Während es 1997 in Vietnam keine von Laien geleitete Pfarrgemeinde gibt, steigt die Anzahl im darauf folgenden Jahr auf 36 an. Seitdem ist ein kontinuierlicher Anstieg der Pfarrgemeindezahlen zu erkennen, welcher sich deutlich im Jahr 2007 mit einem Maximum von 94 Pfarrgemeinden zeigt. Im Jahr 2002 ist in Russland die Anzahl von null auf 103 Pfarrgemeinden gestiegen. Die Folgejahre zeigen einen kontinuierlichen Anstieg der Pfarrgemeindezahlen. Die übrigen Länder sind für die Gesamtzahlen nicht ausschlaggebend.

1.4.8 Europa

Pfarrgemeinden ohne Pfarrer in Europa, welche Laien anvertraut sind (1990-2008):

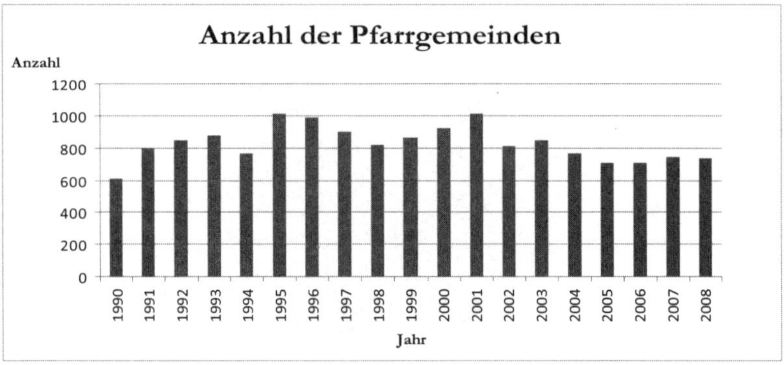

Die Gesamtzahlen Europas betragen im Minimum 608 (1990) Pfarrgemeinden, die durch Laien geleitet werden und im Maximum 1017 (1995) Pfarrgemeinden. Als Tendenz lässt sich festmachen, dass die Werte ab 2002 relativ konstant bleiben und nur wenige Schwankungen aufweisen.

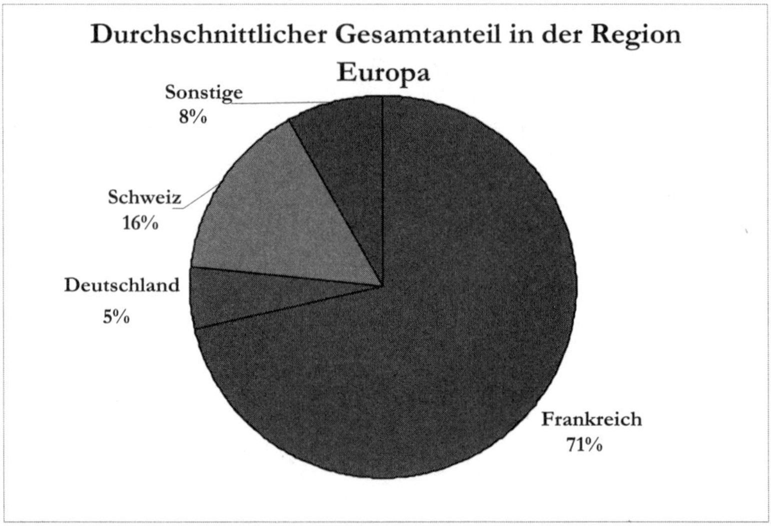

Maßgebend für die Gesamtzahlen sind fast ausschließlich Frankreich und die Schweiz. Dabei nimmt Frankreich den Hauptanteil an den Gesamtzahlen Europas ein, indem dort bis zu maximal 874 Pfarrgemeinden im Jahre 1995 durch Laien geleitet werden. In der Schweiz gibt es maximal 216 Pfarrgemeinden im Jahre 2004. Es ist darauf hinzuweisen, dass Frankreich und die Schweiz eine gegenläufige Tendenz haben und sich in der Gesamtheit somit ausgleichen. Im Jahre 1995 hat Frankreich seinen Höchstwert mit 874 Pfarrgemeinden erreicht. Von diesem Zeitpunkt an sinken die Werte stetig bis zum Jahre 2006 auf 325 Pfarrgemeinden. Im Jahre 2006 hat Frankreich somit sein Minimum erreicht. Die Schweiz verzeichnet in ihren Werten hingegen bis zum Jahre 2004 einen Anstieg von 22 (1990) auf 216 (2004) Pfarrgemeinden. Indem sich diese beiden gegenläufigen Tendenzen in der Gesamtheit annähernd aufheben, erklärt sich die ungefähr konstante Tendenz der Gesamtzahlen Europas. Deutschland hat mit bis zu 81 Pfarrgemeinden im Jahre 2001 ebenfalls einen nennenswert großen Anteil an den Gesamtzahlen Europas. Die Daten der übrigen Länder sind im Einzelnen für die Gesamtzahlen nicht ausschlaggebend.

1.4.9 Deutschland

Pfarrgemeinden ohne Pfarrer in Deutschland, welche Laien anvertraut sind (1990-2008):

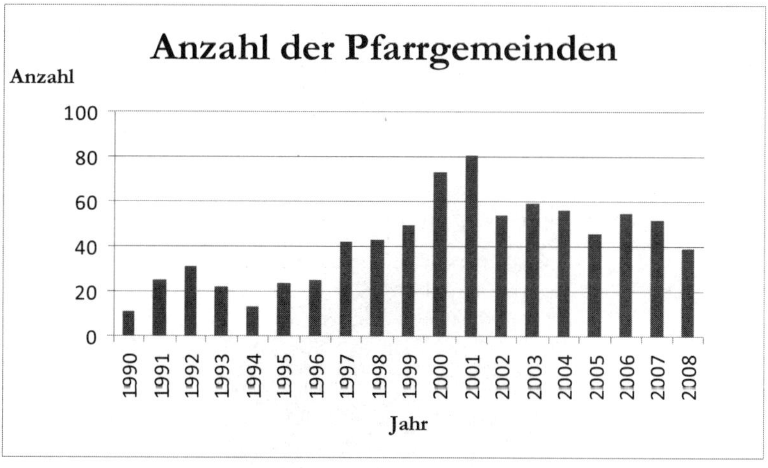

Es zeigt sich, dass von 1990 mit minimal 11 Pfarrgemeinden bis zum Jahr 2001 ein deutlicher Anstieg der durch Laien geleiteten Pfarrgemeinden vorliegt. Deutschland weist dabei bis zu maximal 81 (2001) Pfarrgemeinden dieser Art auf. Während bis zum Jahre 2001 ein Anstieg der Zahlen vorliegt, zeigt sich in den Folgejahren, dass die Werte rückläufig sind. Dies zeigt sich darin, dass 2008 die Werte auf 39 gesunken sind.

1.4.10 Deutschsprachiger Raum

Pfarrgemeinden ohne Pfarrer im deutschsprachigen Raum, welche Laien anvertraut sind (1990-2008):

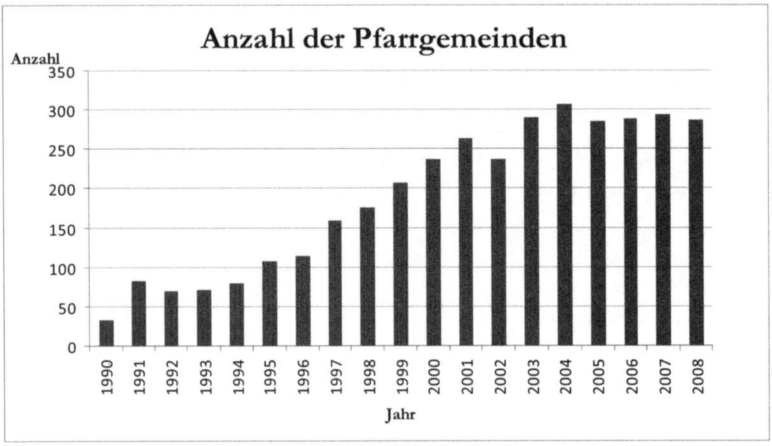

Die Betrachtung der Gesamtwerte der durch Laien geleiteten Pfarrgemeinden im deutschsprachigen Raum zeigt, dass im Laufe der Jahre ein doch recht eindeutiger Trend zu verzeichnen ist. Es zeigt sich, dass ein deutlicher Anstieg der durch Laien geleiteten Pfarrgemeinden vorliegt.

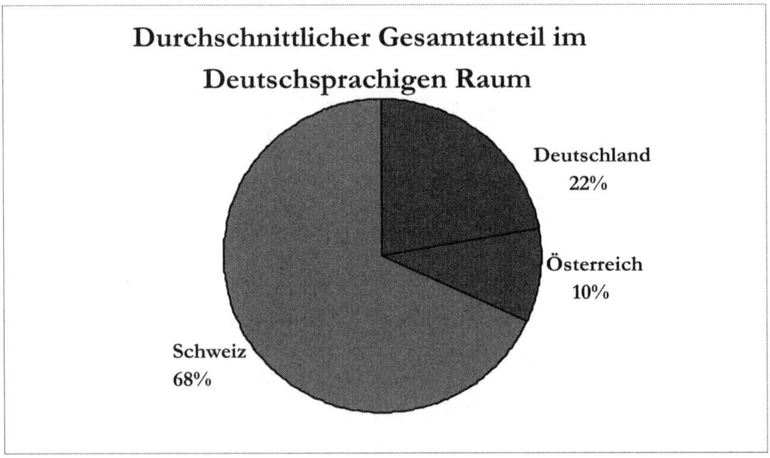

Österreich hat bis zu 37 (2007) solcher Pfarrgemeinden, Deutschland bis zu 81 (2001) und die Schweiz sogar bis zu 216 (2004). Im Vergleich der drei Länder zeigt sich die Schweiz als deutlich herausragend. Zwar folgt die Schweiz – ebenso wie Österreich – etwa kontinuierlich dem allgemeinen Aufwärtstrend der durch Laien geleiteten Pfarrgemeinden, besticht jedoch durch sehr hohe Zahlen. Mit Werten bis zu maximal 216 und wenigstens 38 Pfarrgemeinden liegt die Schweiz eindeutig an erster Stelle. So ist die Schweiz hauptverantwortlich für die Gesamtzahlen im deutschsprachigen Raum. Österreich verzeichnet ebenfalls steigende Zahlen von Pfarreien, die durch Laien geleitete werden, trägt jedoch den kleinsten Teil zu den Gesamtzahlen bei. Bis zum Jahre 2001 (81 Pfarrgemeinden) verzeichnet Deutschland etwa konstant einen Anstieg der Zahlen und entspricht somit der Entwicklung der Gesamtzahlen. Anders als die Gesamtzahlen steigen die Werte in Deutschland jedoch nicht weiter an, sondern sinken bis zum Jahre 2008 auf 39 Pfarrgemeinden ab.

1.4.11 Ozeanien

Pfarrgemeinden ohne Pfarrer in Ozeanien, welche Laien anvertraut sind (1990-2008):

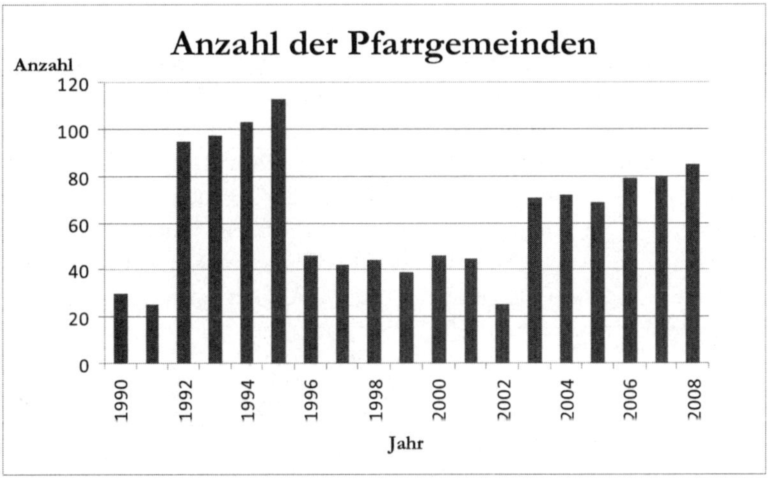

Die Gesamtwerte der durch Laien geleiteten Pfarrgemeinden liegen im Bereich zwischen 25 (1991) und maximal 113 (1995) Pfarrgemeinden. Aufgrund der starken Schwankungen lässt sich keine klare Tendenz feststellen. Dennoch ist zu erkennen, dass im Zeitraum von 1992 bis 1995 die Gesamtwerte mit circa 100 Pfarrgemeinden recht hoch liegen.

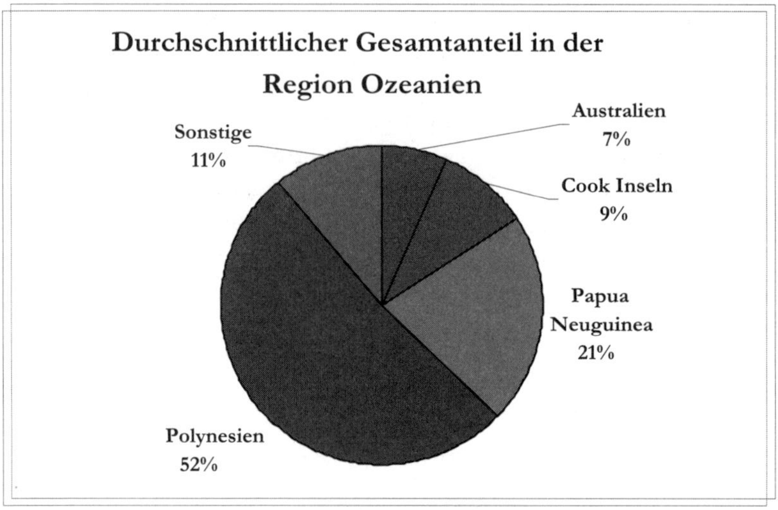

Dies liegt darin begründet, dass die Länder Papua Neuguinea und Polynesien zu dieser Zeit hohe Werte aufweisen. Im Jahre 1995 sind dies in Papua Neuguinea 58 Pfarrgemeinden und in Polynesien 43 Pfarrgemeinden. Es folgt ein klarer Abstieg der Werte, sodass ab dem Jahre 1997 in Papua Neuguinea die Zahlen deutlich unter zehn Pfarrgemeinden liegen. In Polynesien ist zu dieser Zeit ebenfalls ein Rückgang zu erkennen. Ab dem Jahre 2003 ist in Polynesien mit Werten von bis zu 52 Pfarrgemeinden jedoch wieder ein deutlicher Anstieg zu erkennen. Zu den Ländern mit bis zu maximal neun vakanten Pfarrgemeinden zählen Australien und die Cookinseln. Andere Länder wie die Fijiinseln, Kiribati und Neuseeland weisen annähernd keine Pfarrgemeinde dieser Art auf und können daher in der Betrachtung vernachlässigt werden.

1.4.12 Weltweit

Pfarrgemeinden ohne Pfarrer in der Welt, welche völlig vakant sind (1990-2008):

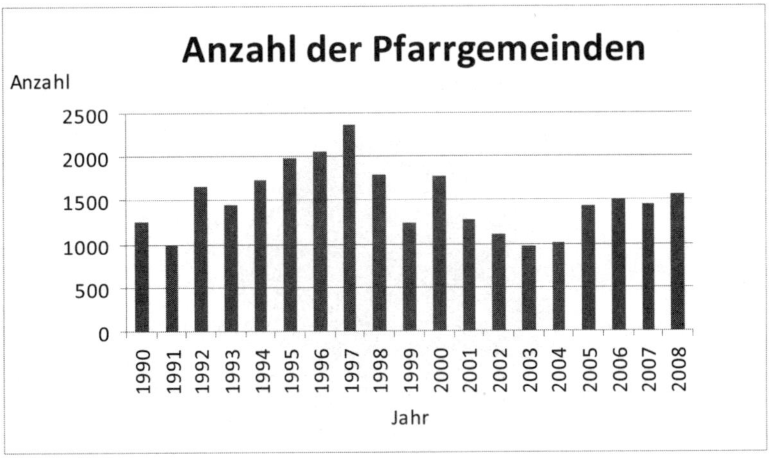

Weltweit steigen die Zahlenwerte der völlig vakanten Pfarrgemeinden bis zum Jahre 1997 beinahe stetig an. In diesem Jahr ist zugleich das Maximum von 2.363 völlig vakanten Pfarrgemeinden erreicht. In den folgenden Jahren sinken die Zahlen bis zum Jahre 2003 auf 979 Pfarrgemeinden ab. Seit diesem Minimalwert von 2003 ist wieder ein Anstieg der Pfarrgemeindezahlen bis zum Jahre 2008 mit 1.559 völlig vakanten Pfarrgemeinden zu bemerken.

Pfarrgemeinden ohne Pfarrer in der Welt, welche Laien anvertraut sind (1990-2008):

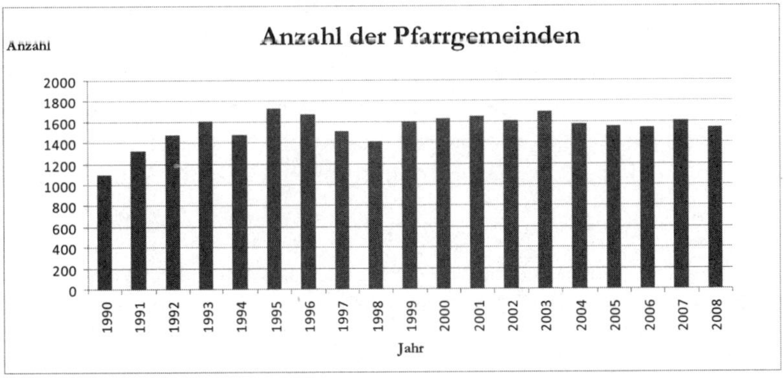

Weltweit reichen die Werte von 1.102 (1991) bis maximal 1.725 (1995) Pfarrgemeinden, die von Laien geleitet werden. Die Entwicklung zeigt, dass bis zum Jahre 1995 ein Anstieg der Gesamtzahlen erfolgt und die Werte dann in den Folgejahren weitestgehend konstant bleiben.

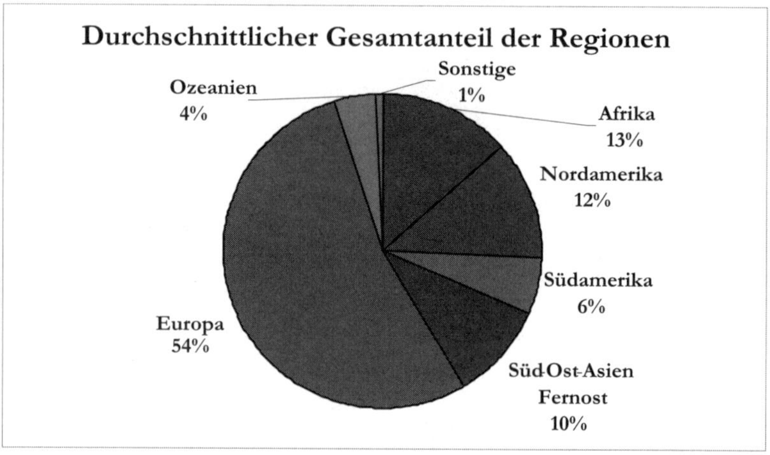

Da das Forschungsinteresse besonders den Pfarrgemeinden, die durch Laien geleitet werden gilt, zeigt die obige Grafik, wie sich diese weltweiten Pfarrgemeindezahlen auf die einzelnen Regionen verteilen. Der Mittelwert der Jahre 1990-2008 zeigt, dass durchschnittlich 54% der durch Laien geleiteten Pfarrgemeinden in Europa liegen. Mit diesem deutlich herausstechenden Wert hebt sich Europa im Vergleich zu den anderen Regionen stark ab. Erst Afrika weist mit einem Anteil von 13% der durchschnittlichen Gesamtzahlen den zweitgrößten Anteil auf. Dieser deutliche prozentuale Unterschied verdeutlicht hierbei noch einmal, welch enorm großen Anteil Europa an den Gesamtzahlen der Pfarrgemeinden ausmacht.[143] Einen ähnlich großen Anteil wie Afrika verzeichnet Nordamerika mit 12% der weltweiten Gesamtzahlen. Gefolgt wird Nordamerika von der Region Süd-Ost-Asien Fernost mit einem Anteil von 10%. Südamerika und Ozeanien machen verhältnismäßig einen kleinen Anteil an den Gesamtzahlen aus. Die Regionen mittelamerikanisches Festland, mittelamerikanische Antillen und Asien

[143] Auch hier sei noch einmal betont, dass die Daten des „Annuarium Statisticum Ecclesiae" immer relativ zu sehen sind. Zwar liegt weltweit betrachtet in Europa ein sehr großer Anteil an Pfarrgemeinden vor, die durch Laien geleitet werden, doch es ist zu beachten, dass die Pfarrgemeindezahlen an sich weltweit von Region zu Region sehr unterschiedlich sind.

Naher Osten machen nur einen sehr geringen Anteil aus, sodass diese unter dem Begriff „Sonstiges" zusammengefasst werden können.

Pfarrgemeinden ohne Pfarrer in der Welt, welche Ordensfrauen anvertraut sind (1990-2008):

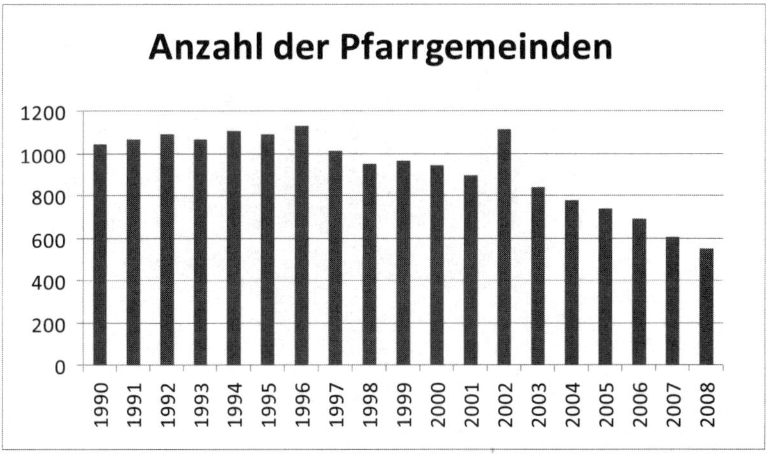

Im betrachteten Zeitraum von 1990 bis 2008 liegen die Gesamtwerte bei minimal 546 (2008) und maximal 1.113 (1996) Pfarrgemeinden. Während die Gesamtzahlen von 1990 bis 1996 annähernd konstant bleiben, sinken die Werte in den Folgejahren stetig. Ab dem Jahr 1996 und dem dort vorliegenden Maximalwert von 1.133 Pfarrgemeinden, sinken die Werte bis zum Jahre 2008 beinahe stetig auf 546 Pfarrgemeinden. Ein einziger „Ausreißer" zeigt sich im Jahre 2002 mit 1.110 Pfarrgemeinden.

Pfarrgemeinden ohne Pfarrer in der Welt, welche nicht-priesterlichen Ordensmännern anvertraut sind (1990-2008):

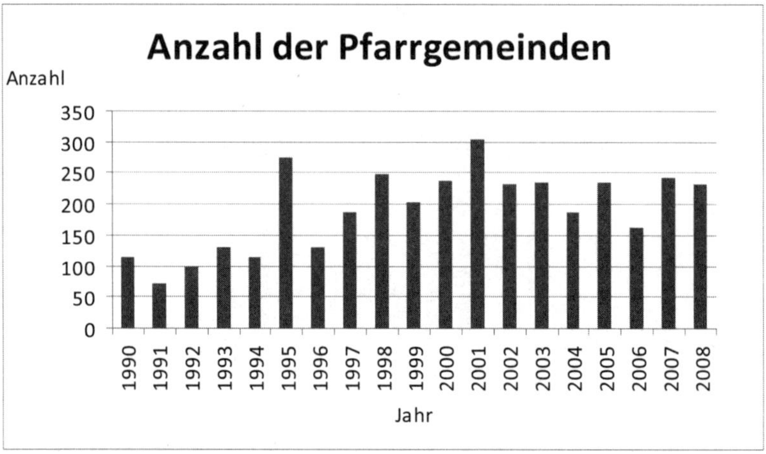

Die weltweiten Gesamtzahlen erstrecken sich in einem Bereich von 71 (1991) bis maximal 305 (2001) Pfarrgemeinden. Tendenziell steigen die Werte bis zum Jahr 2001 auf 305 Pfarrgemeinden an und sinken dann wieder leicht ab. Die Gesamtzahlen unterliegen jedoch deutlichen Schwankungen, sodass nicht von einem konstanten Anstieg, oder Sinken der Gesamtzahlen gesprochen werden kann. Im Jahre 1995 ist ein markanter Wert von 275 Pfarrgemeinden sichtbar, der besonders dadurch hervorsticht, dass in den Jahren 1994 und 1996 nur 116 bzw. 132 Pfarrgemeinden bestehen.

Pfarrgemeinden ohne Pfarrer in der Welt, welche Ständige Diakonen anvertraut sind (1990-2008):

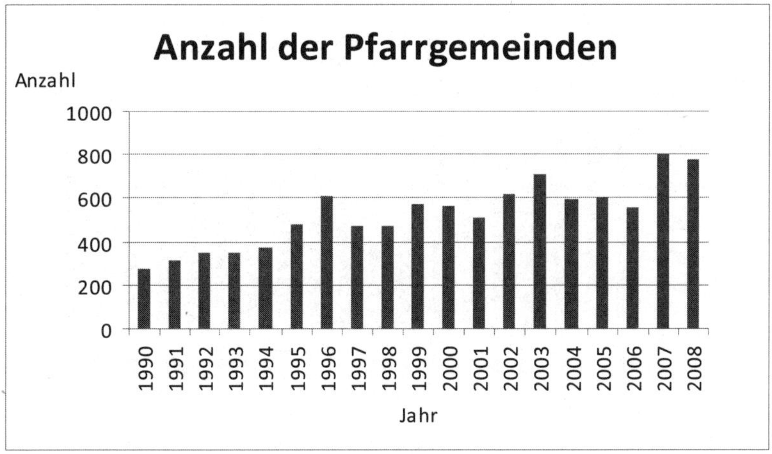

Weltweit erstrecken sich die Gesamtpfarrgemeindezahlen zwischen 1990 und 2008 in einem Bereich von 278 (1990) und maximal 804 (2007) Pfarrgemeinden. Im Laufe der Jahre zeigt sich eine klar ansteigende Tendenz der Pfarrgemeindezahlen; zwar weisen die Werte auch Schwankungen auf, doch insgesamt steigt die Anzahl an Pfarrgemeinden, die durch einen Ständigen Diakon geleitet werden.

Pfarrgemeinden ohne Pfarrer in der Welt, welche von einem anderen Priester verwaltet werden (1990-2008):

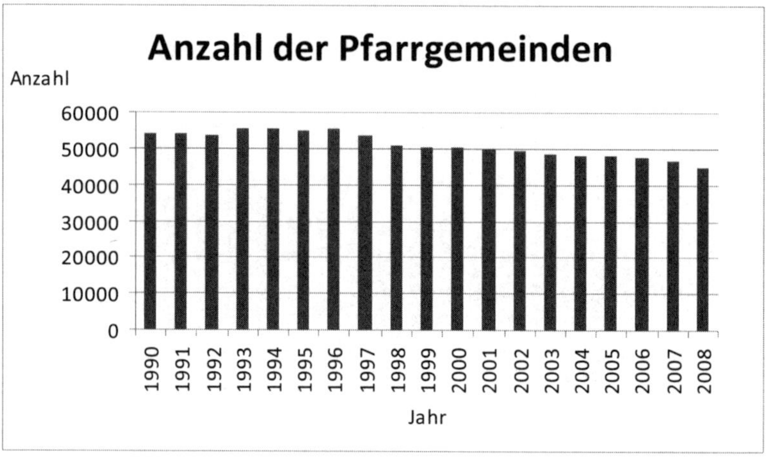

Die Gesamtzahlen erstrecken sich weltweit von 44.966 Pfarrgemeinden im Jahr 2008 bis hin zu maximal 55.644 Pfarrgemeinden im Jahr 1996. Vergleicht man die Gesamtzahlen der einzelnen Jahre, so zeigt sich über die Jahre hinweg eine sinkende Tendenz, die im Jahre 2008 in einem Minimum von 44.966 Pfarrgemeinden mündet. Im Vergleich zu den anderen Formen der Leitung einer Pfarrgemeinde ohne eigenen Pfarrer dominiert die der Verwaltung des Pfarramts durch einen anderen Priester quantitativ.

2 Aufbau der empirischen Studie

Nach dem intensiven Blick auf die Genese, die ekklesiale Verortung, den Gehalt und die Rezeption thematisiert das zweite Kapitel den Aufbau der empirischen Studie zur Gemeindeleitung nach c. 517 § 2 CIC. In einem ersten Schritt werden die nicht kanonistischen Kontexte benannt, die das Forschungsvorhaben mit bestimmen; im einem zweiten das Forschungsdesign selbst beschrieben. Die Darstellung der zur Datenerhebung sowie Datenaufbereitung und -analyse gewählten Methoden schließen sich an. Ziel ist es, die hermeneutischen Voraussetzungen und das methodische Verfahren der Studie transparent zu machen.

2.1 Kontexte

Die Erfahrungen mit der Gemeindeleitungsform nach c. 517 § 2 CIC werden nicht in einem luftleeren Raum gemacht. Ebenso wenig findet die Studie zu diesen Erfahrungen in einem luftleeren Raum statt. Die Thematisierung der Kontexte soll hermeneutisch Transparenz über die Rahmenbedingungen schaffen, innerhalb derer beide stehen. Sie soll insbesondere über die Voraussetzungen aufklären, von denen wir in der Anlage der Studie ausgegangen sind.

2.1.1 Kontext Pastoraltheologische Diskussion

Um den Stellenwert und die Rolle der Gemeinde im Rahmen pastoraler Konzepte und Planungen ist in den letzten Jahren – unabhängig von c. 517 § 2 CIC – im deutschsprachigen Raum eine heftige Diskussion entbrannt. An ihr beteiligen sich Pastoralpraktiker in den Bistümern und Pfarrgemeinden und Pastoraltheologen gleichermaßen.[144] Aus dieser Diskussion sind insbesondere zwei Aspekte im Rahmen dieses Forschungsvorhabens von Relevanz: Erstens die Diskussion um die Zukunft der Gemeindeleitung[145] und zweitens das Konzept neuer pastoraler Räume, bzw. kirchlicher Orte. Beide prägen die Wirklichkeit der Pfarrgemeinden, in denen die Untersuchung durchgeführt worden ist.

[144] Vgl. die Konferenz deutschsprachiger Pastoraltheologen 2007, Plurale Wirklichkeit Gemeinde, deren Ergebnisse im Heft PthI 28 (2008), Heft 1 veröffentlicht wurden.

[145] Vgl. das Themenheft Zukunft der Gemeindeleitung, in: Diakonia 32 (2001), Heft 1.

Um mit dem Zweiten zu beginnen: Während durch die Praxis der diözesanen pastoralen Planung[146], getrieben von der Not des Priester- und Finanzmangels, Gemeinden durch Kooperations- und Fusionsvorgaben zur Zusammenarbeit oder zum Zusammenschluss und damit zur Bildung größerer Räume gedrängt werden, diskutieren Pastoraltheologen die Bedeutung der Kirche vor Ort[147], der einige[148] den Vorzug vor neuen kirchlichen Organisationsformen[149] geben. Kirche, so Rainer Bucher, müsse ein Netzwerk pastoraler Orte sein. Die Gemeinde müsse sich wandeln, weg von einer „paternalistische[n], quasifamiliäre[n] Nahgemeinschaft zur Gemeinde als Organisationsrahmen einer Vielzahl pastoraler Orte von wechselnder Nähe und Distanz“[150]. Als Grund gibt Rainer Bucher an, dass soziale Beziehungen in der modernen Gesellschaft immer mehr örtlich entbettet werden. „Soziale Identität wird immer weniger über lokale Beziehungen definiert“[151]. Dieser Erkenntnis folgt das Programm einer lebensraumorientierten Seelsorge[152], das von nicht wenigen als zukunftsweisend angesehen wird, aber wohl nur für den städtischen Lebensraum konzipiert worden sein dürfte. Die Untersuchung von Johannes Panhofer jedenfalls führt u. a. zu dem Ergebnis, dass unter sozialem Aspekt die Gemeinde als Kirche vor Ort und die Beziehung zu einem Seelsorger am Ort für die Pastoral unverzichtbar seien[153] . Ihr wird eine höhere Bedeutung als der Sakramentenspendung und der kirchlichen Verwaltung, die beide in größeren pastoralen Räumen organisiert werden könnten, beigemessen. Panhofer hat die Hypothese aufgestellt, dass einer Organisation der Pastoral nach c. 517 § 2 CIC von den in den Pfarrgemeinden Agierenden der Vorrang vor einer Organisation der Pastoral in einem größeren Raum gegeben wird.

Freilich stellt sich damit die Frage nach der Gemeindeleitung, die durch pastorale Raumplanungen gelöst werden könnte, umso dringender. Soll Gemeinde als Kirche am Ort erhalten bleiben, stellt sich angesichts des Priestermangels die

[146] Vgl. u. a. M. Belok, Kooperative Pastoral: Zauberwort oder pastoraler Paradigmenwechsel?, in: Pastoralblatt für die Diözesen Aachen, Berlin, Essen, Hildesheim, Köln, Osnabrück 54 (2002), S. 300-309.

[147] Vgl. H. Haslinger (Hg.), Handbuch Praktische Theologie, Bd. 2, Mainz 2000.

[148] Vgl. J. Werbick, Warum die Kirche vor Ort bleiben muß, Donauwörth 2002; J. Werbick, Plädoyer für die Verörtlichung des Glaubens, in: LS 55 (2004), S. 2-6.

[149] Vgl. R. Bucher, Die Neuerfindung der Gemeinde und des Pfarrgemeinderates, in: LS 55 (2004), S. 18-22; R. Bucher (Hg.), Die Provokation der Krise. Zwölf Fragen und Antworten zur Lage der Kirche, Würzburg 2004; M. N. Ebertz, Wider den Wohn-Territorialismus. Michael N. Ebertz' Replik auf ‚Plädoyer für die Verörtlichung des Glaubens‘, in: LS 55 (2004), S. 16-17; M. N. Ebertz, Neue Orte braucht die Kirche, in: LS 55 (2004), S. 7-12.

[150] R. Bucher, Jenseits der Idylle. Wie weiter mit den Gemeinden ?, in: Ders. (Hg.), Provokation, S. 125.

[151] Ebd., S. 117.

[152] Vgl. u. a. Ebertz, Neue Orte.

[153] Vgl. Panhofer, Geist, S. 251-253 und 256.

Frage nach der Rolle der Diakone oder Laien, die gemäß c. 517 § 2 CIC eingesetzt sind, oder ohne eine entsprechende Rechtsgrundlage de facto eine Gemeinde leiten. Die Diskussion bewegt sich zwischen den Polen der radikalen Ablehnung der Möglichkeit einer Gemeindeleitung durch Laien und der Forderung, dass, wenn Laien de facto eine Pfarrgemeinde leiteten, diese auch ordiniert werden müssten. Jürgen Werbick hat die Zielkonflikte präzise beschrieben:

> „Entweder man bekennt sich zu der Möglichkeit der Gemeindeleitung durch Laien, was die an sich nicht unbedenkliche Konsequenz hat, dass Gemeindeleitung und Vorsitz bei der Eucharistiefeier nicht mehr als unabdingbar zusammengehörend angesehen werden. Oder man ändert die Zulassungsbedingungen für das Amt, dem nach der katholischen Tradition die Vollmacht der Gemeindeleitung und der Vorsitz bei der Eucharistiefeier vorbehalten ist, was gesamtkirchlich derzeit nicht durchsetzbar scheint. Will oder kann man sich zwischen diesen Optionen nicht entscheiden, so hätte man jedenfalls zu verhindern, was aus theologisch und pastoral zwingenden Gründen die schlechteste Lösung wäre: Die Entörtlichung der Kirche, den Rückzug ihres personalen Angebots aus dem Bereich der Face-to-face-Antreffbarkeit".[154]

Es ist allerdings nicht angemessen, dass Jürgen Werbick der Frage der Gemeindeleitung durch Laien einen Bekenntnisstatus zuspricht. Doch deutet diese Vokabel auf die Aufgeladenheit des Problems hin, das sich auf dieser Ebene kaum lösen lässt. Grundlegend zu erforschen wäre doch zunächst einmal, wie die Erfahrungen mit der Pastoral in Pfarrgemeinden ohne Pfarrer gemäß c. 517 § 2 CIC gewesen sind.

Gleiches gilt in Bezug auf die pastoral motivierte Ablehnung des Canons durch Albert Rouet, Erzbischof von Poitiers, für den sich die Frage der Gemeindeleitung durch Laien nicht mehr stellt, weil er das Pfarrprinzip aufgeben möchte, bzw. in seinem Bistum aufgegeben hat.

> „Diese Erlaubnis [nach c. 517 § 2 CIC] führt ebenso in eine Sackgasse: Entweder erfolgt die Beteiligung an der Verantwortung für die Pastoral so, als ob es nur das priesterliche Dienstamt des Pfarrers gäbe – eine Vorstellung, die offenkundig unhaltbar ist angesichts des vielfältigen pastoralen Engagements jenseits des flächendeckenden Prinzips. Oder es wird eingeräumt, dass es sich nur um eine für Notzeiten vorgesehene und damit letztlich unbefriedigende Zwischenlösung handelt. Warum sollte man aber bei einer kirchlichen Funktionsweise bleiben wollen, die unmöglich aufrechtzuerhalten ist? Trotz aller

[154] Werbick, Ort, S. 79.

> Mahnungen und Notfallmaßnahmen gelangt das Modell Pfarrei an die Grenze seiner Möglichkeiten.“[155]

Seiner Fundamentalkritik möchte man entgegenhalten, dass erst durch eine empirische Studie nachgewiesen werden kann, ob nicht auch die Organisation der Verantwortung der Pastoral nach c. 517 § 2 CIC „ermutigende Erfahrungen“ zeitigen könnte, und dies, ohne den Gläubigen den Verlust des Status einer Pfarrei zuzumuten, für den sie und ihre Vorfahren oft lange gekämpft haben.[156]

2.1.2 Kontext Gemeindeleitung

Nicht minder wichtig als die Darstellung des Kontextes der pastoraltheologischen Diskussion ist die Offenlegung des im Begriff Gemeindeleitung implizierten Vorverständnisses. Der Begriff wird häufig theologisch überhöht. Er muss jedoch, um überhaupt diskutierbar zu sein, zunächst sozialwissenschaftlich geklärt werden.

In Organisationen, und die Kirche kann systemtheoretisch als Organisation verstanden werden, heißt Leiten Entscheiden. Für eine Organisation ist es entscheidend, wie mit den gegebenen und vorgegebenen Erwartungen umgegangen wird. „Dieser Umgang manifestiert sich in Entscheidungen. Eine Entscheidung in diesem Sinne ist definiert als eine ‚Handlung, die auf eine an sie gerichtete Erwartung reagiert‘ (N. Luhmann).“[157]. In der systemtheoretischen Sicht kommt es dabei nicht auf denjenigen an, der die Entscheidung fällt, sondern nur darauf, wie die Entscheidung ausfällt. Dies mag für die autopoietische Erhaltung einer Organisation ausreichend sein, ist es jedoch nicht, insofern man Entscheiden unter kommunikativem Gesichtspunkt als „antwortendes Handeln“[158] (Reinhard Feiter) versteht. Kommunikation ist immer personal. Sie versteht Entscheiden als verantwort-lich. Das ist aber durchaus eine Implikation der Luhmannschen Defini-

[155] A. Rouet, Auf dem Weg zu einer erneuerten Kirche, in: R. Feiter, H. Müller (Hgg.), Was wird jetzt aus uns, Herr Bischof?, S. 17-42, hier S. 24.

[156] Pfarreien nur als Orte pastoraler Macht zu sehen, greift sicherlich zu kurz, weil es das Stiftungswesen komplett ausblendet. Eine Pfarrkirche ist nicht nur ein Zeugnis des Glaubens, sie ist auch eine Stiftung der Gläubigen, in deren Sicht sie zu Recht als „unsere“ bezeichnet wird.

[157] R. Ochs, Leiten heißt Entscheiden, in: J. Panhofer, M. Scharer, R. Siebenrock (Hgg.), Erlöstes Leiten. Eine kommunikativ-theologische Intervention, Ostfildern 2007 (= Kommunikative Theologie; 8) S. 247-263, hier S. 255. Das Zitat im Zitat stammt von Helmut Willke, Systemtheorie II. Interventionstheorie. Grundzüge einer Theorie der Intervention in Komplexe Systeme, Stuttgart 31999, S. 151. Vgl. N. Luhmann, Organisation und Entscheidung. Wiesbaden 22006.

[158] R. Feiter, Antwortendes Handeln. Praktische Theologie als kontextuelle Theologie, Münster 2002 (= Theologie und Praxis; 14).

tion, versteht dieser doch Entscheiden als eine „Handlung, die auf eine Erwartung reagiert". Niklas Luhmann hat sein Entscheidungsverständnis nur in einer Weise abstrahiert, die den personalen Aspekt im Kommunikationsgeschehen unterbelichtet, insofern es ihm unter systemtheoretischer Perspektive mehr auf das Wie der Entscheidung als auf den Entscheidungsträger selbst ankommt.

Zu unterscheiden ist das hier zugrunde gelegte Verständnis von Leitung als Kommunikationsgeschehen von der Ausübung der Leitung. Leitung kann auf vielerlei Weise kompetent wahrgenommen werden. Es gibt unterschiedliche Leitungsstile und unterschiedliche Professionalisierungsgrade der Ausübung von Leitung, die unter andern die Führungsforschung untersucht hat. Wolfgang Pax[159] hat grundlegende Erkenntnisse der organisationspsychologisch und sozialpsychologisch betriebenen Führungsforschung für das kirchliche Leitungshandeln in seiner als Pionierleistung zu betrachtenden Studie über Führung in der Kirche fruchtbar gemacht. In Zusammenhang mit der Studie ist jedoch lediglich die Einsicht der Führungsforschung relevant, dass Leitung immer situationsbedingt (Lutz von Rosenstiel) erfolgt. Diese Einsicht darf – auch heute noch – keinesfalls als kirchliches Allgemeingut angesehen werden.

Wir sind nun in der Anlage der Studie davon ausgegangen, dass die konkrete Situation – und Leitungshandeln ist auch in der Kirche immer situationsbedingt – von Erwartungen und Ansprüchen sowie dem Umgang mit den Erwartungen bestimmt wird. Ferner sind wir von einem formalen Leitungsverständnis ausgegangen: Leiten heißt Entscheiden. Beides muss eigens erwähnt werden, weil dem Selbstverständnis derer zufolge, die im Namen der Kirche handeln, Leitung zumeist theologisch und situationsunabhängig verstanden wird. In der Regel erfolgt die Begründung für beides christozentrisch: Leiten heißt Jesus Christus als das Haupt der Kirche in und gegenüber der Kirche zu repräsentieren. Ein solches Leitungsverständnis ist jedoch durch das formale Verständnis von Leiten nicht ausgeschlossen, denn das „agere in persona Christi capitis" kann formal als Reaktion auf die durch den Geist Jesu Christi der Kirche vorgegebenen Erwartungen reformuliert werden. Und allein auf dieses Strukturmerkmal kommt es im Folgenden an. Dennoch ist ein Wort zur Situationsbedingtheit des Leitungshandelns zu verlieren. Ein theologisches Leitungsverständnis könnte dieses formal unaufgebbare Charakteristikum a priori ausschließen, indem es darauf verweist, dass diejenigen, die Christus als das Haupt der Kirche repräsentieren, dies situationsunabhängig tun müssten, sei es gelegen oder ungelegen. Jedoch signalisiert der Nachsatz bereits den Widerspruch. Auch eine ungelegene Situation ist eine Situation. Zutreffend könnte das damit zum Ausdruck gebracht werden, dass das oben

[159] Vgl. W. Pax, Führung in der Kirche. Eine Führungskonzeption für die Katholische Kirche, München 2007 (= Benediktbeurer Studien; 15).

verwendete Verb „repräsentieren“ als „vergegenwärtigen“[160] verstanden wird, denn dadurch wird deutlich, dass es nicht nur um die Verwaltung „ewiger Wahrheit“ geht, sondern um ihre Aktualisierung. Das Missverständnis von Leitung im ersten Sinn zeitigt Konsequenzen, wenn es von den Gläubigen nichts anderes als Gehorsam fordert. Kommt es jedoch auf die Aktualisierung Jesu Christi an, sind die aktualitätsbestimmenden Erwartungen und Ansprüche der Gläubigen für ein solch kirchliches Leitungshandeln von höchster Relevanz. Ein formales Leitungsverständnis, durch das Leiten als Entscheiden und Entscheiden als Umgang mit gegebenen und (durch Jesus Christus) vorgegebenen Erwartungen verstanden wird, ist offen für eine inhaltliche theologische Bestimmung. Diese lässt sich andererseits in die vorgegebene Form eintragen. Jedenfalls haben sich auf der strukturellen Ebene keine spezifischen, die Form sprengenden theologischen Inhalte ergeben. Deshalb erscheint es möglich und sinnvoll, erstens von einem formalen Leitungsverständnis auszugehen und zweitens, die Erwartungen und Ansprüche der Gläubigen an ein solches Leitungshandeln zu erheben.

Leiten als Entscheiden und Entscheiden als Umgang mit gegebenen und vorgegebenen Erwartungen, als Teil eines Kommunikationsgeschehens zu verstehen, hat neben der Offenheit für theologische Gehalte zwei weitere Vorteile, die in unserem Zusammenhang von hoher Relevanz sind. Erstens wird Leiten nicht notwendig als Herrschen verstanden, d. h. das Leitungsverständnis wird vom hierarchischen Verständnis von Leitung entkoppelt. Wenn man sagen kann, dass jeder Leitung ausübt, der sich zu einer Erwartung oder Anforderung verhält, entfällt zweitens die dogmatisch-apriorische Unterscheidung von Klerikern und Laien in Bezug auf die Leitungsfrage. Beides – sowohl das hierarchische Verständnis von Leitung als auch der Leitungsvorbehalt zugunsten des Weihepriestertums – sind dogmatische Vorentscheidungen, die in einem hermeneutischen Verfahren offengelegt werden müssen, weil sie nur allzu leicht die Interpretation der Aussagen unserer Interviewpartner lenken könnten.

Von diesem Leitungsverständnis her ist der Begriff Gemeindeleitung zu verstehen. Im kirchlichen Gesetzbuch findet der Begriff keine Verwendung. Er ist daher nicht kanonisch festgelegt. Pastoraltheologisch besagt Gemeindeleitung, dass Personen im Namen der Kirche und damit für die Kirche in einer Pfarrgemeinde handeln, d. h. sich zu gegebenen und vorgegebenen Erwartungen verhalten. Wenn die Gläubigen, d. h. diejenigen, die vom Geist Jesu Christi erfüllt sind, als Volk Gottes die Kirche bilden, dann scheint es auch theologisch plausibel, dass diejenigen, die im Namen der Kirche handeln, ihr Handeln an den Erwar-

[160] Es ist an dieser Stelle nicht darüber zu diskutieren, wie „repräsentieren“ oder „vergegenwärtigen“ theologisch zu verstehen ist. Verwiesen sei jedoch auf Kap. 4.3 „Sakramentalität und Katholizität“, in dem diese Thematik noch einmal aufgegriffen, wenn auch keineswegs abschließend behandelt wird.

tungen orientieren, die sich an die Kirche richten. Mit der Kirche sind dabei diejenigen gemeint, die öffentlich im Namen der Kirche handeln. Dies gilt für Kleriker wie Laien gleichermaßen.

2.1.3 Kontext Interkulturelles Lernens

Canon 517 § 2 CIC ist von der Genese her keine deutsche Erfindung (vgl. 1.2), er gilt als universalkirchliche Rechtsnorm weltweit in der lateinischen Kirche und findet nicht nur im deutschsprachigen Raum Anwendung (vgl. 1.4). Im Rahmen der Lerngemeinschaft Weltkirche, die Erfahrungen anderer Ortskirchen als Hilfe ansieht, die eigene Situation besser zu verstehen und neu zu gestalten[161], haben wir im Projekt deshalb den Schritt zur Gründung eines internationalen wissenschaftlichen Netzwerks mit Partnern aus allen Kontinenten unternommen. Dies schien uns besonders geboten, weil vor allem in den Ortskirchen der außereuropäischen Länder, bei denen häufig die Zahl der Pfarrgemeinden die der Priester bei Weitem übersteigt, vielfältige Erfahrungen mit einer Gemeindeleitung durch Laien existieren. Experten im In- und Ausland konnten für das Projekt als Kooperationspartner gewonnen werden. Sie haben das Projekt mit eigenen bibliographischen Berichten zur Situation der Anwendung von c. 517 § 2 CIC in unterschiedlichen Regionen der Weltkirche sowie durch andere Weisen der Zusammenarbeit (Hinweise bei der Formulierung des Interviewleitfadens, Angebote, weitere Kooperationspartner zu gewinnen, Einladungen zu Besuch und Austausch an internationalen Universitäten etc.) unterstützt.

Die projektorientierte Zusammenarbeit mündete in eine internationale Fachtagung ‚Gemeindeleitung durch Laien. Internationale Erfahrungen und Erkenntnisse zu c. 517 § 2 CIC'[162], die vom 12.-15. Oktober 2010 im westfälischen Münster stattfand und zu der alle Kooperationspartner aus dem In- und Ausland eingeladen waren.[163] Die initiierten Kontakte ermöglichten einen repräsentativen Einblick in die weltweite Diskussion zu c. 517 § 2 CIC sowie seines Kontextes, so dass die während der Tagung vorgestellten Resultate dieser empirischen Studie bei der theologischen Analyse in einen größeren Zusammenhang gestellt und diskutiert werden konnten.

161 A. Foitzik, Kirche in der Nachbarschaft, in HerKorr 60 (2006), S. 463-466, hier S. 465. Ausdrücklich hat sich vor allem Weber für ein interkulturelles Lernen zum Zweck der Neuverortung von Kirche eingesetzt (F. Weber, Neuverortung von Kirche? Gemeindeentwicklungen in den Kirchen des Südens, in: Diakonia 37 [2006], S. 194-201).

162 Eine Besprechung der Tagung erfolgte u. a. durch Ulrich Ruh, Gemeindeleitung: Weltkirche als Experimentierfeld, in: HerKorr 64 (2010), S. 603-605.

163 Vgl. M. Böhnke, Th. Schüller (Hgg.), Gemeindeleitung durch Laien? Internationale Erfahrungen und Erkenntnisse, Regensburg 2011.

2.1.4 Kontext pastoralsoziologische Forschung

Empirische Untersuchungen zu Praxismodellen, die sich an c. 517 § 2 orientieren, sind bisher vor allem in den USA durchgeführt worden. Brian Froehle[164] hat in seinem Beitrag zur eben erwähnten Tagung in Münster einen umfassenden Überblick gegeben. Alex Vadakumthala[165] hat eine vergleichende Untersuchung für die USA, Frankreich, Indien und Ghana untergenommen. Eine Studie in Brasilien scheiterte in der Phase der Datenerhebung, in Österreich hat Johannes Panhofer[166] die Ergebnisse einer in drei Pfarrgemeinden im Bistum Innsbruck durchgeführten Untersuchung vorgelegt. Sie präsentiert die Ergebnisse einer qualitativen Befragung, die methodisch angelegt, erläutert und reflektiert ist. Monika Udeani[167] hat zudem jüngst eine Studie vorgelegt, die die Situation in der Diözese Linz thematisiert.

Daneben gibt es Erfahrungsberichte, die auf Praxiskenntnissen der Autoren beruhen, aber meist einer methodisch gesicherten empirischen Grundlage entbehren.[168]

Eine qualitativ orientierte empirische Untersuchung zur pfarrgemeindlichen Pastoral gemäß c. 517 § 2 gibt es bisher für die Bistümer in der Bundesrepublik Deutschland nicht. Sie stellt ein Forschungsdesiderat dar. Anliegen unserer Studie ist es, diese Lücke zu schließen.

2.1.5 Kontext Kirchliche Statistik

Den Grund, die Studie qualitativ anzulegen, lieferte die zuvor erfolgte Auswertung vorhandener kirchenstatistischer Daten. Sie erfolgte mit dem Ziel festzustel-

164 Vgl. Froehle, Bedeutung.

165 Vgl. A. Vadakumthala, Lay Person as Caretaker of a Parish. A Juridical and Theological Study of Canon 517 § 2, Rom 1993.

166 Vgl. Panhofer, Geist.

167 M. Udeani, H. Eder, M. Heilmann, (Hgg.), Kirche bleiben im Nahbereich. Pfarrgemeindliche Leitungsmodelle mit Beteiligung Ehrenamtlicher, Linz 2009.

168 Vgl. A. van der Helm, Un clergé parallèle? Étude socio-juridique de l'activité des laics dans l'église catholique en France et aux Pays-Bas, Strasbourg 1993 (= Recherches institutionelles; 20); J. P. Jammet, Implications canoniques et pastorales de la mise en oeuvre du canon 517 § 2 dans le diocèse de Poitiers, in: L'année canonique 37 (1995), S. 37-46; U. Kampe, Formen von Gemeindeleitung. Machbare Strukturveränderungen in Leitung und Seelsorge einer Pfarrgemeinde im Vergleich der Bistümer Limburg und Linz, München 1997; H. Hallermann, Kirchliche Ämter ohne sakramentale Grundlage, in: TThZ 108 (1998), S. 200-219.

len, ob es quantitativ signifikante Unterschiede zwischen den nach c. 517 § 2 CIC geleiteten Pfarrgemeinden im Bistum Aachen und Limburg sowie dem jeweiligen Bistumsdurchschnitt gibt. Die Analyse der diözesanen Kirchenstatistiken für die Jahre 1993-2006[169] erbrachte jedoch keine signifikanten Abweichungen in Bezug auf den sonntäglichen Gottesdienstbesuch, die sakramentalen und nicht-sakramentalen Amtshandlungen, sowie die Mitgliedschaftsdaten zwischen durch einen Pfarrer geleiteten Pfarrgemeinden und solchen, die gemäß c. 517 § 2 CIC geleitet werden. Einzelne arithmetische Besonderheiten konnten auf Gründe zurückgeführt werden (z. B. deutlicher Rückgang an Gottesdienstbesuchern in einer Pfarrgemeinde bei Wegfall einer 4. Sonntagsmesse), die in keinem Zusammenhang mit dem alternativen Modell der Gemeindeleitung standen. Die Kirchenstatistik wies also für die pastorale Praxis keine signifikanten Veränderungen für das sakramentale und pfarrgemeindliche Leben aus. Sie signalisiert trotz der Umbruchsituation Normalität und Kontinuität. Doch es könnte sein, dass dieser statistische Schein trügt und sich Umbrüche und Krisen nur auf einer statistisch nicht erfassten und quantitativ vielleicht gar nicht erfassbaren Ebene zeigen. So könnte der statistische Befund Anlass geben, nach Veränderungen nicht primär in Bezug auf die pfarrlichen Amtshandlungen sowie die Kirchenmitgliedschaft zu suchen, sondern in Bezug auf die pastoralen Rollen und die pfarrgemeindlichen Strukturen. Um mehr über mögliche Umbrüche in diesen Dimensionen der Pastoral in Gemeinden ohne Pfarrer zu erfahren, wurde deshalb für diese Studie ein qualitativer Ansatz gewählt.

2.2 Forschungsdesign

Ziel der Studie ist die Generierung eines Anforderungsprofils in Bezug auf die Pastoralstrukturen, die pastoralen Dienste, Ämter und Rollen sowie das pastorale Handeln. Die Basis dazu bilden 65 leitfadengestützte qualitative Interviews und deren Auswertung. Sie mündet in Hypothesen, die zu diesen drei die pastorale Situation bestimmenden Dimensionen generiert werden konnten. Diese machen Konflikte offenkundig, geben Hinweise auf konkrete Gestaltungsmöglichkeiten und sinnvolle pastorale Strategien. Zudem benennen sie den weiteren Forschungsbedarf.

169 Vgl. für das Bistum Aachen die Daten im Anhang 1.

2.2.1 Die Interviewpartner

Für die Auswahl der sechs c. 517 § 2 CIC-Pfarrgemeinden (drei im Bistum Aachen und drei im Bistum Limburg[170]), in denen die Interviews durchgeführt werden sollten, wurden folgende Kriterien herangezogen: Gesucht wurde in jedem Bistum eine Durchschnittspfarrgemeinde (d. h. durchschnittlich hinsichtlich der Zahl der Gemeindemitglieder), je eine Pfarrgemeinde, in der das Modell länger als 10 Jahre praktiziert wird (Dauerhaftigkeit) und je eine, für die die durch das Modell gesicherte Eigenständigkeit besonders wichtig zu sein scheint. Bei der konkreten Auswahl wurde mit den Bistumsverwaltungen kooperiert und die dort vorhanden statistischen Daten genutzt.

Um einen differenzierten und zugleich exemplarischen Einblick in die gemeindepastorale Situation zu erhalten, wurden Mitglieder dieser Pfarrgemeinden aus drei Gruppen jeweils einzeln interviewt:

- Personen, die befugt sind, im Namen der Kirche zu handeln (Priester, hauptberuflich und ehrenamtlich leitend in der pfarrgemeindlichen Pastoral Tätige, sowie leitende Gremienmitglieder[171])
- Personen, die am Gemeindeleben teilnehmen (Alterskohorte: 15+, 30+, 60+; Verteilung nach Geschlechtern 50%-50% bezogen auf alle Interviews (Kirchennahe)
- Personen, die am kirchlichen Leben nicht teilnehmen, aber aufgrund ihrer Meldedaten zur Pfarrgemeinde gehören (Alterskohorte: 15+, 30+, 60+; Verteilung nach Geschlechtern 50%-50% bezogen auf alle Interviews (Kirchenferne)

2.2.2 Das Forschungsinteresse

Uns interessierten die Einstellungen der Interviewpartner, vor allem ihre Erwartungen und die Ansprüche, die in diesen Einstellungen enthalten sind. Wir haben damit die gewöhnlich vorherrschende Perspektive umgekehrt. Diese kann man dadurch kennzeichnen, dass die Ansprüche der Kirche an die Gläubigen benannt werden. Zurzeit lauten diese beispielsweise im Bistum Limburg gemäß dem diözesanen Motto ‚Bereitschaft zu Bewegung, dass die Gläubigen flexibler und mobiler

[170] Im Bistum Aachen ist c. 517 § 2 CIC in Form eines Pastoralteams realisiert. Diesem gehören die/der Gemeindereferent/in bzw. Pastoralreferent/in, der moderierende Priester sowie 3 (bzw. 4) aus der Pfarrgemeinde gewählte Laien an. Im Bistum Limburg ist c. 517 § 2 CIC in Form eines Pfarrbeauftragten - Gemeindereferent/in oder Pastoralreferent/in oder eines Ständigen Diakons im Hauptberuf- und eines Leitenden Priesters realisiert.

[171] Das sind: Leitende Priester, bzw. moderierende Priester in Aachen, der Pfarrbeauftragte, bzw. das Pastoralteam in Aachen, der PGR-Vorsitzende, der Verwaltungsratsvorsitzende, bzw. der Kirchenvorstand in Aachen.

werden müssten. Dass die Einstellungen der Menschen zur Kirche von Erwartungen und Ansprüchen an die Kirche geprägt sind, die relevant für das pastorale Handeln sein könnten, wird hingegen kaum thematisiert.

Uns interessierte also, welche Erwartungen und Ansprüche die Interviewpartner in dieser durch den Pfarrermangel veranlassten Umbruchsituation der Gemeindeleitung an das pastorale Handeln, die Rollen der handelnden Personen und die Pastoralstrukturen stellen. Was die Einstellungen der Gemeindemitglieder zur Kirche bestimmt, das zu wissen, schien uns vor allem in dieser Phase der pastoralen Neuordnung interessant. Dass danach meistens erst gar nicht gefragt wird, ist das eine, dass danach aber so gut wie nie systematisch gefragt wird, das andere. Es gibt in der Kirche keine bzw. nur eine recht schwach ausgebildete Kultur, nach den Ansprüchen, die Christen an ihre Kirche stellen, systematisch zu fragen.[172] Müssten aber nicht gerade diejenigen, die im Namen der Kirche, und das heißt gewöhnlich als Kirche handeln, wissen, welche Ansprüche die Menschen, die die Kirche bilden, an die Kirche haben und wann sie diese Ansprüche geltend machen?

2.2.3 Die Methodik der Datenerhebung

Für die Untersuchung wurde ein qualitatives Erhebungsverfahren gewählt, um unsere Interviewpartner nach ihren Einstellungen und Erwartungen an die Pastoralstrukturen, die Pastoralen Dienste, Ämter und Rollen sowie an das pastorale Handeln in einer Situation zu befragen, die sich, bedingt durch die institutionell vorgegebenen Transformationsprozesse in den c. 517 § 2 CIC-Gemeinden, als Umbruchsituation kennzeichnen lässt.

Um dem Anspruch eines umfassenden Anforderungsprofils gerecht zu werden, galt es, das für die Kirche zentrale Feld der pfarrgemeindlichen Pastoral nach allen Seiten hin auszuleuchten.

Methodisch wurde dazu auf von John C. Flanagans 1954 zuerst beschriebene Critical Incident Technique (CIT) zurückgegriffen.

> „Die Criticial Incident Technique ist im Wesentlichen ein Verfahren, um bestimmte wichtige Fakten in Bezug auf das Verhalten in definierten Situationen zu sammeln. Es sollte hervorgehoben werden, dass die Critical Incident Technique nicht aus einem einzelnen, unflexiblen Satz von Regeln besteht, der diese Datensammlung reglementiert. Vielmehr sollte man bei ihr an einen flexiblen

[172] P. M. Zulehner, Die Angst der Kirche vor Umfragen, in: LS 57 (2006), S. 195–200.

> Satz von Prinzipien denken, der modifiziert und adaptiert werden muss, um der spezifischen vorliegenden Situation zu entsprechen.“[173]

Die Verwendungs- oder Einsatzmöglichkeiten der CIT werden schon von John C. Flanagan als sehr vielseitig angesehen. Ihre Eignung für eine umfassende Ausleuchtung der pastoralen Situation sowie die Entwicklung eines Anforderungsprofils[174] hat den Ausschlag dafür gegeben, sie einzusetzen.

Bei der CIT handelt es sich also um ein teilstrukturiertes Verfahren, d. h. ein Verfahren, welches individuell angepasst werden muss. Das macht ihre Stärke aber auch ihre Schwäche aus. Die Stärke liegt darin, dass sich die CIT vielfältig einsetzen lässt,[175] die Schwäche, dass infolgedessen jede Anwendung neu geplant werden muss, wobei sich die jeweilige Neukonstruktion der Fragebögen bzw. des Leitfadens als äußerst aufwendig erweisen kann.

Formal kann das CIT-basierte Vorgehen in den Interviews folgendermaßen beschrieben werden: Auf die Erhebung der konkreten Umstände und Hintergründe zur erfragten Praxis folgen die Fragen nach Effizienz (Was läuft gut?); Nichteffizienz (Was nicht?). Es folgen Fragen zu möglichen Optimierungen (Was könnte man verbessern?) und zu Ansätzen dazu (Wie könnte man das angehen?). So haben wir beispielsweise nach der Praxis der Zusammenarbeit mit anderen Pfarrgemeinden gefragt, und zwar folgendermaßen:

> „Beschreiben Sie mir bitte die Kooperation ihrer Pfarrgemeinde mit den benachbarten Pfarrgemeinden. Was läuft in der Kooperation mit den benachbarten Pfarrgemeinden gut? Was zeigt sich als eher schwierig in der Kooperation mit benachbarten Pfarrgemeinden? Was sollte an der Kooperation verbessert werden? Wie könnte man ihre Vorschläge umsetzen?“

Ähnlich geschah das für alle Themenfelder, insgesamt neun, nämlich: (1) Pfarrer und Pfarrgemeinde; (2) Eigenständigkeit der Pfarrgemeinde; (3) Gemeindeleitungsformen; (4) Präsenz der Kirche; (5) Gemeinschaft; (6) Glaubensweitergabe;

[173] „The critical incident technique is essentially a procedure for gathering certain important facts concerning behavior in defined situations. It should be emphasized that the critical incident technique does not consist of a single rigid set of rules governing such data collection. Rather it should be thought of as a flexible set of principles which must be modified and adapted to meet the specific situation at hand.“ (J. C. Flanagan, The Critical Incident Technique, in: PB 51 [1954], S. 327-358, hier S. 335).

[174] „In summary, the critical incident technique, rather than collecting opinions, hunches, and estimates, obtains a record of specific behaviors from those in the best position to make the necessary observations and evaluations. The collection and tabulation of these observations make it possible to formulate the critical requirements of an activity.“ (Ebd., S. 355).

[175] „It should be noted that the critical incident technique is very flexible and the principles underlying it have many types of applications.“ (Ebd., S. 355).

(7) Glaubenszeugnis; (8) Glaubensverantwortung (9) Zusammenarbeit mit anderen Pfarrgemeinden.

Die Themenvorgabe ihrerseits diente dazu, das Feld der pfarrgemeindlichen Pastoral möglichst umfassend daraufhin auszuleuchten, was in dieser Situation zu tun oder nicht zu tun ist, „what it is necessary to do and not to do“[176].

Zu den Vorteilen der CIT wird gezählt, dass es sich bei den in den Interviews beschriebenen, durch Erwartungen und Ansprüche sowie den Umgang mit ihnen geprägten Situationen um reale, das Handeln bedingende Ereignisse und nicht um Meinungen oder unbedachte Äußerungen handelt.[177] Ein weiterer Vorteil ist darin zu sehen, dass die situationsbestimmenden Einstellungen von unterschiedlichen Personengruppen aufgenommen werden können und somit nicht nur auf eine Informationsquelle zurückgegriffen werden muss. Dementsprechend erfolgte die Auswahl des zu interviewenden Personenkreises.

Die Methode der CIT stellt jedoch, wie eben dargelegt, keine unterstützenden Anweisungen für Planung, Durchführung und Auswertung der qualitativen Erhebung zur Verfügung. Die Untersuchungsschritte waren deshalb eigens zu entwickeln.

2.2.4 Der Leitfaden

Da kein geeigneter und schon bewährter Leitfaden für die Durchführung der Interviews zur Verfügung stand, musste dieser eigens entworfen werden.[178] Das erwies sich als zeitintensiv, weil möglichst alle für die pfarrgemeindliche Pastoral relevanten Themen abgedeckt werden sollten. Über sieben Monate wurden unterschiedliche Entwürfe entwickelt, getestet, vereinfacht und verworfen.

Der Leitfaden, durch den die Praxis in den Erhebungsgemeinden nach verschiedenen Seiten hin ausgeleuchtet werden sollte, benennt die neun – schon vorgestellten – Themen und formuliert CIT-basiert die Leitfragen.

2.3 Datenerhebung in den Pfarrgemeinden

Von August bis September 2008 wurden die Interviews als mündliche persönliche Befragungen (Einzelinterviews) in den sechs Pfarrgemeinden mit den ausgewähl-

[176] Ebd., S. 336.
[177] Vgl. ebd., S. 355.
[178] Der gesamte Leitfaden befindet sich im Anhang 2.

ten Personen anhand des Leitfadens durchgeführt[179]. Einzelinterviews wurden als Form der Befragung gewählt, damit die Interviewpartner sich direkt und offen äußern konnten, ohne auf andere Interviewteilnehmer – wie etwa bei einem Gruppeninterview – Rücksicht nehmen zu müssen. Alle Interviews wurden vom gleichen Interviewer durchgeführt. Dieses Verfahren wurde gewählt, um den Grad der Vergleichbarkeit zu erhöhen. Die Interviewdauer betrug durchschnittlich ca. eine Stunde.

Im Einzelnen sind wir in der Vorbereitung und Durchführung der Interviews folgendermaßen vorgegangen: Zunächst wurden die ausgewählten Pfarrgemeinden angeschrieben. In dem Schreiben wurde das Projekt vorgestellt und erfragt, ob die Bereitschaft bestehe, daran teilzunehmen. Alle sechs Pfarrgemeinden erklärten ihre Bereitschaft zur Teilnahme und benannten einen Kontaktpartner. Dieser erhielt von uns anschließend folgende Informationen darüber, wer befragt werden sollte und Instruktionen, wie die Interviewpartner ausgewählt und angesprochen werden sollten.[180]

Der Grundsatz, dass die Teilnahme am Interview freiwillig ist, sollte an erster Stelle bei der Ansprache von möglichen Interviewpartnern stehen. War es kein Problem, mit Hilfe unseres Kontaktpartners in der jeweiligen Pfarrgemeinde Kirchennahe zu finden, die für ein Interview bereit waren, mussten unsere Kontaktpartner mehrmals nach dem Zufallsprinzip Kirchenferne aus dem Melderegister ausfindig machen, da sie viele Absagen erhielten. Die Schwierigkeit, mit Kirchenfernen in Kontakt zu kommen, wurde für uns während der Auswahl unserer Interviewpartner deutlich spürbar. In der Rückschau ist es allerdings gelungen, dass letztlich nahezu in allen sechs Pfarrgemeinden drei Kirchenferne in den jeweiligen Altersgruppen gewonnen werden konnten, ein Interview zu geben. Denn die Motivation der Kirchenfernen, eine Stunde für Fragen zur Verfügung zu stehen, die eine Institution betreffen, mit der sie kaum Berührungspunkte haben, ist zwangsläufig weitaus geringer als die der Kirchennahen, bei denen vermutet werden kann, dass sie ein Interesse haben, durch die Beantwortung der Interviewfragen ihren Teil zur Gemeindeentwicklung beizutragen.

Durchgeführt wurden alle Interviews – mit einer Ausnahme – in kirchlichen Räumen, entweder im Pfarrbüro oder einem Gruppenraum des Gemeindezentrums. Einer unserer Interviewteilnehmer wünschte, dass das Interview bei ihm Zuhause durchgeführt werde.

179 Bei einer der sechs Pfarrgemeinden konnten aus organisatorischen Gründen seitens der Pfarrgemeinde die Interviews erst von Dezember 2008 bis Januar 2009 durchgeführt werden.

180 Vgl. Anschreiben im Anhang 3.

Während der Interviews wurde unseren Interviewpartnern neben den leitfadenorientierten Fragen ein skalierter Fragebogen[181] vorgelegt. Dieser wurde am Ende des mündlichen Interviews von den Befragten ausgefüllt und diente dazu, die Einstellungen zu Eigenschaften eines idealen und eines realen Pfarrers sowie von Pfarrbeauftragten resp. Pastoralteams für eine quantitative Auswertung differenziert zu erfassen.

2.4 Datenaufbereitung und -analyse

2.4.1 Die Transkription

Die Interviews wurden digital aufgenommen und wortwörtlich transkribiert.[182] Anschließend wurden alle Interviews anonymisiert. Die Aussagen der Interviewteilnehmer wurden nach semantischen Einheiten gegliedert und in eine Datenbank übertragen. Die Einheiten wurden mit einer Identifikationsnummer versehen (ID).

2.4.2 Das Auswertungsverfahren

2.4.2.1 Kategorienbildung

Aus den 3475 semantischen Einheiten wurden Kategorien abgeleitet. Zentrale Begriffe, die oft im gleichen Kontext auftraten, ließen sich als Kategorien benennen. Die Kategorienliste wurde induktiv gebildet und laufend weiterentwickelt. Dann wurden alle (337) Kategorien zunächst in (44) Oberbegriffen zusammengefasst und die Oberbegriffe dann drei Hauptaspekten, die mit Hilfe theoretischer Erwägungen gebildet worden sind, zugeordnet: Pastorale Strukturen, Pastorale Dienste, Ämter und Rollen sowie Pastorales Handeln. Über dieses Kategoriensystem[183] wurde das gesamte Material inhaltlich strukturiert.

[181] Vgl. Anhang 4.

[182] Es wurden nur die gesprochenen Sätze der Interviewteilnehmer transkribiert und keine nonverbalen Aspekte, da diese auf Grund der Fragestellung keinen im Verhältnis stehenden Erkenntniswert versprachen. Vgl. U. Flick, Stationen des qualitativen Forschungsprozesses, in: U. Flick, E. v. Kardorff, H. Keupp u. a. (Hgg.), Handbuch Qualitative Sozialforschung. Grundlagen, Konzepte, Methoden und Anwendungen, Weinheim 21995, S. 147-173, S. 161-162 sowie M. Häder, Empirische Sozialforschung. Eine Einführung, Wiesbaden 2006, S. 401: „Die konkrete Entscheidung, wie genau ein Gespräch transkribiert werden soll, hängt vom Ziel der Analyse ab."

[183] Vgl. Anhang 6.

2.4.2.2 Inhaltsanalyse

Die weiteren Auswertungsschritte gingen von der beschriebenen Aufbereitung der erhobenen Aussagen aus. Die Erfassung der einzelnen semantischen Einheiten der transkribierten Interviews und deren kategoriale Erfassung dienten als Filter zur Identifizierung von Erfahrungen und erfahrungsbasierten Erwartungen an die kirchliche Praxis, die sich in die beiden Fragen: „Was bestimmt die Pastoral in der Pfarrgemeinde?" und „Was sollte die Gemeindepastoral bestimmen, und zwar hinsichtlich ihrer Strukturen, ihres Auftrags und ihrer Rollen, Ämter und Dienste?" unterteilen lässt.

Die qualitative Inhaltsanalyse konzentrierte sich auf die hermeneutische Rekonstruktion von Erwartungen und Anforderungen. Diese lassen sich in der durch das Kategoriensystem vorgegebenen Differenzierung erfassen. Sie erstreckt sich auf den gesamten Datenbestand der aufgezeichneten Interviews[184] und orientiert sich an den 44 Oberbegriffen, zu denen die Kategorien zuvor zusammengefasst worden sind. Die Interpretation der Aussagen erfolgte in mehreren ganztägigen Teamsitzungen, in denen in mehreren Schritten eine Deutung der Daten erarbeitet und um ihre Adäquanz kontrovers diskutiert wurde. Zunächst wurden die Interviewpassagen den Oberbegriffen untergeordnet. Dann wurden sie auf die in ihnen enthaltenen Erwartungen durchgesehen. Diese wurden zu jedem Oberbegriff – gegebenenfalls differenziert – schriftlich festgehalten. Für jede identifizierte Erwartung wurde in einem weiteren Schritt ein Ankerbeispiel benannt, durch welches einerseits die Interpretation an das Ausgangsmaterial zurückgebunden wird, welches andererseits als Prototyp der Erwartung fungiert.

Den thematischen Aspekten kam in der qualitativen Inhaltsanalyse keine strukturierende Bedeutung zu. Sie spiegeln gleichsam das Vorverständnis, von dem wir für die Erhellung der pastoralen Situation ausgegangen sind und deren Zweckmäßigkeit wir zuvor getestet hatten. Dieses Vorverständnis wurde durch die Interpretation der Daten, die die Perspektiven unserer Interviewpartner nachvollziehen sollte, schrittweise korrigiert. Trotzdem wird auf die betreffende Fragestellung am Ende jedes Ankerbeispiels verwiesen, um den Gesprächskontext für die jeweilige Interviewpassage transparent zu machen (Bsp: ID 431, zu 4.1).

[184] In einer weiteren Analyse könnten aufgrund der erhobenen soziodemographischen Daten (Alter, Geschlecht, Aktive Gemeindemitglieder, Fernstehende, etc.) weitere Differenzierungen vorgenommen werden. So wäre es beispielsweise denkbar, die Erwartungen einzelner Gruppen unserer Interviewpartner gegeneinander abzugrenzen und miteinander zu vergleichen. Eine sich an den einzelnen Gruppen orientierende Analyse haben wir für die Gruppe der Fernstehenden im Rahmen des Projekts durchgeführt, ohne dass wir zu im Vergleich mit dem Gesamtdatenbestand inhaltlich auffällig abweichenden Ergebnissen gekommen sind. Das gleiche Ergebnis zeigte sich in der Differenzierung nach Alter. Eine Analyse der Daten, differenziert nach Geschlecht, steht aus.

Bei der Interpretation kommt der numerischen Auszählung der kategorisierten semantischen Einheiten keine inhaltliche Bedeutung zu. Für die Darstellung der Ergebnisse kommt ihr die heuristische Funktion zu, dass die zahlenmäßig größte Zahl der einer Kategorie subsumierten Sinneinheiten in der Regel zuerst genannt wird. Zudem wird in der Darstellung darauf hingewiesen, ob ein inhaltsgleiches Statement oft, selten oder nur einmal vorgetragen wird. Dies erschien uns ausreichend, um eine subjektive Gewichtung der Erwartungen anzuzeigen.

Auch die abschließende Darstellung der Ergebnisse im dritten Kapitel dieses Buches wurde zusammen erarbeitet und bis zur endgültigen Fassung mehrfach kontrovers diskutiert. Dabei ging es vor allem um eine kritische Betrachtung und Überarbeitung der Deutungen durch ihre Rückbindung an das Ausgangsmaterial.

2.5 Bewertung der Ergebnisse

Bei der Untersuchung handelt es sich um eine Erkundungsstudie. Sie ist nicht hypothesengeleitet. Durch sie sind vielmehr allererst Hypothesen generiert worden. So hat auch das erarbeitete Anforderungsprofil hypothetischen Charakter. Wie jede qualitative Inhaltsanalyse ist auch die vorliegende offen für weitere Differenzierungen[185] und auch für Re-Interpretationen.[186] Die transparente Dokumentation des Ausgangsmaterials sowie der einzelnen Verfahrensschritte sollte dies ermöglichen.

Ferner können die Ergebnisse gemäß den klassischen Gütekriterien empirischer Sozialforschung – Validität, Reliabilität und Objektivität – bewertet werden.[187]

Das Kriterium der Validität ist zentral für qualitative Studien, weil es in ihnen um eine Übereinstimmung der Ergebnisse mit dem zugrundeliegenden Sachverhalt geht. Sie ist dadurch gegeben, dass die Ergebnisse der Interpretation den tatsächlichen Sachverhalt, d. i. den Inhalt der Aussagen, adäquat wiedergeben. Konkret gesprochen: Das Anforderungsprofil soll der subjektiven Realität unserer Interviewpartner entsprechen. Die Erwartungen sollen, unter der Voraussetzung, dass die Interviewpartner authentisch antworteten, diese Realität beschreiben.

185 Die im Folgenden präsentierten Ergebnisse beziehen sich alle auf den gesamten Datenbestand. Eine weitere Differenzierung nach Interviewgruppen sowie Alter, Geschlecht etc. der Interviewpartner wäre denkbar.

186 Ph. Mayring, Qualitative Inhaltsanalyse. Grundlagen und Techniken, Weinheim 112010, S. 34.

187 Kritik bei Mayring, Inhaltsanalyse, 109-110, der aber bei allen Differenzierungen und Modifikationen an den Kriterien festhält.

Philipp Mayring[188], hat in Anlehnung an Thomas Heinze und Hans W. Klusemann[189] vorgeschlagen, im nochmaligen Gespräch mit den Interviewpartnern die Gültigkeit der Ergebnisse zu überprüfen. Doch ist das Verfahren einer kommunikativen Validierung erstens aufwändig und zweitens hinsichtlich seiner Geltungsbegründung nicht unumstritten[190]. Es wurde für die durchgeführte qualitative Erhebung nicht angewandt.[191] Trotzdem kann für die Untersuchung aufgrund des gewählten und oben detailliert beschriebenen Verfahrens von einer ausreichend hohen Validität ausgegangen werden.

Die Reliabilität ist einerseits Voraussetzung für die Validität, andererseits dürfte – im Vergleich zur Validität – die Reliabilität bei qualitativen Studien eher niedriger sein: Wiederholte man die Interviews mit denselben Interviewpartnern (Retest-Reliabilität), so käme man wohl nicht zu den exakt gleichen Ergebnissen. Es wäre von einem Lernprozess zwischen (erstem Messzeitpunkt) t1 und (zweitem Messzeitpunkt) t2 auszugehen. Es kann also in Bezug auf das Ausgangsmaterial nicht von einer Reproduzierbarkeit der Studie ausgegangen werden. Nun wird bei „inhaltsanalytischen Reliabilitätsbestimmungen üblicherweise so vorgegangen, daß die gesamte Analyse von mehreren Personen durchgeführt wird und deren Ergebnisse verglichen werden“[192]. Der Fachterminus dafür heißt Intercoderreliabilität, die sich berechnen lässt. Doch ist auch dieses Gütekriterium nicht unumstritten. In der vorliegenden Untersuchung wurde ihm dadurch entsprochen, dass die kategoriale Erfassung durch drei Teams erfolgte, die jeweils aus zwei Personen bestanden.

Objektivität[193] gilt als drittes klassisches Qualitätsmerkmal eines empirisch orientierten Verfahrens. Objektivität kann im Kontext eines hermeneutischen Verfahrens nicht bedeuten, das Vorverständnis der Interpreten einzuklammern. Im Gegenteil! „Alltagstheorien, wissenschaftliche Theorien und subjektiv-biographische Erfahrungen der Forscher sollen an das Material herangetragen und im Prozess der Interpretation schrittweise verändert werden. Das Endprodukt ist dann eine Deutung des Materials, durch die die subjektiven Perspektiven der

[188] Vgl. Ph. Mayring, Einführung in die qualitative Sozialforschung. Eine Anleitung zum qualitativen Denken, Weilheim, Basel 52002, S. 112.

[189] Vgl. Th. Heinze, H.-W. Klusemann, H. G. Soeffner (Hgg.), Interpretation einer Bildungsgeschichte. Überlegungen zur sozialwissenschaftlichen Hermeneutik, Bensheim 1980.

[190] Vgl. Th. Heinze, E. Thiemann, Kommunikative Validierung und das Problem der Geltungsbegründung, in: ZFP 28 (1982), S. 635-642.

[191] Gleichwohl war es für die Autoren der Studie selbstverständlich, die Ergebnisse im Kreis der Interviewpartner vorzustellen und zu diskutieren.

[192] Mayring, Inhaltsanalyse, S. 110.

[193] Vgl. Panhofer, Geist, S. 137.

Interviewten nachvollzogen, expliziert werden sollen“[194]. Objektivität kann diesem Endprodukt dann zugesprochen werden, wenn unterschiedliche Personen im Rahmen der Datenerhebung, der Auswertung und der Interpretation der Daten zu gleichen Ergebnissen kommen. Dies bedeutet, dass das Ergebnis qualitativ gewinnt, wenn unterschiedliche Vorverständnisse der Interpreten so von der Interpretation modifiziert werden, dass sie die Perspektive der Interviewpartner interpretierend nachvollziehen.[195] Dem Gütekriterium der Objektivität kommt die Untersuchung durch den im Team entwickelten standardisierten Interviewleitfaden, durch die Tatsache, dass alle Interviews von der gleichen Person im gleichen Zeitraum und unter vergleichbaren Bedingungen durchgeführt worden sind, sowie durch die Tatsache, dass die kategoriale Erfassung immer durch je zwei Personen erfolgte, und durch die Interpretation der Daten im Team, die in jedem Arbeitsschritt diskutiert wurde, nach.

2.6 Zusammenfassung

Zusammenfassend lässt sich sagen: Wir sind davon ausgegangen, dass die konkrete pastorale Situation von gegebenen und vorgegebenen Erwartungen sowie dem Umgang mit den Erwartungen bestimmt wird. Diese Erwartungen haben wir mittels eines qualitativen Verfahrens in sechs nach c. 517 § 2 CIC geleiteten Pfarrgemeinden durch insgesamt 65 Interviews erhoben. Wenn Leitung als Umgang mit gegebenen und vorgegebenen Erwartungen verstanden wird, zielt die Formulierung eines so gewonnenen hypothetischen Anforderungsprofils unmittelbar auf Leitung. Es ist adressiert an Personen, die für die pastorale Situation Verantwortung tragen, vor allem jene unter ihnen, die auf den unterschiedlichen Ebenen im Namen der Kirche handeln. Es thematisiert, was in einer Umbruchsituation pastorale Wirklichkeit werden sollte.

[194] Mayring, Inhaltsanalyse, S. 111.
[195] Vgl. ebd., S. 112.

3 Resultate der empirischen Studie

Welche Erwartungen und Ansprüche die Interviewpartner in dieser durch den Pfarrermangel veranlassten Umbruchsituation an die Kirche stellen, genauer: an ein Handeln, das im Namen der Kirche erfolgt und das, insofern es auf gegebene und vorgegebene Erwartungen reagiert, Leitungshandeln genannt werden kann, das kann nun im Folgenden auf der Basis der durchgeführten und ausgewerteten Interviews dargelegt werden.

Thematisiert werden die Erwartungen unserer Interviewpartner zu den Pastoralstrukturen, den pastoralen Diensten, Ämtern und Rollen sowie zum pastoralen Handeln. Dort, wo es uns angezeigt zu sein schien, werden die Aussagen und deren Deutung durch entsprechende Hinweise auf die aktuelle pastoraltheologische Diskussion kontextualisiert.

3.1 Pastoralstrukturen

Die Krise der Pfarrgemeinde ist zu Beginn dieses Buches (1.1) als Strukturkrise charakterisiert worden, deren Brennpunkte der Pfarrermangel und die Erosion der Gemeinde-Idee sind. In ihr kommt den Strukturfragen der Pastoral eine erhöhte Bedeutung zu. Dies spiegelt sich auch in den Interviews wider. Unsere Interviewpartner haben konkrete Erwartungen an zeitliche und räumliche Rahmenbedingungen, unter denen eine ihrer Meinung nach gelingende Pastoral möglich ist, geäußert. Ihre Erwartungen richten sie zudem unter strukturellem Aspekt auf die personelle Komponente. In den Aussagen dominiert die Erwartung, dass Kirche präsent sein soll; dass sie für die Menschen da sein soll, wenn sie sie brauchen.

3.1.1 Die Erwartung an die Präsenz der Kirche

Dass die Kirche erreichbar ist, galt lange Zeit als selbstverständlich, war sie doch flächendeckend am Wohnort präsent und waren die vor Ort – in der Regel im Pfarrhaus oder in der Kaplanei – lebenden Seelsorger jederzeit ansprechbar. Es ist daher kaum verwunderlich, dass die gewöhnliche pastorale und oft auch pastoraltheologische Perspektive von der Frage geleitet wird, wie die Kirche die Menschen erreichen könne. Darauf zielen die Sinus Milieustudien[196] und auch Projekttitel wie „Missionarisch Kirche sein" könnten von vielen ausschließlich so verstanden werden. In den Aussagen unserer Interviewpartner wird die Umkehrung dieser Perspektive offenkundig: Es geht ihnen in der Situation ohne Pfarrer am Ort darum, wie die Kirche erreichbar bleibt, wenn man sie braucht. Möglicherweise stecken dahinter konkrete Erfahrungen, die Kirche, bzw. einen nicht mehr am Ort wohnenden Seelsorger nicht mehr oder nur noch mit einem hohen Aufwand erreicht zu haben, als man ihn brauchte. Zu denken wäre etwa an einen Sterbefall in der Familie. Solche Engpässe sind innerkirchlich längst allgemein bekannt. Sie entstehen immer wieder im Zusammenhang mit dem Begräbnisdienst und der Spendung der Krankensalbung, für die die Zeitfenster der für mehrere Pfarrgemeinden zuständigen Seelsorger immer enger werden. Der zunehmende Pfarrermangel nährt offenbar Befürchtungen, dass die Kirche eines nicht allzu fernen Tages noch weniger erreichbar sein könnte. Demgegenüber wird beansprucht, dass sie erreichbar sein solle.

3.1.1.1 Zeitliche Präsenz

Unsere Interviewpartner erwarten, dass Kirche präsent ist. Alle anderen Erwartungen, die die Strukturen der Pastoral betreffen, bauen auf dieser Erwartung auf. Zahlreichen Aussagen zufolge soll die Kirche vor allem in besonderen und gegebenenfalls vorher nicht absehbaren Lebenssituationen erreichbar sein:

> „Das hört sich komisch an, aber immer, immer, weil ich, ich, ich kann das nicht festmachen, ich kann ja nicht sagen, ich brauch' die Kirche nur zum Gottesdienst, ich brauch' die Kirche nur weil ich zur Taufe gehe, sondern ich weiß noch gar nicht, wann ich sie brauche." (ID 2470, zu 4.4)

Die Kirche soll immer für die Menschen da sein; primär wenn sie gebraucht wird. Mit der Formulierung: „Ich weiß noch gar nicht, wann ich sie brauche", wird angedeutet, die Präsenz der Kirche möge sich durch eine Struktur auszeichnen, die offen ist für vorher zeitlich nicht bestimmbare Situationen, d. h. mit anderen Worten, dass ihre Präsenz zeitlich nicht formal vorab – etwa durch Arbeitszeiten oder Sprechstunden – bestimmt werden könne. Unsere Interviewpartner thematisieren dies vereinzelt explizit als Anspruch auf eine unbegrenzte Erreichbarkeit. Sogar der Sinn der Kirche wird über diese bestimmt:

[196] Medien-Dienstleistung GmbH in Kooperation mit der Katholischen Sozialethischen Arbeitsstelle e. V. (Hg.), Orientierungen; C. Wippermann, M. Calmbach, Wie ticken Jugendliche? Die Sinus-Milieustudie U27, hg. v. BDKJ & Misereor, Düsseldorf 2008. Menschen zu erreichen heißt in diesem Zusammenhang, für diese ein attraktives Angebot zu erstellen, in dem Glaube und Lebenswelt sich begegnen.

> „Ja, das ist der Sinn. Das ist der Sinn der Kirche. Für mich hat Kirche immer präsent zu sein. Zu jeder Tages- und auch Nachtzeit". (ID 2785, zu 4.1)

Man könnte dies als nicht zu realisierende Forderung abtun. Das wäre allerdings gleichbedeutend damit, die Aussage nicht ernst zu nehmen. Die Aussage ist jedoch vielmehr als Anfrage an eine Praxis der Zuständigkeit von Seelsorgern für mehrere Pfarrgemeinden zu verstehen; denn diese Praxis bedingt, dass eine durch die Einheit von Wohnort und pastoralem Wirkungskreis gegebene dauerhafte Präsenz vielerorts nicht mehr möglich ist. Dass in dem Interview die These, es sei für die Kirche konstitutiv, präsent zu sein, aufgestellt wird, spricht für die Bedeutung dieser Anfrage und ebenso für die Tiefe der Krise, die dadurch entstanden ist, dass nicht mehr jede Pfarrgemeinde ihren *eigenen* Pfarrer hat. Nun könnte man angesichts einer solchen Interpretation der geäußerten Präsenzerwartung mit einem gewissen Recht von einer strukturkonservativen Deutung sprechen. Demgegenüber kann in diesem Zusammenhang jedoch auf eine sozialpastorale Studie von Andris Baart im Erzbistum Utrecht verwiesen werden, der aufgrund einer jahrelangen Feldforschung die Aktualität und Wirksamkeit einer „präsentischen Herangehensweise" für die Pastoral herausgestellt hat.[197] Auf die Ergebnisse der Baart'schen Studie wird später noch detailliert eingegangen werden.

Die an dieser Stelle zunächst naheliegende Frage realisiert die Einsicht in die situative Bedingtheit als Kriterium zur Bestimmung der Anforderungen an die zeitliche Präsenz der Kirche. Sie lautet: In welchen Situationen wird Kirche denn vor allem angefragt? Oder anders gefragt: Welches sind die Situationen, in denen Menschen sich an die Kirche und damit (vielleicht) auch an Gott erinnern? Hierbei spielt, wie bereits gesehen, das konkrete Bedürfnis eine entscheidende Rolle:

> „Dann, wenn Menschen das Bedürfnis haben, dass sie Kirche brauchen." (ID 2426, zu 4.4)

Die im Zitat zum Ausdruck gebrachte Sicht auf die Beziehung zur Kirche ist einseitig bestimmt. Die Gläubigen wollen entscheiden, wann sie sich der Kirche zuwenden. Die Kirche selbst hat da zu sein. Die Pflichten der Gläubigen gegenüber der Kirche, etwa die Sonntagspflicht, sind so gut wie kein Thema in den Interviews. Die zeitgeschichtliche Voraussetzung für diese Einstellung hat Rudolf Englert mit der These, dass sich gesellschaftlich die Verhältnisse in der Beziehung zwischen Leben und Religion umgekehrt haben, zutreffend benannt: „Was früher Waage war: die Religion bzw. der christliche Glaube, wird nun selbst gewogen; und was ehemals gewogen wurde: die jeweilige Lebensgeschichte, ist zum Maßstab und Testfall für die Gültigkeit religiöser Gewichtungen geworden. So wird

[197] Vgl. A. Baart, Een theorie van de presentie, Utrecht 2001.

das Leben nicht mehr einen umgreifenden religiösen Rahmen gestellt – das Leben ist vielmehr selbst zum Rahmen geworden, in den sich [...] Religion einfügen mag."[198]

Weiter lässt sich über die Situationen, in denen die Menschen den Kontakt zur Kirche suchen, aufgrund der geführten Interviews sagen: sie sind außergewöhnlich. Im gewöhnlichen Alltag ist das Bedürfnis, den Kontakt zur Kirche zu suchen, gering. Als Extremsituationen, in denen die Interviewpartner den Kontakt zur Kirche suchen, kommen vor allem Krisen, zur Sprache. In ihnen wünscht man sich einen kirchlichen Ansprechpartner.

> „Ein kirchlicher Ansprechpartner ist für viele Lebenslagen der Menschen sehr wichtig. Also in Extremsituationen wie schwerer Krankheit, Tod oder so etwas brauchen die Menschen Beratung und Hilfe. Das heißt, dann ist es auch notwendig, dass jemand nicht zu weit weg ist. Das heißt, es nützt nichts, wenn jemand in zehn Kilometern Entfernung und der mit eingeschränkter Dienstzeiten erreichbar ist. Dann nützt mir das in solchen Extremsituationen nichts. Das heißt vor Ort muss ein Gesprächspartner da sein, wo ich mit meinen Sorgen hingehen kann und der mich auch als Einzelner oder als Gruppe auch berät."
> (ID 1155, zu 4.1)

Eine weitere Aussage – sie stammt von einer jungen Frau – beinhaltet die Erwartung, die Kirche solle in Problemsituationen da sein, offen stehen, wenn man Gott um Hilfe bitten wolle.

> „Ja, einfach gesprochen, wenn wir Probleme haben. Das ist ja immer so. Wenn man Probleme hat, dann geht man in die Kirche und ja man bittet Gott um Hilfe." (ID 1718, zu 4.4)

Diese Erwartung, die die gleiche situative Bedingung thematisiert wie die obenstehende, richtet sich, deshalb soll sie hier erwähnt werden, nicht unbedingt an einen kirchlichen Ansprechpartner. Sie bezieht sich auf die Kirche als Gebäude. Auch in Bezug auf Kirchengebäude wird „Präsenz" erwartet, wird erwartet, dass die Kirche offen und nicht verschlossen ist.

Unsere Interviewpartner setzen wie selbstverständlich voraus, dass Kirche nicht immer gebraucht wird, das heißt, dass die Erinnerung an Gott nicht immer aktuell ist, ein Befund, den Reinhold Boschki treffend so beschrieben hat: „Menschen erinnern sich offensichtlich auch in der scheinbar säkularen Gesellschaft an

[198] R. Englert, Glauben-Lernen im Horizont der Lebensgeschichte, in: G. Bitter, A. Gerhards (Hgg.), Glauben lernen, Glauben feiern. Katechetisch-liturgische Versuche und Klärungen, Stuttgart 1998, S. 220-234, hier S. 223.

Gott – aber sie vergessen ihn auch. In der Spannung zwischen Gott erinnern und Gott vergessen bewegt sich das Gottesverständnis unserer Zeit"[199].

Für eine zukünftige Pastoral ist es interessant, über die Situationen, in denen Menschen sich an Gott erinnern und die Kirche in Anspruch nehmen, noch mehr zu erfahren. Liegt ihnen eine Regel zugrunde? Bei der Interpretation der Daten hat sich eine solche Gesetzmäßigkeit gezeigt. Diesen Situationen ist nämlich gemeinsam, dass es in ihnen um das Leben als Ganzes, also nicht um dies und das, sondern um alles oder nichts geht. Es sind die Situationen, in denen das Leben als Ganzes thematisiert wird.

Wann es um das Leben als Ganzes geht, das wird subjektiv bestimmt. Es können ganz unterschiedliche Situationen sein: Situationen der Angst oder der Verzweiflung, der Einsamkeit oder des Sterbens; aber auch der Feier oder der Freude. Prominent sind im privaten Bereich die Lebenswenden: Geburt, Heirat, Tod. Aber es gibt eine Fülle anderer Situationen, die hier genannt werden müssten: Beispielsweise die Lebensphasen des Umbruchs und der Veränderung. Auch in ihnen wird das Leben als Ganzes thematisiert. „Die Suche nach dem Sinn des Lebens ist normalerweise verbunden mit dem Wunsch nach einer persönlichen Veränderung. Das Leben soll im Extrem eine andere Richtung nehmen", so beschreibt der Potsdamer Psychologe Christoph Melchers die ganzheitliche Erwartung.[200] Im sozialen Bereich ist an kollektive Feste (Weihnachten, Ostern) aber auch an kollektives Grauen (Terroristische Anschläge; Erdbeben, ein Tsunami, Verkehrskatastrophen) zu denken. Auch in ihnen geht es um das Leben als Ganzes; auch in ihnen wird von vielen der Kontakt zur Kirche gesucht.

Erkennbar sind die Situationen daran, dass in ihnen „das Leben" zum Subjekt des Satzes wird. Sie sind dadurch geprägt, dass jemand das Einzelne im Licht des Ganzen thematisiert, um sich seiner selbst zu vergewissern oder neu zu orientieren. In diesen Situationen da zu sein, darüber sagt einer unserer Interviewpartner:

> „Und ich glaube, das ist schon wichtig auch für eine Gemeinde. Dass sie einfach merken, da ist jemand von Kirche, der oder die hat Zeit für mich, für mein Leben." (ID 80, zu 4.5)

Und ein zweiter fügt in diesem Kontext hinzu:

> „Unverzichtbar. Denn davon lebt Kirche. Das macht Kirche aus." (ID 3010, zu 4.1)

[199] R. Boschki, Gott erinnern in: Ders., u. a., Gott nennen und erkennen, Freiburg 2010 (= Theologische Module; 10), S. 176-216, S. 177 f.

[200] M. Kuntz, Jeder Ort ist dem Himmel gleich nah, in: SZ 297 (2009) 24./25./26./27.12.2009, S. 17.

Diese situative Akzentuierung der Erwartung pastoraler Präsenz ist bedeutsam. Einerseits, weil das „bekannte Schema der dauerhaften, aktiven Bindung“[201] aufgebrochen wird, andererseits weil die These in den Raum gestellt wird, dass Pastoral „nicht ohne situative Akzentsetzungen“[202] auskomme. Der pastorale Kairos ist – dies kann gesagt werden, auch ohne detaillierter in die Diskussion um den kairologischen Ansatz in der Pastoraltheologie eingehen zu wollen – die Präsenz der Kirche in Situationen, in denen die Menschen ihr Leben als Ganzes thematisieren oder neu ausrichten wollen.

Wenn man nun weiter forscht, und zwar danach, was in diesen Situationen gefragt ist, ergibt sich aufgrund der vorgebrachten Erwartungen: Gefragt ist in den Situationen die personale Präsenz der Kirche, das Dasein eines Ansprechpartners oder eines Ortes, an dem Menschen Zuflucht finden. Kirche ist der gefragte Ort, an dem das Leben als Ganzes in den vielfältigen Situationen seines Gelingens und seiner Gefährdetheit zur Sprache kommen kann.

Dass nämlich Kirche gerade in ihrem Dasein und in ihrer Sorge um die Ganzheit als Zeichen und Werkzeug des Heils angefragt und wahrgenommen wird, dieser soteriologische Aspekt wird offenbar nur über die Präsenz der Kirche vor Ort in der Einheit ihrer Vollzüge gesichert werden können. Man kann es auch anders ausdrücken: In der Präsenz der Kirche in Situationen, in denen es um das Leben als Ganzes geht, wird der Gemeinschaft Gottes mit den Menschen eine Gegenwart, ein praktisches Dasein verliehen.[203] Der Gemeinschaft Gottes mit den Menschen eine Gegenwart, ein praktisches Dasein verleihen, das ist das, was die Befragten als Sinn der Kirche thematisieren, ohne es wörtlich so zu sagen.

Theologisch ist damit die Heilsfrage angesprochen. Die mit ihr verbundene Heilserwartung ist ganzheitlich. Die Aktualisierung der Heilsfrage scheint situativ bedingt und sehr stark mit der Frage nach dem Sinn des Lebens und damit mit der eigenen Identität verknüpft zu sein. Wenn im Zusammenhang mit dem Sinn des Lebens hier von Identität gesprochen wird, setzen wir mit Helmut Peukert voraus, dass Identität die von einem Subjekt ständig gefährdete und immer neu zu erbringende Leistung meint, „angesichts der eigenen biographischen Erfahrungen und angesichts der Erwartungen anderer zu entscheiden, wie und als wer ich existieren möchte, und zwar so, daß ich dies für mich selbst und für andere verständlich machen und verantwortlich begründen kann.“[204] Die Erwartung richtet sich

[201] Boschki, Gott erinnern, S. 209.

[202] E.-M. Faber, Unbegreiflichkeit und Selbstoffenbarung Gottes, in: Boschki, u. a., Gott nennen und erkennen, S. 136-175, S. 173.

[203] Vgl. C. Türcke, Erregte Gesellschaft. Philosophie der Sensation, München 2002.

[204] H. Peukert, Kontingenzerfahrung und Identitätsfindung. Bemerkungen zu einer Theorie der Religion und zur Analytik religiös dimensionierter Bildungsprozesse, in: J. Blank, G. Hasenhüttl (Hgg.), Erfahrung, Glaube und Moral, Düsseldorf 1982, S. 76-102, hier S. 76.

darauf, dass ein kirchlicher Ansprechpartner diesen Prozess kompetent begleitet. Die Frage, ob christliche Identitätsbildung, d. h. sich selbst als Christ zu verstehen und anderen als Christ verständlich zu machen, ohne die Präsenz der Kirche in Situationen, in denen sich die Frage nach dem Sinn des Lebens und damit der eigenen Identität stellt, noch möglich ist, kann hier lediglich gestellt werden. Die Wahrheit ihrer Antwort ist der praktischen Bewährung ausgesetzt.

Unseren Interviewpartnern ist bewusst, dass die Erwartung, die Kirche solle da sein, wenn man sie braucht, nicht uneingeschränkt realisiert werden kann.

> „Eigentlich immer, wobei man verstehen muss, dass ein Priester, ein Pfarrbeauftragter ist im Endeffekt auch ein Beruf mehr oder weniger und dann muss man als Gemeindemitglied auch Verständnis haben, wenn man eine Nachricht auf dem Anrufbeantworter hinterlässt – das Pfarrbüro hier bei uns ist nur vormittags geöffnet – für mich ist es zum Beispiel nie möglich, vormittags vorbeizukommen, weil ich selber berufstätig bin." (ID 2135, zu 4.4)

Von den Gemeindemitgliedern wird Verständnis dafür erwartet, dass die Kirche und ihre Mitarbeiter nicht immer unmittelbar für die Menschen da sein können. Dann sollten sie aber wenigstens über einen Anrufbeantworter o. ä. erreichbar sein.

Zu denken gibt die Aussage, ein Priester und Pfarrbeauftragter sei „im Endeffekt auch ein Beruf mehr oder weniger". Deshalb sollten Gemeindemitglieder – der im Interview gemachten Aussage zufolge – Verständnis dafür haben, dass nicht rund um die Uhr ein kirchlicher Ansprechpartner unmittelbar erreichbar sein könne. Doch gerade die Erreichbarkeit rund um die Uhr wird als Qualität unterstellt. Das bedeutet nichts anderes, als dass es unseren Interviewpartnern, die sich so geäußert haben, darum geht, dass jemand da ist, der das Leben mit ihnen teilt. Andris Baart hat das aufgrund seiner empirischen Feldforschungen im Erzbistum Utrecht als „präsentische Herangehensweise" bezeichnet.[205] Davon war weiter oben schon kurz die Rede. Baart nennt „alle diejenigen, deren Arbeitsgrundlage Anwesenheit, Präsenz, ist – unabhängig davon ob sie in der Pastoral oder in anderen Bereichen arbeiten – ‚Präsenz-Tätige'." (2) Als Charakteristikum für diese Herangehensweise sieht er das Dasein für Andere und eine von Nähe geprägte und – durch Professionalisierung sich einstellende – Distanz überwindende Beziehung an, die demjenigen Raum gibt, was sich ohne diese Nähe nicht realisieren lässt. Primär geht es um Teilhabe am Alltag, um Verbundenheit, „das unaufgebbare Kennwort der Menschlichkeit" (3), um „Sensibilität für die vielfältigen Verflechtungen im Alltag und für das Eröffnen darin verborgener Möglich-

[205] A. Baart, Über die präsentische Herangehensweise: http://www.presentie.nl/artikelen (07.09.2010). Den Hinweis auf diese wichtige Studie verdanken wir N. Mette, dem hierfür herzlich gedankt sei.

keiten“ (ebd). Methodisch kennzeichnet den Präsenz-Tätigen, dass er sich „einfach so im Lebensraum der Betroffenen auf“ hält, „ohne weiteres ansprechbar / verfügbar und kontaktbereit“ ist (4) und sich in seinem Arbeitsrhythmus am Lebensrhythmus der Anderen orientiert. Präsenz-Tätige halten den Kontakt auf Dauer. Der Kontakt zu ihnen ist nicht an Bedingungen, Sprechzeiten o. ä. gebunden. Sie arbeiten „soviel wie möglich mit den Gegebenheiten, den Geschichten und sozialen Strukturen, wie sie vorgegeben sind“ (4). Diese Methode nennt Baart „Organizität“. Zu einer durch Organizität geprägten Präsenzpraxis gehört ferner der herzliche und informelle Umgang miteinander: „man kennt einander und hat miteinander eine Geschichte“ (4). Andris Baart sieht die „präsentischen Herangehensweise“ als eine angemessene Methode der Pastoral, aber nicht nur der Pastoral an. Die durch Organizität geprägte Präsenzpraxis fordert ein Mitleben mit den Menschen vor Ort, wie es mit der Zuordnung eines Pfarrers und einer Pfarrgemeinde, der verpflichtet war, in der Pfarrgemeinde zu wohnen, lange Zeit überwiegend selbstverständlich gewesen sein dürfte.

3.1.1.2 Kirche vor Ort

Mit dem Hinweis auf die von Baart entwickelte „präsentische Herangehensweise“ ist der Überschritt von der zeitlichen in die räumliche Dimension der Präsenz implizit schon vollzogen. Die Aussagen unserer Interviewpartner zur örtlichen Präsenz der Kirche sollen jedoch auch explizit zu Wort kommen.

Die Begriffskombination ‚Kirche vor Ort' ist weithin und in unterschiedlichen Kontexten gebräuchlich. Jürgen Werbick hat in seiner Monographie „Warum die Kirche vor Ort bleiben muss“ aus pastoralen Motiven den Verbleib der Kirche vor Ort trotz des Pfarrer- und Gläubigenmangels gefordert: „Will oder kann man sich zwischen diesen Optionen [Gemeindeleitung durch Laien, Änderung der Zulassungsvoraussetzungen zum Priesteramt] nicht entscheiden, so hätte man jedenfalls zu verhindern, was aus theologisch wie pastoral zwingenden Gründen die schlechteste Lösung wäre: die ‚Entörtlichung‘ der Kirche, den Rückzug ihres personalen Angebots aus dem Bereich der Face-to-face-Antreffbarkeit.“[206] Der entscheidende Grund für Werbicks Option für die Verörtlichung der Pastoral besteht darin, dass „Erfahrungen der Zugänglichkeit [...] ‚religiöse Erfahrungen‘ par exellence“[207] sind. Was Werbick als ‚Zugänglichkeit‘ bestimmt, wird in diesem Text synonym mit dem Terminus Präsenz bezeichnet.

Entschieden wird die Erwartung der Präsenz, der Nähe zu den Menschen, mit dem Urteil über die Existenzberechtigung der Kirche verknüpft.

[206] Werbick, Kirche vor Ort, S. 79.
[207] Werbick, Kirche vor Ort, S. 73.

> „Wenn Kirche nicht mehr nah bei den Menschen sein kann, kann sie dicht machen." (ID 60, zu 4.1)

Diese Verknüpfung verweist darauf, dass die Präsenz als Nähe ausgelegt und diese als konstitutiv für die Kirche angesehen wird. Ohne sie stehe ihre Existenzberechtigung in Frage. Ob eine Kirche, die nicht mehr präsent ist, auch nicht vermisst würde, lautet eine spekulative Anschlussfrage, der es lohnend sein könnte, nachzugehen. In den Interviews wurde darauf nicht Bezug genommen; jedoch darauf, dass die Realisierung dieser Nähe von der Kirche vor Ort erwartet werde.

Werbicks Hypothese, es sei für das Glaubensleben unverzichtbar, dass die ‚Kirche vor Ort' zugänglich sei, konnte durch die Aussagen unserer Interviewpartner erhärtet werden. Dem entspricht die Forderung, von Fusionen Abstand zu nehmen:

> „Alle Vorzüge, alle Vorzüge. So ähnlich wie ich das eben schon mal sagte, Fusion nein, besser Kirche vor Ort." (ID 951, zu 4.1)

Im Gegensatz zu durch Fusionen geschaffenen größeren Einheiten, den „pastoralen Räumen", wie sie wegen des Pfarrermangels in vielen deutschsprachigen Bistümern geschaffen worden sind und geschaffen werden, fordert ein großer Teil unserer Interviewpartner, dass die Kirche weiterhin in der territorialen Struktur von Ortsgemeinden im sozialen Nahraum erhalten bleiben soll. Eine bereits vorgestellte Aussage sei hier unter dem Aspekt wiederholt, dass es nichts nütze, „wenn jemand in 10 Kilometern Entfernung mit eingeschränkten Dienstzeiten erreichbar ist".

> „Ein kirchlicher Ansprechpartner ist für viele Lebenslagen der Menschen sehr wichtig. Also in Extremsituationen wie schwerer Krankheit, Tod oder so etwas brauchen die Menschen Beratung und Hilfe. Das heißt, dann ist es auch notwendig, dass jemand nicht zu weit weg ist. Das heißt, es nützt nichts, wenn jemand in zehn Kilometern Entfernung und der mit eingeschränkter Dienstzeiten erreichbar ist. Dann nützt mir das in solchen Extremsituationen nichts. Das heißt vor Ort muss ein Gesprächspartner da sein, wo ich mit meinen Sorgen hingehen kann und der mich auch als Einzelner oder als Gruppe auch berät." (ID 1155, zu 4.1)

Das ist ein deutlicher Appell, die Pastoral so zu organisieren, dass die Erwartung in Bezug auf die örtliche Präsenz eines kirchlichen Ansprechpartners erfüllt werden kann.

Ein weiterer pastoraler Vorteil der ‚Kirche im sozialen Nahbereich' wird darin gesehen, dass sie, indem sie Netzwerke knüpft, nahe bei den Menschen sein kann. In einem solchen Netzwerk könne sie nicht nur reaktiv, sondern auch aktiv präsent sein.

> „Das, was wir gerade auch erleben, dass sich beispielsweise, um ein Beispiel zu nennen, wir arbeiten gut zusammen hier mit einer Grundschule, einer katholischen und daher kommen viele Familien, die dann hier Erstkommunionvorbereitung mitmachen, vermittelt über die Schule. Und mittlerweile kann man auch sagen, ist das eine Form von Familienkatechese geworden, das heißt, wir haben auch schon über Erstkommunion, das heißt, die Kinder sind oft nicht getauft, das heißt, sie werden im Rahmen von Erstkommunionvorbereitung getauft und manchmal sind es nicht mal die Eltern. Das heißt, sie gewinnen im Grunde die Eltern über diese Familien zugewandte Gemeinde. Und so etwas ist in dem Großmodell überhaupt nicht möglich, weil das einfach diese Nähe und dieses Kennen nicht mehr gibt. Das entsteht durch persönliche Gespräche." (ID 895, zu 3.4)

Präsenz und Vernetzung werden hier als Arbeitsgrundlage angesehen und gefordert. Pastoral vollzieht sich in persönlichen Kontakten. In einem Großmodell fusionierter Pfarrgemeinden gebe es diese Nähe und das Miteinander-vertraut-Sein, welches einerseits auf der unmittelbaren Kommunikation beruht und diese andererseits begünstige, nicht mehr. Es stellt keine Überinterpretation dar, dies mit der Befürchtung, Großpfarreien bedeuteten das Ende einer kommunikativen und am Leben der anderen partizipierenden Pastoral, gleichzusetzen.

Eine der sechs Pfarrgemeinden, in denen Interviews durchgeführt wurden, liegt in einem sogenannten ‚sozialen Brennpunkt'. Deshalb manifestiert sich die Nähe dieser Pfarrgemeinde zu den Menschen besonders in der Gestalt einer sozialen Anlaufstelle.

> „Ja, wir haben, da laufen so viele Aktivitäten während der Woche, wo jetzt Leute über den kirchlichen Tellerrand gesehen, hierher kommen, ja. Die, die eben Fragen in Bezug auf auf Alterssicherung auf, was wird aus unserem Lebensmittelmarkt da hinten, der zumacht? Wie versorgen wir die Leute hier? Und solche Dinge werden hier eben kirchlich auch diskutiert oder eben in dem kirchlichen Rahmen des Gemeindehauses diskutiert und daher ist die Kirche hier schon sehr präsent". (ID 3199, zu 4.1)

Die Aussage dokumentiert ein diakonisches Handeln, das als Antwort auf den Anspruch der Teilhabe der Kirche am Lebensschicksal der Menschen und der Arbeit an der Lebensqualität am Ort formulierte Erwartung verstanden werden kann. Eine solche Aussage stellt, sofern sie durch die „präsentische Herangehensweise" als Teilhabe am Lebensschicksal der Menschen verstanden werden kann, eine pastorale Alternative zur Lebensraumorientierung der Pastoral vor. Sie realisiert die Nähe zu den Menschen nicht dadurch, dass sie sich in die unterschiedlichen Lebensräume der Menschen begibt, sondern dadurch, dass sie im sozialen Nahraum mit den Menschen lebt.

Zur Präsenz der Kirche vor Ort gehören kirchliche Orte, Gebäude, in denen sich die Gläubigen zum Gottesdienst, zum Feiern, zum Gespräch treffen, die sie als Anlaufstelle nutzen können. Da dies für viele eine Selbstverständlichkeit ist, wird es nur von wenigen explizit erwähnt. Im Einzelfall problematisiert wird jedoch die Zahl der Begegnungsorte:

> „Wir müssten unsere Räumlichkeit anpassen [...]. Wir haben zu viele Häuser, wir haben zu viele Kirchen, wir haben zu viele Räume, in denen wir uns treffen. Das sind eben die verschiedenen Orte, das sind die verschiedenen Räume in der Gemeinde. Die fördern aber nicht mehr unbedingt Gemeinschaft." (ID 3035, zu 5.3/4)

Im Zitat kommen zwei Erwartungen zum Ausdruck. Einerseits, dass kirchengemeindliche Räume öffentliche Orte des Sich-Versammelns sind. Und andererseits, dass die kirchengemeindlichen Räume unter dem Aspekt der Gemeinschaftsförderung der aktuellen Situation der Pfarrgemeinde angepasst werden sollten.

Hinzu kommt jedoch noch eine weitere Erwartung: Die Gebäude der Pfarrgemeinde sollten Orte der Identitätsfindung sein, die das Gefühl der Beheimatung vermitteln:

> „Ich glaube, wie ich eben schon gesagt habe, die Menschen brauchen einen Punkt, wo sie sich sammeln und wo sie wissen: Hier bin ich zuhause und hier muss es stattfinden." (ID 411, zu 2.2)

‚Seine Kirche aufsuchen zu können, d. h. einen vertrauten Ort zu haben, an dem man Gottes heilbringende Gegenwart persönlich erbitten und für ihre Erfahrung danken kann, das beschreibt, was mit dem Terminus ‚Zuhause-Sein' hier gemeint ist. So ist es nicht verwunderlich, dass im Fall der Auflösung oder Fusion einer Pfarrgemeinde der Verlust von Identität befürchtet wird.

> „Für die Menschen vor Ort in der einzelnen Pfarrgemeinde ist es, denke ich, mit einem Stück weit Verlust von Identität verbunden." (ID 1339, zu 2.2)

> „Religion hat was mit Identitäten zu tun und da wechsle ich nicht jeden Sonntag die Kirche. Das sind ganz wenige Leute, das hat irgendwas schon mit Beheimatung zu tun und das ist meine Kirche, das ist mein Platz". (ID 2828, zu 2.1)

Diese Aussagen manifestieren eine starke Identifikation mit der eigenen Pfarrkirche. Es wird erwartet, dass das so bleibe und man nicht gezwungen werde, jeden Sonntag die Kirche zu wechseln. Begründet wird dies damit, dass Religion Teil der Identität sei und der kontinuierliche Besuch der vertrauten Kirche etwas mit „Beheimatung" zu tun habe.

Der Gedanke wird aufgegriffen und weitergeführt in einer Aussage, die das Vor-Ort-Prinzip und den Aspekt der Beheimatung mit dem Wesen des Glaubens verbindet.

> „Und dass man demgegenüber 'ne Präsenz zeigt, vor Ort ist, ansprechbar ist, in Rufweite, finde ich, gibt Leuten Sicherheit und darum geht es eigentlich im Glauben, den Leuten Sicherheit, Beheimatung, zu geben, was sie sonst nicht mehr haben." (ID 900, zu 4.1)

Die Aspekte der Identitätsstiftung – hier verstanden im Sinn der Beheimatung – und der Gemeinschaftsbildung sind also zentrale Motive für wohnortnahe Pastoralstrukturen. Sie stehen jedoch nicht spannungsfrei zueinander. Die Rede von der Lebendigkeit der Gemeinde ist dazu geeignet, das eher zu verdecken. Wenn nämlich einerseits von einer Gemeinschaftsbildung vor Ort keine Rede mehr sein kann, andererseits aber erwartet wird, dass die Kirche vor Ort weiterhin aus Gründen der Beheimatung erhalten bleiben solle, geraten beide Aspekte miteinander in Konflikt. Dieser Konflikt erzeugt Skepsis gegenüber der Annahme, dass die Erweiterung des pastoralen Raumes Gemeinschaftsbildung von neuem ermögliche oder erleichtere, weil zugleich der Identitätsaspekt, das Zuhause-Sein, mindergewichtet wird. Das Thema ‚größere Entfernungen', wenn die Kirche nicht mehr am Ort präsent ist, wird erwartungsgemäß kritisch betrachtet:

> „Ist tragisch, aber das ist so eine der und ich denke vielfach, dass wir auch nicht diese großen Gottesdienste mit 500 Leuten haben werden. Das ist ja die schönste Vorstellung von so manchen Leuten. Es gibt noch drei Gottesdienste in [Stadtname] und da strömen dann alle hin. Ei, dann werden wir 70% verlieren". (ID 2823, zu 1.4)

Ergänzend werden praktische Gründe benannt: Wie in anderen Bereichen, in denen zentralisierungsbedingt eine erhöhte Mobilität erforderlich ist, litten auch im Fall zentraler Gottesdienstorte die Benachteiligten am meisten:

> „Oder Ältere, die auch kein Auto mehr haben, oder es gibt auch viele, die sich kein Auto mehr leisten können. Das ist ja nun auch eine zunehmende Zahl von Menschen, die arbeitslos sind und sich dadurch auch kein Auto mehr leisten können." (ID 75, zu 4.3)

Es wird erwartet, dass weitere Entfernungen zum Gottesdienstort zur Folge hätten, dass arme und ältere Leute nicht mehr am Gottesdienst teilnehmen können. Im Hinblick auf die Mobilität, die hier angesprochen wird, werden die beiden Personengruppen der armen und älteren Leute als sogenannte ‚Mobilitätsverlierer' bezeichnet.

Die Erwartung wird unterschwellig von der moralischen Erwartung an die Kirche begleitet, dass deren Handeln vor allem von den Benachteiligten auszugehen und zugunsten der Benachteiligten auszufallen habe.

Die Erwartung, alten Leuten könne durch einen Fahrservice die Teilnahme am Gottesdienst an entfernteren Kirchorten ermöglicht werden, kommentiert bereits eine in Hinblick auf die ‚Mobilitätsverlierer' getroffene Leitungsentscheidung.

> „Ich weiß von drüben, die andere, die evangelische Kirche, die haben das schon gemacht, die haben aber auch ein Auto, ich weiß nicht, ist das so ein Sieben- oder Neunsitzer oder was, da werden auch schon mal alte Leute, die nicht mehr so weit laufen können, werden dann dahin gefahren und wieder nach Hause gebracht, aber es ist umständlicher.“ (ID 831, zu 2.2)

Die Entscheidung, einen Fahrservice einzurichten, der es erlaubt, dass die immobilen Pfarrgemeindemitglieder weiter entfernt den Gottesdienst mitfeiern können, wird eine konstruktive Maßnahme für den Fall angesehen, dass vor Ort kein Gottesdienst stattfinden kann.

Wenn Kirche und kirchliche Ansprechpartner nicht mehr ohne weiteres zu erreichen sind, könnte sich dies nicht nur praktisch, sondern auch psychisch negativ auswirken. So wird davon ausgegangen, dass nicht erst Schwellenängste überwunden werden müssten, wenn die Kirche vor Ort bliebe.

> „Der Vorteil ist sicher der, dass viele Leute nicht erst Schwellenängste überwinden müssen, bevor sie zu jemandem durchdringen mit ihrem Anliegen.“ (ID 1357, zu 4.1)

Zugleich wird der Erwartung Ausdruck verliehen, dass, wenn ein kirchlicher Ansprechpartner nicht mehr unmittelbar erreichbar sei, Schwellenängste aufgebaut werden könnten. Diese scheinen jedoch nicht unüberwindbar:

> „Wobei ich auch sagen muss, wenn jemand wirklich an der Kirche interessiert ist, und wenn er dahin gehen möchte, weil er ein Problem hat, dann würde er auch einen anderen Weg finden, so jemanden aufzusuchen, wenn er nicht sofort vor Ort ist.“ (ID 619, zu 4.1)

Unstrittig wird vorausgesetzt, dass es aufwändiger ist, jemanden aufzusuchen, der nicht ‚vor Ort‘ ist. So scheint es konsequent, dass die Gewährleistung dieser Erreichbarkeit als signifikanter Vorteil des Gemeindeleitungsmodells nach c. 517 § 2 CIC angesehen wird.

> „Und der große Vorteil ist, es ist halt ein Ansprechpartner vor Ort.“ (ID 2517, zu 3.4)

Wenn Sebastian Schneider über das ähnlich strukturierte Gemeindeleitungsmodell in der Diözese Linz schreibt: „Die Bedeutung der Leitungsmodelle liegt in der Ortsbezogenheit der Pastoral“[208], trifft er den Nagel auf den Kopf.

Der Abschnitt ‚Kirche vor Ort‘ kann nicht abgeschlossen werden, ohne einen Blick darauf geworfen zu haben, wonach sich der Ort der Kirche orientiert. Das

[208] S. Schneider, „Stolz auf die tollen Leute in der Kirche“, in: Udeani, u. a., Kirche im Nahbereich, S. 245-253, hier S. 248.

ist keineswegs beliebig. Primärer kirchlicher Kommunikationsraum scheint nämlich nach wie vor der Wohnort zu sein. Jedenfalls wird nicht erwartet, dass die Kirche am Arbeitsort präsent sei.

> „Das sieht man ja an dem Herrn [Familienname], der arbeitet ja, glaube ich, in [Stadtname] [ja das ist ein anderes Beispiel, Interviewer], der pendelt ja, das ist ja eigentlich jemand, der wirklich quasi nur zum Schlafen hier ist, aber er ist auch super aktiv in Gemeinde und macht viel, also das ist halt jetzt hier so ein Beispiel, er wird jetzt in [Stadtname], wo er arbeitet, nicht irgendwie kirchlich aktiv sein." (ID 1104, zu 4.3)

Dieses Zitat stellt mit der formulierten Erwartung, auch wenn Pfarrgemeindemitglieder außerhalb ihres Wohnortes arbeiteten, fände ihr kirchliches Leben am Wohn- und nicht am Arbeitsort statt, Grundannahmen einer lebensraumorientierten Pastoral als nicht den Erwartungen der Gläubigen entsprechend in Frage. Zwar geht der heutige Lebensraum – verstanden als Kommunikationsraum – weit über den sozialen Nahraum hinaus, jedoch ist damit noch keineswegs erwiesen, dass auch die Erwartung an den kirchlichen Kommunikationsraum sich entsprechend verändert hat. Dass dies nicht der Fall zu sein scheint, könnte einerseits die Krise der wohnortorientierten Pastoral anzeigen, andererseits aber auch auf einen Webfehler der lebensraumorientierten Pastoral hinweisen. Die Position impliziert die hypothetische Annahme, dass, wenn kirchliche Pastoral nicht mehr im sozialen Nahraum stattfinden kann oder stattfindet, sie im Bewusstsein vieler Christen wahrscheinlich nicht mehr stattfindet.

3.1.1.3 Pastorale Räume

Aus pastoralen Gründen sowie als Reaktion auf den personellen und den – strukturell bedingt – befürchteten Finanzmangel in der Kirche begründen einige deutschsprachige Diözesen seit einiger Zeit ‚Pastorale Räume . So geschieht dies derzeit – trotz konjunkturbedingt sprudelnder Kirchensteuereinnahmen – auch im Bistum Limburg. Als pastoralen Raum bezeichnet man dort einen Zusammenschluss selbstständiger Pfarrgemeinden in einem vom Bischof festgelegten Territorium mit dem Ziel „einer gesellschaftsbezogenen und kooperativen Pastoral gemäß c. 374 § 2 CIC."[209] Der Pastorale Raum wird von einem ‚Priesterlichen Leiter' „kraft seiner Weihe und seiner Beauftragung durch den Bischof [geführt]. Entsprechend der Situation des Pastoralen Raumes stehen dem Priesterlichen Leiter [dabei] Priester, Diakone, Pastoralreferenten und Gemeindereferenten als

[209] Amtsblatt Limburg 2006, S. 275.

pastorale Mitarbeiter zur Seite."[210] Als synodales Gremium des Pastoralen Raums wird ein sogenannter ‚Pastoralausschuss' konstituiert.[211]

Diese neue pastorale Struktur konkurriert im Bistum Limburg mit der Organisation der Pastoral nach c. 517 § 2 CIC. Sie wird mit soziologischen Erkenntnissen zur Veränderung des Lebensraums des postmodernen Menschen und zudem den Einsichten der Sinus-Studie zur Veränderung und Herausbildung neuer sozialer Milieus begründet.[212] In den pastoralen Räumen soll das Konzept einer lebensraumorientierten Pastoral verfolgt werden. Einer ihrer Vordenker ist neben Bischof Franz-Peter Tebartz-van Elst der Freiburger Religionssoziologe Michael N. Ebertz. Er geht davon aus, dass „eine ‚lebensraumorientierte Pastoral' [...] nicht einfach eine Pastoral sein [wird], die sich vorwiegend auf überlokale Lebensrauminseln begibt; sie wird vielmehr durch das Bemühen getragen sein, sich auf die tatsächlichen – auch lokalen – Lebensrauminseln zu begeben und dabei Einseitigkeiten – etwa die Bevorzugung des sozialen Nahraums oder die Bevorzugung des parochialen kirchlichen Organisationsraums, der offensichtlich nur noch eine Lebensrauminsel für bestimmte soziale Milieus geworden ist – konsequent zu vermeiden."[213] Die soziologische Begründung des Konzepts einer lebensraumorientierten Seelsorge setzt er dann präzisierend fort: „Eine lebensraumorientierte Pastoral [wird ...] versuchen, differenzierte attraktive Orte zu schaffen, die zu Lebensrauminseln bestimmter Menschen werden können. Hierzu bedarf es einerseits eines sozialwissenschaftlichen, adressatenbezogenen Wissens, auf welchen Lebensrauminseln sich welche Menschen – welcher Milieus – typischerweise aufhalten."[214]

Nun kann es durchaus als problematisch angesehen werden, wenn aus soziologischen Erkenntnissen zur Veränderung der Lebensräume der Menschen ohne Weiteres pastoraltheologische Schlussfolgerungen in Richtung einer lebensraumorientierten Pastoral gezogen werden. Der notwendig zu unternehmende Zwischenschritt wird durch die oben bereits gestellte Frage angezeigt, nämlich, ob veränderte Lebensräume auch veränderte Erwartungen der Gläubigen an die Pastoral nach sich ziehen. Erst wenn das der Fall wäre, fände die radikale Neuausrichtung pastoraler Strukturen auch einen Widerhall in den Herzen der Gläubigen.

210 Amtsblatt Limburg 2006, S. 275 f.

211 Vgl. Amtsblatt Limburg 2006, S. 275 f.

212 Vgl. Ebertz, Husting (Hgg.), Hinaus ins Weite; ferner: M. N. Ebertz, B. Wunder (Hgg.), Milieupraxis. Vom Sehen zum Handeln in der pastoralen Arbeit, Würzburg 2009.

213 M. N. Ebertz, P.-O. Ullrich, Lebensraum, sozialer Nahraum und Organisationsraum, in: M. N. Ebertz, O. Fuchs, D. Sattler (Hgg.), Lernen, wo die Menschen sind. Wege lebensraumorientierter Seelsorge, Mainz 2005, S. 121-145, hier S. 144.

214 Ebd., S. 145.

Die Skepsis bei unseren Interviewpartnern gegenüber der Spezialisierung der Pastoral gemäß der Lebensräume, die Ebertz in seinem Konzept empfiehlt und die den von den Erwartungen unserer Interviewpartner bestimmten Erkenntnissen dieser Studie nach einer methodischen Erneuerung der wohnortnahen Pastoral im Sinne der präsentischen Herangehensweise widerspricht, zeigte sich indirekt bereits in den Aussagen unter dem Punkt ‚Kirche vor Ort'. Direkt tritt sie in Erscheinung, wenn die Befragten nach ihre Meinung zur lebensraumorientierten Seelsorge als Alternative zur derzeitigen Pastoralstruktur befragt werden. Auf der Basis der Einsicht, dass die konzeptionelle Perspektive der lebensraumorientierten Pastoral dem Wert der für alle offenen Gemeinde widerstreitet, wird eine in ihren Auswirkungen strukturkonservative Erwartung formuliert:

> „Wenn man das so hört im ersten Moment auch gut, super. Zeitgeist wunderbar. Aber ich denke, das ist nicht Kirche und das ist nicht Gemeinde, weil wir, wir grenzen uns immer mehr voneinander ab. Wir bilden Gruppen für und gegeneinander und ich denke, dass das Gute einer Kirchengemeinde ist und war bisher, dass alle Menschen zusammen sind. Dass es Konservative, Moderne und dementsprechend auch dementsprechend die Gottesdienste auch verlaufen, dass, dass man sich immer wieder gemeinsam findet und das finde ich gerade das, das Wesentliche und Wichtige." (ID 2468, zu 4.3)

Die benannte Erwartung lautet, Pastoral habe die Aufgabe, jedweden Ab- und Ausgrenzungen zu widerstehen und sich zu bemühen, alle gesellschaftlichen Milieus zu integrieren.

Der Gedanke, dass die Kirche adäquat auf den Individualismus des postmodernen Menschen in der westlichen Welt – er verursacht unvermeidlich eine Auffächerung klassischer Milieus – reagiert, ist modern, insofern er von der Absicht getragen wird, die Pastoral so zu organisieren, dass sich von ihr nicht nur etwa das konservative, traditionsverwurzelte oder bürgerliche Milieu, die sich durch eine starke Ortsverbundenheit auszeichnen, angesprochen fühlt, sondern auch beispielsweise die Milieus der Postmateriellen, Modernen Performer oder Experimentalisten, denen eine größere Mobilität und individuellere religiöse Ansprüche eigen sind.[215] Diese Absicht wird in dem Statement skeptisch beurteilt. Das Prinzip der offenen Gemeinde erscheint hier nach wie vor Geltung zu beanspruchen, auch wenn eine diesem Prinzip verpflichtete Gemeindepastoral gegenwärtig nur noch einen Teil der gesellschaftlichen Milieus erreicht. Eine – sich ebenfalls auf das Prinzip der Nähe zu den Menschen berufende – flächendeckende milieu- bzw. funktionsspezifische lebensraumorientierte Pastoral wird in den Interviews wegen ihrer mangelnden Integrationskraft kritisiert.

[215] Vgl. Medien-Dienstleistung GmbH, Kath. Sozialethische Arbeitsstelle, Orientierungen.

Die strukturelle Offenheit der Pfarrgemeinde für alle Generationen wird demgegenüber als Vorteil angesehen:

> „Ich finde es gut, wenn man mit Älteren zusammen ist, weil mit denen kann man sich dann immer noch austauschen, weil sie sehen das Leben von einer ganz anderen Sichtweise aus." (ID 3257, zu 4.3)

> „Dieses Übergreifende und dieses Miteinander lernen auch, also ich denke, dass zum Beispiel g'rade auch heute die Kinder sehr häufig auch durch ihre Großeltern lernen gerade, was Glaube betrifft. Und das würde ganz wegfallen." (ID 2469, zu 4.3)

Die Erwartung richtet sich darauf, dass die intergenerative Offenheit für die Weitergabe des Glaubens unverzichtbar sei. Einer rein zielgruppenorientierten Pastoral wird die Bewältigung dieser Aufgabe nicht zugetraut. Im Zentrum des Verhältnisses zwischen den Generationen in der Pfarrgemeinde steht der Aspekt des Lernens. Ihm wird mehr Gewicht zugemessen als einer milieu- bzw. funktionsspezifischen lebensraumorientierten Seelsorge, die durch Zielgruppenorientierung versucht, die christliche Botschaft den Menschen nahe zu bringen. Das, was durch die fortschreitende gesellschaftliche Individualisierung vielfach verlorengegangen ist, der Zusammenhalt zwischen den Generationen, erhält einen neuen Wert.

Dabei wird keineswegs die Problematik der für alle Generationen offenen Gemeinde übersehen, auch tatsächlich alle Generationen zu erreichen. Gerade für Jugendliche wird es eher als typisch angesehen, dass sie der Erwartung, eine für alle offenen Gemeinde sei für sie attraktiv, nicht entsprächen.

> „Der eine Punkt mit der Jugend hier, was wir gemeinsam, es gibt ja viele Jugendliche, die gehen ja wirklich nicht mehr in die Kirche". (ID 2694, zu 4.3)

Reagiert wird auf diese Situation mit der Forderung, auf Jugendliche zuzugehen und sie anzusprechen, ihnen etwas anzubieten:

> „Stimmt, Jugendliche werden eigentlich nicht so angesprochen. Da haben wir im Moment gar nichts. Da gibt es Kinder und dann eher Erwachsene. Stimmt für junge Erwachsene wie mich gibt es eigentlich auch nicht so viel, aber ich mache überall mit und dann fällt es nicht auf. [...] Aber man könnte versuchen, da etwas anzubieten, denke ich." (ID 2089, zu 5.4)

Bei der Konkretisierung, wie attraktive pastorale Angebote für Jugendliche aussehen könnten, kristallisierte sich heraus, dass für Jugendliche die eigene Gemeinde unattraktiv ist, es aber für sie mit zu viel Aufwand verbunden sein könnte, sich in einer zentral gelegenen Jugendkirche zu treffen:

> „Wenn ich mir anschaue, wie das Interesse an Kirche hier in der Gemeinde ist. Jugendliche sind hier wenig. Und ich wüsste jetzt nicht, ob diese Jugendlichen, ich sag's jetzt einfach mal von hier aus bis nach der Innenstadt fahren, um da in 'ne Jugendkirche zu kommen. Das glaub' ich jetzt nicht, auch wenn jetzt sagen wir mal in [Stadtname] jetzt 'ne Kirche wär', wo da zig Interessenten wären, ich weiß jetzt nicht, ob sich da so viele auf den Weg machen." (ID 3298, zu 4.3)

Unser Interviewpartner befürchtet, dass vermutlich nur wenige Jugendliche Angebote wie die einer Jugendkirche in Städten wahrnehmen würden.

Einer der Gründe für diese Skepsis gegenüber einer lebensraumorientierten Pastoral im Pastoralen Raum mag die konzeptionell bestimmte Erwartung einer für alle offenen Gemeinde sein, in der die Generationen sich begegnen und voneinander lernen sollen. Ein zweiter, praktischer Grund könnte die zu überwindende Entfernung sein. Jugendliche, die noch keinen Führerschein besitzen, gehören zu den im Hinblick auf die Mobilität Benachteiligten. Wollen sie überörtliche Events von Musikveranstaltern, Schulen, Vereinen oder der Kirche besuchen, sind sie auf die Fahrdienste, meistens der Eltern, angewiesen. Benannt sind damit zwei Gründe, die dafür sprechen könnten, Jugendpastoral wohnortnah auszurichten.

In den Interviews hat sich jedoch auch gezeigt, dass eine Lebensraumorientierung als Ergänzung zur Gemeindepastoral sinnvoll sein könnte. Dies gilt zum einen mit Bezug auf die Entgrenzung des Lebensraumes

> „Habe ich noch nicht drüber nachgedacht, aber find' ich nicht schlecht, weil ich merk' das auch bei mir. Ich bin in [Stadtname] und bin nur zum Schlafen hier, sonst ist mein ganzes Leben in [Stadtname], weil ich studiere da und die meisten Freunde sind da und das wäre, glaube ich, nicht schlecht, ja, also wenn der die Kirche muss ja auch mit der Zeit gehen. Und wie sie ja sagen, dass, dass unser Umfeld sich halt erweitert." (ID 1717, zu 4.3)

und zum anderen hinsichtlich eines ergänzenden spezifischen pastoralen Angebots:

> „Ja, ich gehe häufig mal nach [Pfarrgemeindename] in [Stadtname] und das ist – sagen wir so – ein geistliches Zentrum für oder geistliches Zentrum ja, weil einfach da hat man das Gefühl, das ja das ist 'ne sehr schöne Atmosphäre. Und ja und dann kann ich mir vorstellen, dass es eben Räume gibt oder 'ne Kirche oder 'ne Umgebung gibt für Jugendliche, was anderes wird ja versucht, sagen wir mal, auch für, für Trauernde, für Frauen speziell irgendwelche extra Dinge zu, zu klären. Klar aber das kann's meines Erachtens alleine nicht sein. Ja, das, das sind zusätzliche Angebote ja, aber alleine denk ich, ist das nicht ausreichend." (ID 3202, zu 4.3)

Gerechnet werden darf also wahrscheinlich mit einer Offenheit für lebensraumorientierte pastorale Angebote. Das entspricht dem Selbstverständnis der offenen

Gemeinde. Von der experimentellen Praxis wird erwartet, dass sie deutlich werden lasse, ob diese Angebote sich bewähren:

> „Ich kenne das auch im eigenen Bistum, das, das versucht wird, Jugendkirchen zu installieren und es wurde ja in der Gemeinde bereits gemacht. Sich da auf den Weg zu machen oder in [Stadtname], wo es mehr um Spiritualität geht, um spirituelle Angebote. Oder eine Kirche, wo es um Trauerarbeit geht, soweit ich da informiert bin. [...] In [Stadtname] dieser [Name einer kirchlichen Initiative], den es da gibt oder besondere Angebote, das sollte man durchaus ausprobieren." (ID 1897, zu 4.3)

Dass eine große Anzahl unserer Interviewpartner sich offen für eine Einführung dieses neuen Konzepts ad experimentum zeigt, ist ein Indiz für die ‚pastorale Beweglichkeit' der Interviewten. Tendenzen einer gewohnheitsverhafteten Beharrung können an diesem Punkt nicht konstatiert werden. Vielmehr trifft man auf eine differenzierte pastorale Reflexion, die die Kontexte mit einbezieht. So wird vorgebracht, das Gelingen von Zielgruppen- und Lebensraumorientierung in der Pastoral sei im städtischen Kontext erwartbar; im ländlichen Bereich sei eine solche Orientierung in der Pastoral weniger sinnvoll.

> „Das ist ja auch was, was teilweise bei uns im Bistum versucht wird. Die Jugendkirche oder die Trauerkirche oder so was. Ja. Dass das vielleicht in der Stadt, das so was funktioniert, aber das kann ich mir, das halt ich nicht für sinnvoll." (ID 2382, zu 4.3)

Erwartet wird damit nicht weniger als ein differenziertes Konzept pastoraler Strukturen oder vielleicht sogar eine Pluralität von Pastoralkonzepten, die unter Beachtung der lokalen Kontexte entwickelt werden müssten.

Zudem wird darauf aufmerksam gemacht, dass sich eine Kooperation zwischen Gemeinden, d. h. die Neuorientierung der Pastoral und die Erweiterung des pastoralen Raumes über den Organisationsraum der Pfarrgemeinde hinaus Zeit brauche.

> „Wir sind ja jetzt auch zusammen hier eine GdG [Gemeinschaft der Gemeinden] in [Stadtname] mit anderen Gemeinden. Da entwickelt sich jetzt mehr. Seit fast vier Jahren sind wir ja jetzt auf diesem Weg. Und seit eineinhalb Jahren haben wir den GdG-Vertrag. Da war vorher im Grunde gar nichts. Da war hier auch zu [Pfarrgemeindename] runter in die andere Richtung war eigentlich kaum eine Zusammenarbeit. Jetzt durch die GdG sind wir durch alle Gemeinden gezogen, die Messdiener treffen sich jetzt einmal im Jahr jetzt regelmäßig, die Pfadfinder treffen sich mit anderen Stämmen. Veranstaltungen werden jetzt gegenseitig viel mehr publik gemacht und dadurch auch stärker besucht von anderen Gemeindemitgliedern." (ID 542, zu 9)

Die Aussage erwartet das Gelingen der Pastoral nicht als Resultat eines Paradigmenwechsels, sondern als Resultat eines Entwicklungs- und Wachstumsprozesses, der an das Bestehende anknüpft. Ein organisches Verständnis der Gemeindepastoral steht hierbei ebenso Pate wie die Vorstellung, dass die Gemeindepastoral Potential für übergemeindliche Kooperationen besitze. Zugleich wird dem von außen mit einem gewissen Nachdruck gegebenen Impuls für die Errichtung Pastoraler Räume die Bedeutung beigemessen, die Kooperation zwischen den Pfarrgemeinden angeregt zu haben. Er habe dazu geführt, über die territorialen Grenzen der eigenen Pfarrgemeinde hinaus zu denken, und ein daraus zu erfolgendes Handeln verbindlich zu aktivieren. Diese Bereicherung wird aber aus der elementaren Perspektive der ‚Kirche vor Ort' betrachtet, eben als ein ‚Mehr', nicht als ein ‚Anstatt'. Die Erfahrungen und Einsichten der anderen Pfarrgemeinden des Pastoralen Raums gelten als Lernort, von dem die eigene Pfarrgemeinde profitieren könnte. Die Stoßrichtung ist demzufolge die Konsolidierung der eigenen Pfarrgemeinde und nicht deren langfristig vielleicht geplante Aufhebung.

Was ebenfalls für die Bedeutung der Erhaltung der eigenen Pfarrgemeinde innerhalb des Pastoralen Raums spricht, wird in Anbetracht der pastoralen Felder deutlich, auf denen primär die Kooperation stattfindet. Das sind sämtliche Formen der Gruppenarbeit, der Katechese und Pfarrgemeindefahrten. Wenn es jedoch um gemeinsame Gottesdienste geht oder um den Bereich der Kasualien, hört oftmals die Kooperationsbereitschaft auf; vielleicht, weil damit die Existenz der eigenen Pfarrgemeinde in Frage gestellt würde.

3.1.1.4 Fusionen

Eine Zusammenlegung von Pfarrgemeinden sehen viele unserer Interviewpartner primär als Verlust an. Sie erwarten, dass sich eine solche Zusammenlegung nachteilig für sie auswirken könnte und bedauern diese deshalb:

> „Es ist sicher für viele Pfarren schade, wenn sie ja in der Stadt gibt's ja in [Stadtname] einige, die zusammengelegt werden." (ID 651, zu 2.1/2)

Problematisch erscheint eine Fusion deshalb, weil keine Vorteile gesehen werden, die für sie sprechen könnten:

> „Da wüsste ich im Moment keine Vorteile." (ID 830, zu 2.1)

Formuliert die erste Erwartung direkt die Nachteile, die für die Pfarrgemeinden durch deren Fusion ausgelöst wird, hält die zweite Erwartung fest, Fusionen von Pfarrgemeinden hätten keine Vorteile. In beiden Aussagen werden keine positiven Aspekte einer Fusion gesehen. Dies steht im Kontrast zu Begründungen für Fusionen, in denen beispielsweise positive Synergieeffekte benannt werden. Das Argument der Synergieeffekte wird von Vertretern der Wirtschaft wie der Kirche bemüht, wenn es darum geht, Fusionen als Gewinn „zu verkaufen". Sie sollen ein ‚Gewinn' sein. ‚Gewinn' ist jedoch eine ökonomische Kategorie. Die Wahl des Begriffs könnte deshalb als Hinweis auf ein eher wirtschaftlich als pastoral orientiertes Denken verstanden werden.

Ein großer Teil unserer Interviewpartner ist der Meinung, dass Fusionen einer ökonomischen Denkweise, die von außen an die Kirche herangetragen worden sei, entspringen und nur in der ökonomischen Perspektive ihre Vorteile entfalten könnten:

> „Dadurch werden ja dann auch Gelder gespart, das ist ja auch mit einer der Gründe, oder ich glaub' auch der Grund, dass diese ganzen Gemeinden zusammengelegt werden sollen." (ID 1198, zu 4.2)

Implizit wird die Erwartung formuliert, die Strukturplanung möge sich nicht an äußeren Kriterien orientieren, sondern an den pastoralen Erfordernissen. Pastoraltheologische Begründungen für die Fusion von Pfarrgemeinden sind meist sekundär.

Gegen die Absicht Kosten zu sparen, werden keine Bedenken vorgetragen. In diesem Sinn äußern sich einige Interviewpartner:

> „Da ich im Grunde so eine Fusion, wie sie jetzt angedacht ist, auch hier in dem Bereich, ich weiß nicht, was, was dagegen sprechen könnte". (ID 782, zu 2.2)

Von einer Fusion wird eine Effizienzsteigerung und Kostenersparnis im Verwaltungsbereich erwartet. Die wirtschaftliche Betrachtungsweise ist nachvollziehbar, da die Forderung, auch die Kirche müsse ökonomisch handeln, ohne weiteres plausibel ist. Dennoch hat eine vor Ort ansässige Verwaltung auch eine pastorale Dimension. Der Gang zum Pfarrbüro bietet eine niedrigschwellige Möglichkeit, mit der Pfarrsekretärin und anderen kirchlichen Mitarbeitern ins Gespräch zu kommen. Nicht selten ergeben sich aus einem reinen Verwaltungsgang weitere Kontakte, informell, ohne großen Aufwand oder pastorale Programme, die aktiv die Beziehung zu den Gläubigen zu verbessern vermögen.

Daneben werden Fusionen mit der Erwartung behaftet, dass durch sie die Pfarrgemeinde wieder einen eigenen Seelsorger erhalte:

> „Dafür spricht im Grunde genommen [...], dass die Mitglieder einer Gemeinde, oder mehrerer Gemeinden, die dann zu einer Gemeinde zusammengefügt werden, fusioniert werden, wieder einen für sie zuständigen Seelsorger haben." (ID 409, zu 2.1)

Die Kehrseite der Erwartung bildet die Erfahrung, sich mit anderen Pfarrgemeinden einen Seelsorger, gemeint ist mit dem Begriff hier der Pfarrer, teilen zu müssen bzw. die Erfahrung des häufigen Wechsels im Amt des Pfarrers oder auch, dass der Seelsorger nicht in der Gemeinde wohnt.

Zudem erfährt der kirchenrechtliche Grundsatz, dass jede Pfarrgemeinde einen eigenen Pfarrer haben soll, eine Bestätigung bei unseren Interviewpartnern. Dass der Wunsch nach einem eigenen Seelsorger größer ist als die mit der Fusion von Pfarrgemeinden verbundenen Befürchtungen, verdeutlicht noch einmal die Bedeutung des eigenen und in der Pfarrgemeinde wohnenden Pfarrers für die Mitglieder einer Pfarrgemeinde. Die Idee der organischen Zusammengehörigkeit von Pfarrgemeinde und Pfarrer scheint diese Erwartung zu bestimmen. Wird diese Erwartung und auch die Erwartung nach der ‚Kirche vor Ort ernst genommen, wäre über andere Wege zur Behebung des Pfarrermangels als durch Zusammenlegung von Pfarrgemeinden nachzudenken.

Als weiteres Motiv, Fusionen zu befürworten, taucht in den Interviews die Größe der Pfarrgemeinden auf:

> „Wenn jetzt zwei kleine Gemeinden, sagen wir mal als Beispiel hier in [Stadtname], könnte man das machen." (ID 246, zu 2.2)

Die Quantität der Pfarrgemeindemitglieder steht als Kriterium für die mögliche Fusion von Pfarrgemeinden dem qualitativen theologischen Kriterium der „Lebendigkeit" einer Pfarrgemeinde für deren Eigenständigkeit gegenüber. Im Urteil unseres Interviewpartners macht ab einer gewissen Anzahl an Pfarrgemeindemitgliedern der Erhalt einer Pfarrgemeinde theologisch, administrativ und wirtschaftlich wenig Sinn. Problematisch wird es allerdings dann, wenn zwar kleine, aber durchaus „lebendige" Pfarrgemeinden fusionieren sollen, vor allem, wenn dies gegen den Willen der Gläubigen, oder ohne ihre Zustimmung erfragt zu haben, geschieht. Diese Interpretation kann sich auf die folgende Aussage berufen, die die Erwartung vieler unserer Interviewpartner enthält, kleine Pfarrgemeinden, die aktiv seien, sollten nicht fusioniert werden.

> „Oft sind dann auch kleine Gemeinden aktiver als größere Gemeinden. Dass man je nach Fall vor Ort gucken muss, ob eine Gemeinde praktisch noch lebendig ist. [Gehört eine gewisse Größe der Gemeinde zur Lebendigkeit?, Interviewer] Das würde ich nicht nur unbedingt an der Größe festmachen." (ID 1941, zu 4.2)

Dabei kann nicht verschwiegen werden, dass von Fusionen - auch von ‚lebendigen' Gemeinden - im innerstädtischen Kontext ein pastoraler Mehrwert im Sinn einer Optionserweiterung erwartet wird:

> „Dafür spricht, wir haben hier zum Beispiel Innenstadtgemeinden [...] Da ist es sicher gut, wenn die sich mit anderen Gemeinden zusammenschließen, um auch mehr Möglichkeiten zu haben". (ID 493, zu 2.1)

In diesem Fall soll, so die Erwartung, es jedoch der Gemeinde überlassen bleiben, den Prozess zu bestimmen: Die Gemeinde soll also Subjekt des Handelns sein, und nicht Objekt, an dem gehandelt wird.

> „Aber ich würde da eher dafür plädieren, also dass, solche Prozesse [Fusionen] gut zu begleiten, aber dann wesentlich der Gemeinde zu überlassen, was passiert." (ID 159, zu 4.2)

Es fällt auf, dass eine Fusion hier als Prozess und nicht als Rechtsakt verstanden wird. Der begleitete Prozess soll ergebnisoffen angegangen werden. Deutlich tritt hier die Erwartung zu Tage, die Pfarrgemeinde solle letztlich über eine Fusion oder den Erhalt der Eigenständigkeit selbst entscheiden. Im Hintergrund steht wieder die Idee einer organischen Entwicklung. So verbinden sich positive Erwartungen nur dann mit Fusionsprozessen, wenn die Gemeinde als organisches Gebilde gesehen wird. Fusionen, die sich lediglich einem ökonomischen Kalkül verdanken und nur als Rechtsakt gesetzt werden, könnten eher misslingen als solche, die sich einer organischen Entwicklung verdanken.

3.1.1.5 Größe der Pfarrgemeinde

Die Pfarrgemeinden, in denen die Interviews durchgeführt worden sind, sind unterschiedlich groß. Sie umfassten im Bistum Aachen zwischen 3900 und 1800 Katholiken. Die Frage, wie groß hinsichtlich der Anzahl ihrer Mitglieder eine Pfarrgemeinde sein soll, hat durch die Fusionspraxis in vielen Bistümern an Bedeutung gewonnen. Vor allem das Bistum Essen, in dem die neuen Pfarreien zwanzigtausend Katholiken und mehr umfassen, hat Anlass zur öffentlichen Diskussion gegeben. Dabei sind höchst unterschiedliche Vorstellungen zu Tage getreten. Eine dem Benefizialsystem verhaftete – eine Pfarrei muss ihren Pfarrer ernähren und das Kirchengebäude unterhalten können – und bis in die Gegenwart weit verbreitete Ansicht geht davon aus, sie soll nicht weniger als 1500 und nicht mehr als 5000 Pfarrgemeindemitglieder umfassen.[216]

Die Erwartungen unserer Interviewpartner an die Größe einer Pfarrgemeinde orientieren sich nicht mehr am durch die Einführung der Diözesankirchensteuer weitgehend obsolet gewordenen und kirchenrechtlich auch nicht mehr gewollten Benefizialsystem.[217] Im Bewusstsein der Gläubigen ist die pastorale Perspektive vorherrschend:

[216] Vgl. H. Svoboda, Großstadtseelsorge. Eine pastoraltheologische Studie, Regensburg 1909, S. 315-317.

[217] Vgl. c. 1272 CIC.

> „Ich denk' immer an die eine, ich vergess' bloß immer, welche der Stellen das ist. Eine der späteren, wenn Jesus bei der Brotvermehrung sagt, setzt euch in Gruppen zu 50 zusammen. Vielleicht ist es auch schon die erste Reflexion darauf, wenn man zu groß wird." (ID 2868, zu 4.2)

Pastoral wirksames Handeln, so die Erwartung, erfordere überschaubare Gruppen. „Zu groß", so wird man interpretieren müssen, wird eine Gruppe, wenn sie nicht mehr überschaubar ist. Dann muss die Überschaubarkeit durch eine Untergliederung hergestellt werden.

Die Überschaubarkeit ist der Grund, warum zahlenmäßig kleine Pfarrgemeinden bevorzugt werden. Die Erwartung lautet, dass es in einer Pfarrgemeinde nicht anonym zugehen soll:

> „Was gut läuft, ja ich kann das nur sehen, ich kann nur sehen, es klappt und klar Probleme tauchen natürlich auch auf, aber so an sich, was gut läuft, ich glaube, weil wir 'ne recht kleine Gemeinde sind und eigentlich fast jeder sich kennt und auch so privat ist das". (ID 1741, zu 9.1)

> „Wenn also nur noch eine Kirche für viele Tausende, Zehn-, Fünfzehntausende da wäre, oder Zwanzigtausende da wäre, dann wird es so anonym." (ID 23, zu 2.2)

Die Anonymitätsgrade werden mit der Größe der Pfarrgemeinden korreliert. In kleinen Gemeinden kenne man sich und in zu großen Pfarrgemeinden werde es anonym.

Anonymität und Beziehung bilden die beiden entgegengesetzten Pole. Unsere Interviewpartner erwarten von der Pfarrgemeinde, dass sich die Gemeindemitglieder kennen. Das ist mehr, als nur miteinander Gottesdienst zu feiern oder zu einzelnen kirchlichen Aktivitäten zusammen zu kommen. Ihre Erwartung tendiert in die Richtung, die Pfarrgemeinde als eine Gemeinschaft zu verstehen, in der man sich kennt.

Im Vergleich mit dem Tenor der Erwartungen überrascht zunächst, dass eine größere Gruppe von Befragten die untere Grenze für die Größe einer Pfarrgemeinde durch die Funktionsfähigkeit der Gruppen in der Pfarrgemeinde beschreibt. Das Kriterium ist jedoch unverändert ein pastorales:

> „Ich denke, dass das Leben der Pfarrgemeinde dann schon Schaden nimmt. Man kann sicher nicht mehr alle Grundvollzüge von Kirche und kirchlichem Leben vor Ort erfahrbar machen oder auch nur aufrecht erhalten. Also man merkt dann schon an vielen Stellen, dass eine zu klein organisierte Gemeinde es schwer hat im Überleben. Also dann haben sie keine Messdiener mehr oder der Kirchenchor besteht nur aus fünf Personen. Es gibt schon gar keinen Kirchenchor mehr, oder oder die Gottesdienstgemeinde besteht aus zwanzig oder dreißig Leutchen, die dann noch kommen und von denen sind 85 % über 80 oder

> ähnliche Dinge. Ich denke, das macht sich dann schon bemerkbar.“ (ID 1358, zu 4.2)

Reflektiert wird in diesem Zitat auf die erwartbaren konkreten Nachteile, wenn der Organisationsraum der Pastoral, dieser ist die Pfarrgemeinde, kleinteilig strukturiert ist.

Diese Sichtweise, die anfangs angesichts der sehr profilierten Erwartung, die Kirche solle vor Ort präsent sein, auf den ersten Blick befremdlich erscheint, fügt sich jedoch in die Grundrichtung der Deutung ein. Denn wie die Erwartung erkennen lässt, werden die Auflösungserscheinungen einer Pfarrgemeinde beschrieben, die zahlenmäßig so klein ist, dass das qualitative Kriterium zum Erhalt der Selbstständigkeit einer Pfarrgemeinde, ihre Lebendigkeit, nicht mehr erfüllt werden kann.

Neben dem Kriterium der Größe und Lebendigkeit spielt das Kriterium der Öffentlichkeit für die Institution der Pfarrgemeinde eine Rolle. Auf eine nicht zu unterschätzende Gefahr, gegen die die Pfarrgemeinden – meistens, aber nicht ausschließlich, zahlenmäßig kleine – kontinuierlich ankämpfen müssen, nämlich die Tendenz, zu privatisieren, geht die folgende Aussage ein. Mit ihr wird implizit die Öffentlichkeit der Pfarrgemeinde zur Forderung erhoben:

> „Ja, ja. Wenn sie zu klein sind, gibt’s ’ne Wohnzimmerkirche. Da sieht’s im Gemeindehaus genauso aus wie zu Hause im Wohnzimmer, es ist nicht mehr repräsentativ für ein bestimmtes Gebiet. Wenn die Gemeinde zu klein wird, werden, dann ist auch die Administration, Pfarrbüro und synodale Gremien, eigentlich nicht mehr insofern nicht mehr sinnvoll, weil sie nicht mehr die Weite einer, einer, einer Gemeinde erleben können auf Grund ihrer, ihrer Größe.“ (ID 2424, zu 4.2)

Eine Pfarrgemeinde soll eine öffentliche Institutionen sein und öffentliche Versammlungsorte bieten. Eine ‚Privatkirche‘ wird als eine wenig sinnvolle Perspektive angesehen.

An den Schluss der Interpretation der Aussagen unserer Interviewpartner zum Thema ‚Größe der Pfarrgemeinde‘ soll eine interessante Einzelaussage gestellt werden, die die Notwendigkeit der Gremien in einer Pfarrgemeinde hinterfragt. Sie ist ebenfalls pastoral motiviert:

> „Eine Pfarrgemeinde kann nie zu klein organisiert sein, allenfalls sind die Strukturen zu groß. Ich kann eine Pfarrgemeinde haben mit drei Familien oder mit vieren. Wenn die sich jede Woche treffen und Gottesdienst feiern und eins, zwei Mal im Jahr miteinander feiern und einige Leute zu Hause besuchen, ist sie nicht zu klein. Nur, wenn ich mit den drei Familien vor Ort, einem Verwaltungsrat, einen Pfarrgemeinderat, einen Liturgieausschuss, eine Öffentlichkeitsarbeit, eine Kinderkatechese, eine Jugendkatechese machen will, wird das nicht gehen.“ (ID 3015, zu 4.2)

In dem Zitat steckt die Erwartung der Flexibilisierung innergemeindlicher Strukturen. Sie ist radikaler als es bisher in den Satzungen für Pfarrgemeinderäte und Kirchenvorstände zum Ausdruck kommt, die beide eine Mitgliederzahl in Entsprechung zur Größe der Pfarrgemeinde vorsehen.

Vielmehr wird darauf hingewiesen, dass nicht nur, wie größtenteils geschehen, Überlegungen angestellt werden sollten, die herkömmliche Struktur von Pfarrgemeinden langfristig auf größere Pastorale Räume hin zu organisieren, wie etwa durch die Einführung der Rolle des ‚Priesterlichen Leiters' oder des ‚Pastoralausschusses', sondern dass auch darüber nachzudenken wäre, die traditionelle pfarrgemeindliche Binnenstruktur auf kleinere Pfarrgemeinden hin zu organisieren, ohne „einen Pfarrgemeinderat, einen Liturgieausschuss, eine Öffentlichkeitsarbeit, eine Kinderkatechese, eine Jugendkatechese". Es wäre zu diskutieren, ob statt einer Vergrößerung der Pfarrgemeinde eine Vereinfachung der innergemeindlichen Strukturorganisation die Erwartung der Interviewpartner nach einer präsenten Kirche nicht befriedigender beantworten könnte.

3.1.2 Personal

Die Personalfrage wird in struktureller Hinsicht vor allem unter den Aspekten der personellen Ressourcen und des Personaleinsatzes diskutiert. Unsere Interviewpartner haben sich vorwiegend zum Thema Pfarrermangel geäußert; ferner zur Frage eines möglichen Mangels der pastoralen Mitarbeiter und Gläubigen. Sie haben sich damit vor allem mit den personellen Ressourcen befasst. Dies erscheint angesichts der c. 517 § 2 CIC-Situation der Pfarrgemeinden, in denen die Interviews durchgeführt worden sind, plausibel.

3.1.2.1 Pfarrermangel

Welches große Ansehen die Pfarrer innerhalb der Interviewgruppe genießen, thematisiert ausführlich das Kapitel ‚Erwartungen an Pastorale Dienste, Ämter und Rollen'. Der strukturelle Pfarrermangel und die Mangelverwaltung durch die Bistümer werden entsprechend emotional geschildert:

> „Es war hier ganz schlimm bei uns. Deshalb habe ich Herrn [Angestellter einer Bistumsverwaltung] angerufen und gesagt: Wir möchten endlich einen Pfarrer, der bleibt. Ja, soll ich ihnen einen backen! Das war die Antwort. Er hat ja im Grunde genommen Recht, aber es war ein bisschen heftig." (ID 1982, zu 3.3)

In der Aussage „Wir möchten endlich einen Pfarrer, der bleibt" hat jedes Wort Gewicht. Das „endlich" drückt zusammen mit dem „der bleibt" den Wunsch nach einer dauerhaften und tragfähigen Lösung aus. Im Hintergrund steht die Erwartung der engen Zusammengehörigkeit von Pfarrgemeinde und Pfarrer, die ihr Leben miteinander teilen. Pfarrgemeinde und Pfarrer gehören in den Aussagen zusammen.

> „Es fehlt vielleicht auch so ein Stückchen, weil ein Pfarrer gehört dazu, wie, ich sag jetzt mal, Salz auf den Pommes, ja, weil er gibt, er gibt dem allen noch so 'ne Würze". (ID 3237, zu 1.2)

Das Zitat bringt auf den Punkt, was der Kirchenrechtswissenschaftler Helmuth Pree über das kanonistische Verhältnis von Pfarrei und Pfarrer ausgeführt hat: „Gleichwohl ist festzuhalten, daß die Ausstattung einer Gemeinde mit einem geweihten Amtsträger, insbesondere einer Pfarrei mit einem Pfarrer als konkreter Einzelperson nicht in der Weise zum Wesen der Gemeinde gehört, daß bei Nichtvorhandensein diese in ihrer Existenz getroffen wäre. Hier ist zu unterscheiden: Das Vorhandensein eines geweihten Amtsträgers gehört gewiß ad integritatem, d. h. zur Vollform einer christlichen Gemeinde. Es ist der Idealfall und der Normalfall. Die christliche Gemeinde als certa communitas und als juristische Person besteht aber auch dann weiter, wenn vorübergehend oder auch für längere Zeit die Ausstattung mit einem Pfarrer oder einem sonstigen geweihten Amtsträger nicht möglich ist."[218] Was Pree hier unter kanonistischem Gesichtspunkt vorträgt, dürfte analog unter pastoralem Gesichtspunkt gelten. Der Pfarrer gehört strukturell zur Vollform der pfarrgemeindlichen Pastoral. Dass eine Pfarrgemeinde einen, ‚ihren', Pfarrer hat, ist der Idealfall und der Normalfall. Jedoch ist eine pfarrgemeindliche Pastoral auch ohne ihn möglich. Beklagt wird allerdings der häufige Wechsel der Priester sowie die Tatsache, dass dieser nicht in der Pfarrgemeinde wohnt. Die Erwartung geht in eine andere Richtung:

> „Ich glaube, ältere Menschen sehen da schon einen großen Vorzug drin, dass ein Priester ansässig ist und nur für eine Gemeinde zuständig ist". (ID 396, zu 1.1)

In diesem Punkt entspricht das Ergebnis dieser Studie dem Ergebnis Panhofers[219], der auf die überaus wichtige Bedeutung des bewohnten Pfarrhauses für die Gemeinde gestoßen ist.

Gemessen am Idealfall herrscht Pfarrermangel, weil die Zahl der Pfarrgemeinden die Zahl der Priester übersteigt, die als Pfarrer eingesetzt werden und das Amt eines Pfarrers bekleiden können. Fehlende Pfarrer werden durch Pfarradministratoren oder durch die Übertragung mehrerer Pfarrgemeinden an einen Pfarrer ersetzt. Canon 517 § 2 CIC regelt eine darüber hinausgehende Ausnahme. Viel-

[218] H. Pree, Pfarrei ohne Pfarrer - Leitung und Recht auf Eucharistie, in: Anzeiger für die Seelsorge 105 (1996), S. 18-24, hier S. 18.

[219] Panhofer, Hören, S. 295.

leicht trifft seine Anwendung deshalb auf so viele Vorbehalte. Das war und ist teilweise in den anderen Bereichen kaum anders. Genannt sei nur die kanonistische Diskussion, ob Laien kirchliche Richter sein könnten. Die kanonistisch zutreffende These, dass ein Pfarramt nur durch einen Priester besetzt werden könne, macht die Suche nach den Gründen für den Pfarrermangel umso dringlicher. Diese sind zunächst mit den für den Priestermangel Genannten identisch. Hinzu kommt jedoch, dass angesichts der Überlastung, die durch die Übernahme pastoraler Verantwortung für mehrere Pfarrgemeinden objektiv gegeben ist, Pfarrer zunehmend dazu neigen, sich zum frühstmöglichen Zeitpunkt von ihren Aufgaben entpflichten zu lassen. Die Gründe für den Pfarrermangel liegen auf der strukturellen Ebene des Personaleinsatzes angesichts mangelnder Ressourcen. Dementsprechend lautet die Erwartung, die Verantwortlichen der Kirche müssten den Priestermangel durch strukturell wirkende Maßnahmen zur Verbesserung der personellen Ressourcen beheben.

> „Erst Mal halt ich den Priestermangel an sich von Seiten der Gemeinden nicht beeinflussbar. [...] Da wäre die generell erst Mal die Kirche gefragt, jetzt erst Mal strukturell." (ID 1576, zu 2.3)

Der Ansatz, die Lösungskompetenz bei den Verantwortlichen der Kirche zu sehen, ist wahrscheinlich vor dem Hintergrund der Nachhaltigkeit und Dauerhaftigkeit des Problems[220] zu verstehen. Ohne strukturelle Änderungen ‚von oben' scheint es keinen Ausweg aus der derzeitigen Situation zu geben.

Die Interviewpartner unterbreiten desungeachtet vier durchaus bekannte Vorschläge zur Behebung des Priestermangels. Sie demonstrieren damit ihre Bereitschaft, Mitverantwortung für die Lösung des Problems zu übernehmen. In erster Linie wird erwartet, dass die Lockerung des Zölibats zu mehr Priesternachwuchs führen könnte.

> „Da wären wir schon bei dem Thema Zölibat und wenn das geöffnet ist, dann hat man auch den Nachwuchs." (ID 2173, zu 1.3)

Viele Bischöfe weisen diese Forderung zurück. Desungeachtet halten es viele Pfarrgemeindemitglieder für unerträglich, dass trotz der Hochschätzung der Eucharistie in der katholischen Kirche und des tiefen Wunsches zahlreicher Pfarrgemeinden, einen eigenen Pfarrer zu haben, am Zölibat dogmatisch festgehalten wird.

Die Einstellung, die von der Veränderung der Zulassungsbedingungen einen Zuwachs an Priestern und damit eine dauerhafte Lösung des Problems des Pfar-

[220] Vgl. den Überblick bei H. Heinz, Zeugnis und Ärgernis. Zur fälligen Diskussion über den Pflichtzölibat, in: HerKorr 64 (2010), S. 335-339.

rermangels erwartet, wird vor allem in zweierlei Hinsicht konkretisiert. Zunächst wird die Aufrechterhaltung des Zölibats bis auf wenige Ausnahmen abgelehnt, weil es als ein wesentliches Hindernis für eine ausreichende Versorgung der bestehenden Pfarrgemeinden mit eigenen Pfarrern erfahren wird. Sodann wird von einem kleinen Teil unserer Interviewpartner durch die Aufhebung der Zölibatsverpflichtung auch ein qualitativer Vorteil für die Pastoral erwartet: Verheiratete Pfarrer könnten lebensnäher familiäre Problemlagen beurteilen als unverheiratete:

> „Ich denke, das hat sicherlich auch seine Vorteile, dass er auch die Dinge, die ringsum die Familie sind, ganz anders beurteilt". (ID 2510, zu 2.4)

Wieder spielt also die erwartete Nähe zu den Menschen eine entscheidende Rolle. Die Forderung zur Aufhebung des Zölibats ist also sowohl in quantitativer als auch in qualitativer Hinsicht durch pastorale Erwartungen motiviert. Aussagen, die eine positive Einstellung zum Zölibat erkennen ließen, gab es keine, was daran liegen könnte, dass er nicht als Glaubenszeugnis, sondern als ursächlich für die existenzbedrohende Strukturkrise der Pfarrgemeinden angesehen wird.

Neben der Forderung nach Freistellung von der Verpflichtung zur Ehelosigkeit bei der Entscheidung, Priester werden zu wollen, wird zweitens von einer ebenfalls großen Gruppe unserer Interviewpartner vorgeschlagen, Frauen zu Priesterinnen zu weihen:

> „Man könnte die Frauen auch zu Priestern weihen, das ist auch eine gute Möglichkeit." (ID 27, zu 2.3)

Auch von der Weihe von Frauen zu katholischen Priesterinnen wird also eine mögliche Verringerung des Pfarrermangels erwartet.

Anders als oft in der theologischen Diskussion scheint in der Praxis die rein pragmatisch orientierte Erwartung, die Weihe von Frauen zu Priesterinnen könne helfen, den Pfarrermangel zu reduzieren, zu dominieren. Grundsätzliche Aspekte werden nicht thematisiert, weder solche, die dogmatisch befürwortend, noch solche, die dogmatisch ablehnend zur Frage des Frauenpriestertums Stellung nehmen.

Ein dritter Vorschlag zum Umgang mit dem Pfarrermangel wird ebenfalls von einem großen Teil unserer Interviewpartner vorgebracht. Er lautet, dass Gemeindereferenten und Pastoralreferenten Aufgaben des Pfarrers in Verwaltung und Seelsorge übernehmen sollten. Dies sei unter den gegebenen Umständen ohne Alternative.

> „Ich sehe halt, dass bei dem Pfarrermangel, bei dem Priestermangel, den wir haben, dass die das einfach gar nicht schaffen könnten, das Ganze zu übernehmen und insofern bleibt uns ja nichts anderes übrig als dann eben Gemeindereferenten oder Pastoralreferenten dafür einzusetzen und die Verwaltungs-

> aufgaben und ähnliches und auch die Seelsorge zu übernehmen." (ID 2560, zu 3.4)

Es „bleibt uns ja nichts anderes übrig". Wer sich so äußert, sieht keine Alternative. Er sagt, dass Tätigkeiten, die in Zeiten mit einer ausreichenden Anzahl von Pfarrern von den Pfarrern selbst ausgeübt worden sind, von Gemeinde- und Pastoralreferenten übernommen werden müssen.

Der letzte Vorschlag, um dem Pfarrermangel zu begegnen, lautet, die Kirche solle auf ausländische Priester zurückgreifen. Dies wird allerdings nur in wenigen Interviews empfohlen:

> „Und warum sollen wir nicht indische oder afrikanische Priester, die dort gut ausgebildet sind und die den Glauben wirklich tief und religiös vermitteln können, warum sollen wir die nicht zu uns holen?" (ID 1020, zu 2.3)

Angesichts der kirchlichen Struktur- und Personalplanung in den Bistümern Limburg und Aachen, aber auch in den anderen Bistümern im deutschen Sprachraum, erwarten unsere Interviewpartner, dass der Pfarrermangel weiter wachsen werde.

> „Wenn ich die Prognose für [Stadtname] richtig verstanden habe, wird man im Jahre 2020 für [...] [Stadtname] drei Pfarrer haben." (ID 1649, zu 1.3)

Diese Prognose dürfte wahrscheinlich eintreffen, wenn keine nachhaltigen Veränderungen in den kanonischen Bestimmungen der Zugangsvoraussetzungen für das Priesteramt erfolgen oder durch ein unvorhersehbares Ereignis bewegt, sich eine Vielzahl von Männern für das zölibatäre Priestertum entscheiden. Es steht zur Diskussion, ob der aus der Not eingeschlagene Weg der Verantwortlichen der deutschsprachigen Bistümer – die pastoralen Strukturen vorwiegend auf Grund des sich verstärkenden Pfarrermangels neu zu ordnen – sinnvoll ist und ob nicht andere Wege geeigneter wären, die existentielle Bedrohung der kirchlichen Pastoral durch den Pfarrermangel abzuwehren. Zu diskutieren wären in diesem Kontext die Thesen von Paul M. Zulehner und anderen zur Weiterentwicklung des kirchlichen Weiheamtes.[221]

3.1.2.2 Mangel an pastoralen Mitarbeitern und Pfarrgemeindemitgliedern

Dass der Pfarrermangel nicht der einzige Mangel ist, der als solcher innerkirchlich thematisiert wird, zeigt sich in den Interviews ebenfalls. So wird in einem State-

[221] Vgl. P. M. Zulehner, F. Lobinger, Um der Menschen und der Gemeinden willen. Plädoyer zur Entlastung von Priestern, Ostfildern 2002.

ment vom Mangel an pastoralen Mitarbeitern gesprochen. Dabei wird jedoch nicht auf die eigene Erfahrung Bezug genommen.

> „Jetzt habe ich gestern beim Tag der Pfarrgemeinderäte gehört, dass auch Mangel bei den pastoralen Mitarbeitern ist." (ID 1975, zu 2.3)

Vor dem Hintergrund wird es als falsch angesehen, dass das Bistum keine Gemeindereferenten mehr ausbildet.

> „Und ich sag mal, diese Struktur, dass viele kirchliche Bedienstete gar nicht mehr ausgebildet werden, so wie Gemeindereferenten, das ist ja auch irgendwo meiner Meinung nach ein großer Fehler." (ID 408, zu 1.4)

Eine entsprechende Korrektur der strukturrelevanten Entscheidung wird erwartet, indem diese als großer Fehler bezeichnet wird.[222]

Ohne dies als Mangel zu kennzeichnen, wird zudem allgemein der Rückgang der Katholikenzahlen benannt. Dieser wird sowohl auf die ‚eingeschriebenen', also die Mitgliedschaft in der Katholischen Kirche als auch auf die sich aktiv am kirchlichen Leben Beteiligenden bezogen.

> „Wir haben immer weniger eingeschriebene und natürlich noch weniger praktizierende Katholiken". (ID 3179, zu 2.1)

Auch in Bezug auf den Rückgang der Katholiken wird keine Wende, sondern Kontinuität erwartet. Darauf deutet das Wörtchen „immer" hin. Als – wie aus bischöflichem Munde immer wieder zu hörendem – „Gläubigenmangel" – der Begriff dient oft zur Relativierung des Priestermangels – wird dies allerdings von unseren Interviewpartnern nicht wahrgenommen.

3.1.3 Gemeinschaftlich wahrgenommene Gemeindeleitung

Mit c. 517 CIC wird die Tür geöffnet, die Leitung einer Pfarrgemeinde in Gemeinschaft auszuüben. Ob die Leistung des kirchlichen Gesetzgebers, im Codex von 1983 durch die Bestimmungen in c. 517 CIC gleichermaßen flexibel und theologisch verantwortungsvoll auf reale Erfordernisse der Pastoral in Pfarrgemeinden reagiert zu haben, erwarten lässt, dass auch der Mut gefunden wird, die Tradition des Unipersonalprinzips zur Förderung des kirchlichen Lebens durch das communiale Prinzip[223] der „Gemeindeleitung in Gemeinschaft" zu erweitern, sei dahingestellt. Remigiusz Sobanski hat darauf hingewiesen, dass dafür ein Um-

[222] Sie ist nach Kenntnis der Verfasser zwischenzeitlich erfolgt.

[223] Vgl. R. Sobanski, Rechtstheologische Vorüberlegungen zum neuen kirchlichen Gesetzbuch, in: ThQ 163 (1983), S. 178-188, hier S. 183.

denken erforderlich wäre. An die Stelle des Kompetenzprinzips müsste der Partizipationsaspekt treten. Er sieht dies im Codex von 1983 jedoch noch nicht realisiert.

In den Pfarrgemeinden, in denen die Interviews zu dieser Studie durchgeführt worden sind, wird jedoch de facto die Leitung der Pfarrgemeinde in Gemeinschaft ausgeübt. Im Bistum Aachen sind daran ehrenamtliche Gemeindemitglieder beteiligt. Im Bistum Limburg gilt das zumindest für den Vorsitz im Verwaltungsrat.

Die theologische Rechtfertigung für die in c. 517 § 2 CIC vorausgesetzte grundsätzliche Verantwortung aller Christen für den Aufbau der Gemeinde wird theologisch dem Geistwirken Gottes zugeschrieben:

> „Der Heilige Geist ist bei jedem. Punkt. Also sind wir auch alle verantwortlich." (ID 199, zu 8.1)

Es herrscht die Erwartung, dass die Verantwortung auch kirchlich übernommen und anerkannt werden könne, die die Gläubigen, weil der Heilige Geist bei allen wirke, durch den Beistand des Geistes ohnehin trügen. Dies konkret meint Partizipation.

An diese Grundüberzeugung schließt sich die Erwartung an, dass im Team umsichtiger entschieden werden könne als dies ein einzelner leisten könne:

> „Vorteil ist, dass im Team entschieden wird. Das sind ja vier Leute, dass die Gremien jederzeit eingebunden sind, Kirchenvorstand, Pfarrgemeinderat, weil die ja ihre Vertreter in dem Team haben." (ID 505, zu 3.4)

Die Umverteilung der Verantwortung von einer Person, dem Pfarrer, hin auf ein Team aus ehrenamtlich tätigen Pfarrgemeindemitgliedern, hauptamtlichen pastoralen Mitarbeitern und dem moderierenden Priester verzahnt die pastorale Verantwortung in einer Pfarrgemeinde auf eine neue Weise. Dadurch falle es den Gläubigen einfacher, mit der Leitung der Pfarrgemeinde klar zu kommen. Die Pluralität der Charismen von den an der Leitung der Pfarrgemeinde Beteiligten ermögliche es, dass die Pfarrgemeindemitglieder den Kontakt zur Pfarrgemeindeleitung nicht verlieren, weil sie sich – wie es im klassischen Pfarrgemeindeleitungsmodell vorkommen kann – mit dem Pfarrer nicht verstehen. Solche zwischenmenschlichen Antipathien könnten von der ‚Leitung' der Pfarrgemeinde in Gemeinschaft aufgefangen werden. So ließe sich verhindern, dass Pfarrgemeindemitglieder auf Distanz zur Gemeindeleitung gingen. Dieser Deutungsansatz wird durch folgende Aussage getragen:

> „Und, es ist halt so, dass in diesem Team vier Charismen sitzen und ich finde, das ist für die Leute sehr schön. Ohne überheblich zu sein. Aber die finden bei den vieren sicher jemanden, der zu ihnen passt. Wobei, wenn ich den Priester

> allein habe, dann muss ich gucken, dass ich mit ihm auskomme. Wenn er nicht so meins ist." (ID 1526, zu 3.4)

Hiermit wird die Erwartung zum Ausdruck gebracht, dass die gemeinschaftliche Leitung einer Pfarrgemeinde die Möglichkeit der Identifikation der Gläubigen mit der Kirche am Ort erhöhe. Im Hintergrund steht wiederum der pastorale Grundsatz der Lebensnähe.

3.1.4 Zusammenfassung

Die wichtigsten Erwartungen an die Pastoralstrukturen sollen im Folgenden zusammengefasst werden. Als erstes zu nennen ist, dass die Präsenz der Kirche im sozialen Nahbereich von zentraler Bedeutung für die Gläubigen und zugleich von konstitutiver Bedeutung zur Realisierung des Heilsauftrages der Kirche ist. Die Präsenz der Kirche wird dabei nicht durchgängig, sondern in bestimmten Lebenssituationen in Anspruch genommen, jenen, in denen das Leben als Ganzes thematisiert wird. Dann soll sie der Gemeinschaft Gottes mit den Menschen eine Gegenwart, ein praktisches Dasein verleihen. Das ist das, was die Befragten als Sinn der Kirche thematisieren, ohne es wörtlich so zu sagen.

Wenn die Sorge um das Leben als Ganzes, gesellschaftlich konkretisiert sich dies in intergenerationeller und einer alle sozialen Schichten einbeziehenden Offenheit und Solidarität, eine Aufgabe der Kirche und der Pastoral ist, kann der Streit um die Pastoralstrukturen nicht ausgesetzt werden. Er ist vor dem Hintergrund strukturkonservativer Erwartungen unserer Interviewpartner zu führen.

Eine Hypothese zu diesem Punkt ergibt sich daraus indirekt. Sie lautet, dass die von Baart entwickelte „präsentische Herangehensweise" eine Weise pastoralen Handelns darstellt, die der Erwartung an die Präsenz der Kirche entspricht. Einer das Leben teilenden Pastoral wird damit der Vorzug vor einer lebensraumorientierten Pastoral gegeben. Beide reagieren in unterschiedlicher Weise auf die Erwartung, dass die Kirche nahe bei den Menschen sein soll. Der Grund für den Vorzug einer das Leben teilenden Pastoral gegenüber einer lebensraumorientierten Pastoral liegt im Charakter der „Organizität" der präsentischen Herangehensweise.

In Bezug auf den personellen Aspekt lässt sich zusammenfassend sagen, dass jede Pfarrgemeinde sich ihren eigenen Pfarrer wünscht, der in der Pfarrgemeinde wohnt und auf Dauer in ihr wirkt. Dies kann im Sinn der Lebensnähe als der „präsentischen Herangehensweise" entsprechend verstanden werden und würde zugleich die Differenz erklären zwischen der Hochschätzung der Pfarrer in deutlicher Absetzung von der, die Gemeinde- und Pastoralreferenten entgegen gebracht wird, deren Wirken „als Beruf" vornehmlich funktional gesehen wird. Unsere Interviewpartner erwarten, dass der Pfarrermangel durch die Veränderung der Zulassungsbedingungen zum Priesteramt und nicht durch die Zusammenlegung von Pfarrgemeinden behoben wird.

Von einer gemeinschaftlich ausgeübten Leitung einer Pfarrgemeinde, die pneumatologisch begründet wird, erwarten unsere Interviewpartner eine bessere Repräsentanz der Pluralität der Charismen sowie Vorteile für die Identifikation der Gläubigen mit der Kirche.

3.1.5 Hypothesen

- Die Präsenz der Kirche im sozialen Nahbereich ist von zentraler Bedeutung für die Gläubigen und zugleich von konstitutiver Bedeutung zur Realisierung des Heilsauftrages der Kirche. Sie wird nicht durchgängig, sondern in bestimmten Lebenssituationen in Anspruch genommen, in denen das Leben als Ganzes thematisiert wird. Dann soll sie der Gemeinschaft Gottes mit den Menschen eine Gegenwart, ein praktisches Dasein verleihen.
- Einer das Leben teilenden Pastoral wird der Vorzug vor einer lebensraumorientierten Pastoral gegeben. Beide reagieren in unterschiedlicher Weise auf die Erwartung, dass die Kirche nahe bei den Menschen sein soll. Der Grund für den Vorzug einer das Leben teilenden Pastoral gegenüber einer lebensraumorientierten Pastoral liegt im Charakter der „Organizität". Die von Baart entwickelte „präsentische Herangehensweise" stellt eine Methode pastoralen Handelns dar, die der Erwartung an die Präsenz der Kirche entspricht.
- Der Pfarrermangel soll durch die Veränderung der Zulassungsbedingungen zum Priesteramt und nicht durch die Zusammenlegung von Pfarrgemeinden behoben werden.
- Die Leitung einer Pfarrgemeinde kann sinnvoll auch durch ein Team wahrgenommen werden.

3.2 Pastorale Dienste, Ämter und Rollen

Innerhalb der Pastoralstrukturen wird das pastorale Handeln von unterschiedlichen Subjekten getragen. Das II. Vatikanische Konzil hat die Bedeutung des Volkes Gottes als Träger des pastoralen Handelns herausgestellt. Aus der Pfarrgemeinde heraus nehmen vor allem die Ehrenamtlichen pastorale Dienste wahr. Die pfarrgemeindliche Pastoral wird zudem von in die Pfarrgemeinde gesandten Personen wahrgenommen: Priestern, Diakonen, Pastoral- und Gemeindereferentinnen und -referenten. Der Pfarrermangel hat auch bezüglich der pastoralen Dienste, Ämter und Rollen in eine Krise geführt. Im Folgenden werden die Erwartungen unserer Interviewpartner an die aus der Pfarrgemeinde erwachsenen und in die Pfarrgemeinde gesandten Pastoralen Dienste, Ämter und Rollen thematisiert.

3.2.1 Erwartungen an Priester

An Priester richten unsere Interviewpartner zahlreiche und sehr unterschiedliche Erwartungen. Angesprochen werden ihre menschlichen und pastoralen Kompetenzen ebenso wie ihre berufliche Rolle als Pfarrer, Gemeindeleiter und theologische Experten.

Aus zahlreichen Aussagen geht hervor, dass Priester ein hohes Ansehen genießen. Ob dies auf das Bewusstsein einer durch die Weihe verliehenen wesentlichen Differenz, die nicht konkret benannt wird, oder aber auf einen Amtsbonus des Priesters als Inhaber des Pfarramts oder auf die menschlichen und fachlichen Kompetenzen der jeweiligen Personen zurückzuführen ist, lässt sich eindeutig aufgrund der Interviewaussagen nicht bestimmen. Die Gründe für die allgemeine Hochschätzung der Priester kommen allenfalls indirekt in den Interviews zum Ausdruck. Wie dem auch sei, zahlreiche unserer Interviewpartner empfinden und beurteilen den erfahrenen Verlust eines eigenen Pfarrers als schmerzhaft.

3.2.1.1 Der Priester als Mensch, Seelsorger und Pastor

3.2.1.1.1 Personale Kompetenz

Viel hängt von der Persönlichkeit des Priesters ab, unter anderem, ob Gemeindemitglieder es als vorteilhaft ansehen, einen eigenen Pfarrer zu haben. Noch bevor Ansprüche an seine Rolle als Pastor, Seelsorger oder Pfarrer und Gemeindeleiter geltend gemacht werden, werden Anforderungen an seine personale Kompetenz gestellt.

> „Wenn es ein Individuum ist, sich dann voll mit der Gemeinde identifiziert und lebt, ist es ein riesen Vorzug, der einfach gar nicht aufwiegbar ist. Wenn ein Mensch, der sonst keinerlei Bindungen hat, sich mit seinem ganzen Engagement in der Gemeinde einbringen kann. Aber es kann genauso gut eine Schlafnase sein und es ist dann wenig oder vielleicht sogar gar nicht so gewinnbringend." (ID 2591, zu 1.1)

An der personalen Kompetenz des Priesters entscheidet sich, ob es als Vorteil angesehen wird, einen eigenen Pfarrer zu haben. Angesprochen werden seine Identifikationsfähigkeit mit der Gemeinde sowie die Freiheit für ein ungeteiltes Engagement in der Gemeindearbeit. Das sind hohe Erwartungen, mit denen ein

Priester konfrontiert wird. Der ungeteilten Beziehung zur Pfarrgemeinde kommt eine entscheidende Bedeutung zu, wobei sich die Erwartungen eher an die Person als an die Rolle des Pfarrers richten:

> „Ich seh' weniger die Rolle, sondern den Mensch, der das rüberbringt." (ID 1524, zu 3.3)

Dass die Autorität des Priesters einen unmittelbaren und bedeutenden Einfluss auf die Gemeindemitglieder haben kann, kommt erfahrungsbasiert in einem Interview zur Sprache. Die konkrete Erfahrung kann als Erwartung an die personale Kompetenz verstanden werden, die erforderlich ist, wenn ein Priester seiner pastoralen Verantwortung nachkommen will:

> „Oder wenn jetzt manche, die haben dann irgendwie mal 'ne schlechte Erfahrung gemacht mit 'nem Priester, das hat meine Tante irgendwie mal erzählt, einer dann so 'ne Bemerkung gemacht hat, als sie dann schwanger war und das sie seitdem so 'ne Abneigung hatte, so dass ein schlechter Einfluss, einer ist einem mal komisch gekommen, dass dann direkt so 'nen negativen Einfluss dann haben kann." (ID 1121, zu 7.3)

Die Aussage konkretisiert die Erwartungen an die personale Kompetenz des Priesters. Erwartet wird, dass er fähig und in der Lage ist, Gemeindemitgliedern sensibel und mit Empathie zu begegnen.

Dass auch die Zusammenarbeit im Pfarrgemeindeleitungsmodell nach c. 517 § 2 CIC maßgeblich von der personalen Kompetenz und Bereitschaft des leitenden Priesters – wie der übrigen Beteiligten – zur Kooperation abhängt, ist den Worten eines Leitenden Priesters zufolge ihm wie auch seinen Kollegen bewusst. Unser Interviewpartner erwartet von sich selbst und seinen Mitbrüdern, dass sie die Aufgabe der Pfarrerrolle – gemeint ist hier wohl die Rolle des alleinigen Gemeindeleiters – nicht nur als Verlust bedauern, sondern akzeptieren. Erst dann könne Zusammenarbeit gelingen und als angenehm empfunden werden. Dies ist ein durchaus hoher Selbstanspruch:

> „Aber es hing wie in allen Bereichen in dieser Kirche sehr stark von den Personen ab, die beteiligt werden. Ich hatte hier Glück, das wir uns immer gut verstanden. Ich bin keiner, der morgens mit 'ner Träne im Knopfloch aufwacht, dass er nicht zelebrieren darf und der [Name eines Leitenden Priesters] und der [Name eines Leitenden Priesters] wachten morgens nicht traurig auf, weil sie nicht den Pfarrer raushängen lassen müssen, durften. Dadurch lief es, denk' ich, sehr schön und so sehr angenehm, aus meiner Sichtweise." (ID 2852, zu 3.4)

3.2.1.1.2 Pastorale Kompetenz

Neben der personalen Kompetenz richten sich Erwartungen unserer Interviewpartner an den Priester als Pastor. Ebenso wie der Pfarrer wird der Priester als Leiter des öffentlichen Gottesdienstes als Ansprechpartner in existentiellen Fragen angesehen. Von ihm wird die pastorale Kompetenz erwartet, Menschen in schwierigen Lebenslagen anhören und gegebenenfalls helfen zu können. Er solle auch ansprechbar sein für Menschen, die nicht wissen, an wen sie sich sonst wenden könnten. Er solle da sein; er soll in ausweglosen Situationen helfen, einen Weg zu finden.

> „Für Menschen, die eine konkrete Frage haben, in ihrer Lebensbewältigung, in spirituellen Fragen, die, wo sie nicht wissen, wohin sie gehen sollen, da gehe ich zu dem, der den Gottesdienst hält, wenn ich dort bin, oder ich frage am Pfarrbüro nach dem Pfarrer." (ID 2995, zu 3.3)

Fehlt ein Priester vor Ort, könnte – so erwartet es eine größere Gruppe unserer Interviewpartner – diese unmittelbare Ansprechbarkeit verloren gehen:

> „Vielleicht, das was für die Menschen am ehesten so erfahrbar ist, dass ein Stückchen Unmittelbarkeit verlorengeht. Es gibt nicht mehr den direkten Ansprechpartner vor Ort". (ID 1333, zu 1.2)

Die Präsenz des Priesters als Ansprechpartner vor Ort wird hier als Garantie für eine unmittelbare Pastoral angesehen. Hat eine Pfarrgemeinde keinen eigenen Pfarrer mehr, kann ein Gemeindereferent oder ein Team von Hauptberuflichen und Ehrenamtlichen im Pastoralen Dienst die dadurch entstandene Lücke nicht für alle Befragten zufriedenstellend füllen.

> „Oder jetzt der Gemeindereferent. Zu dem könnte man natürlich auch gehen, aber ich find', der Priester ist immer noch, weiß nicht, der gehört einfach zur Gemeinde dazu." (ID 1711, zu 3.3)

Warum er den Priester als pastoralen Ansprechpartner den pastoralen Mitarbeiterinnen und Mitarbeitern vorziehe, das weiß unser Interviewpartner nicht genau zu sagen. Er führt an, dass der Priester „einfach zur Gemeinde dazu" gehöre und weist mit diesem organischen Verständnis der Zusammengehörigkeit von Gemeinde und Priester auf ein besonderes Vertrauensverhältnis hin. Dieses Vertrauensverhältnis wird als Basis des pastoralen Wirkens angesehen:

> „Man erlebt ihn [den Priester] als einen von uns und ich denke, da ist auch 'ne ganz andere Vertrauensbasis auch da." (ID 2524, zu 4.1)

Die strukturellen Bedingungen für eine solche Vertrauensbasis sind dann gegeben, wenn ein Priester Pfarrer nur einer Pfarrgemeinde ist und er zudem in der Pfarrgemeinde wohnt. Die strukturelle Vertrauensbasis wird durch einen ständigen Personalwechsel in Frage gestellt. Viele Interviewpartner erwarten hier Konstanz.

> „Nachteile sehe ich auch darin, […], wenn ständig Pastore wechseln oder die Gemeinde wechseln. Es ist immer irgendein Wechsel drin und ich finde es einfach nicht schön. Ich finde, es sollte immer ein Pastor mindestens in der Gemeinde da sein." (ID 1049, zu 1.3)

Die positive Erfahrung der Präsenz, die viele der Pfarrgemeindemitglieder traditionellerweise durch den Pfarrer im klassischen Pfarrgemeindeleitungsmodell gewohnt sind, trägt mit dazu bei, dass der durch die Pfarrgemeindeleitungsform nach c. 517 § 2 CIC oben beschriebene, begünstigte Wechsel von Priestern auf wenig Gegenliebe stößt.

Nicht minder eingeschränkt wird die Basis des Vertrauens, wenn ein Priester nur noch so erlebt wird:

> „Das ist ein armer gehetzter Mann. Ein armer gehetzter Mann." (ID 3334, zu 3.2)

Dieses Zitat gibt die Erwartung zahlreicher Interviewpartner wieder, der Priester müsse Zeit haben, habe sie de facto aber nicht mehr.

Die Erwartungen an den Priester als Pastor lassen sich bis hierhin so zusammenfassen, dass er als personaler Ansprechpartner vor Ort sein und vor Ort wohnen soll, dass eine gewisse Beständigkeit „im Amt" gegeben sein soll und er zudem Zeit für die Pastoral haben, d. h. verfügbar sein soll. All diese Erwartungen lassen sich im Begriff Präsenz bündeln. Das pastorale Erfordernis der Präsenz lässt sich aus funktionaler Perspektive kaum zureichend darstellen. Ob diesem Erfordernis durch eine Entlastung der Priester von nicht pastoralen Aufgaben entsprochen werden kann, scheint zumindest fraglich.

3.2.1.1.3 Funktionale Entlastung zugunsten der Pastoral

Zumindest stößt eine Aufgabenteilung zwischen Pastoral und Verwaltung bei einer große Anzahl unserer Interviewpartner auf Zustimmung:

> „Das ist die Einteilung. Ich finde sie gar nicht so übel, wie sie ist. Also hier Priester für das Seelische, für das Kirchliche, und da eben die Verwaltung." (ID 1301, zu 4.1)

Priester werden vorrangig von ihrer pastoralen Rolle her mit Erwartungen behaftet. Verwaltungsaufgaben werden nicht als priesterspezifisch angesehen. Im klassischen Verständnis des Pfarramts werden pastorale Aufgaben und Verwaltungsaufgaben unter dem Terminus ‚Gemeindeleitung' zusammengefasst. Wenn die Differenzierung zwischen Pastoral und Verwaltung zu einer veränderten Aufgabenzuschreibung und Zuständigkeit führt, verändert sich dadurch das Verständnis der Gemeindeleitung und die Rolle des Priesters in ihr. Die Rolle des Priesters wird offenbar eher von seiner pastoralen Aufgabe als vom Pfarramt her bestimmt. Da die Pfarrer wegen des Priestermangels meistens für mehr als eine Pfarrgemeinde zuständig sind, soll ihnen durch die Differenzierung zwischen Pastoral und Verwaltung mehr Zeit für die Pastoral eingeräumt werden, indem sie faktisch in den Pfarrgemeinden keine die Verwaltung der Institution und ihrer Einrichtungen zuzurechnenden Leitungsaufgaben wahrnehmen. Nicht nur in den Pfarrgemeinden, die nach c. 517 § 2 CIC geleitet werden, wurde dieser Erwartung entsprochen.

> „Ich will mal als Seelsorger. Ja, also das, das war so, so extrem, dass alles, was in irgendeiner Form mit Geld, mit Gebäude, mit Gelände also Felder und so was, was wir als Kirchengemeinde noch hatten, alles was da kam, ist eben in dem Pfarr-Verwaltungsrat gelandet, ja und da haben wir uns dann nachher, das heißt, der Vorsitzende, hat das eben dann zum Thema gemacht, in die Sitzung gebracht, Beschlüsse herbeigeführt, dann die Dinge auch weiter vorbereitet, ja Verträge vorbereitet, Verträge abgeschlossen und solche Sachen, also da war tatsächlich der Pfarrbeauftragte beziehungsweise der Leitende Pfarrer dann überhaupt nicht mehr involviert." (ID 3189, zu 3.2)

Wenn in diesem Zusammenhang von ‚Letztverantwortung' gesprochen und Priester durch diesen Terminus als ‚eigentliche Leiter' der Pfarrgemeinde bezeichnet werden, verschleiert dies diese Entwicklung eher als dass sie sich ihr stellt. Dass sich Priester vornehmlich über ihre pastorale Rolle definieren und dass sie damit den an sie gerichteten Erwartungen entsprechen, hat in Zeiten des Priestermangels zur Konsequenz, dass die nichtpastoralen Aufgaben des Pfarrers als Aufgaben angesehen werden, die letztverantwortlich auch von Nichtpriestern wahrgenommen werden können.

Weil Pastoral vor allem über Präsenz definiert wird, fällt es in der Praxis schwer, funktional zwischen pastoralen Aufgaben, die nur von einem Priester wahrgenommen werden können und solchen, die auch von Laien wahrgenommen werden können, zu unterscheiden. Auch wenn zahlreiche Interviewpartner vom moderierenden Priester kaum mehr erwarten als die Leitung sakramentaler Feiern, sehen einige doch seine pastorale Rolle wesentlich umfangreicher. Wenn gesagt wird, der moderierende Priester müsse vor allem bei den Leuten und mit ihnen im Gespräch sein, dominiert auch hier die Präsenzerwartung:

> „Im letzten Jahr die Frage gestellt, was für sie mit zu einem moderierenden Priester gehört, da kamen eine Auflistung einer ganzen Reihe von Dingen zustande, bei den Leuten sein, mit den Leuten im Gespräch sein und die Gremien begleiten und Einkehrtage anbieten und präsent sein, und vor Ort sein, und Sakramente natürlich spenden und so weiter und so fort." (ID 1347, zu 3.2)

Die pastoralen Erwartungen weisen auf eine tiefgreifende Diskrepanz zwischen Personaleinsatz und pastoralen Erfordernissen in den deutschsprachigen Diözesen hin. Die Diskrepanz entsteht bereits dadurch, dass nicht mehr jede Pfarrgemeinde einen eigenen Pfarrer hat. Wenn die dauerhafte und ständige Präsenz eines ‚Pastors' vor Ort als Basis für die Pastoral angesehen wird, dann wird diese Basis durch den Priestermangel untergraben. Sie lässt sich in pastoraler Perspektive nicht dadurch wiederherstellen, dass einem Priester mehrere Pfarrämter übertragen werden. Vielmehr erscheint diese Ämterhäufung eher als ungünstige und belastende Bedingung für die pastorale Rolle des Priesters. Ob die Entlastung von Verwaltungsaufgaben in der Lage ist, die entstandenen Defizite zu kompensieren, darf angesichts der vorherrschenden nicht funktionalen Perspektive, in der die Erwartungen an den Priester in seiner pastoralen Rolle zu sehen sind, bezweifelt werden. Weniger die Tatsache, dass Pastoral- und Gemeindereferentinnen oder Pastoral- und Gemeindereferenten als Ansprechpartner in pastoralen Aufgaben zur Verfügung stehen, prägt die derzeitige Krise der Pastoral als vielmehr, dass die Priester es nicht mehr ausreichend können.

3.2.1.2 Der Priester als Pfarrer und Leiter der Pfarrgemeinde

Als Pfarrer ist der Priester Inhaber eines kirchlichen Amtes. Das ‚Amt' wird im CIC definiert als „jedweder Dienst, der durch göttliche oder kirchliche Anordnung auf Dauer eingerichtet ist und der Wahrnehmung eines geistlichen Zweckes dient"[224]. Die Terminologie für die drei hier genannten Merkmale – „göttliche oder kirchliche Anordnung", „Dauer" und „Wahrnehmung eines geistlichen Zweckes" – dürfte vielen unserer Interviewpartner wahrscheinlich nicht geläufig sein, jedoch dürften sie assoziativ mit dem Begriff ‚Amt' eine von einer konkreten Person unabhängige, institutionalisiert-objektive und damit ideale Größe verbinden. Auch wenn der Priester primär als Mensch, Seelsorger und Pastor angesehen und geschätzt wird, der als Subjekt und Person durch die Heilserwartung der Menschen gefordert wird, gibt es Ansprüche, die sich an ihn als Inhaber des Pfarramts richten. Als Pfarrer repräsentiere der Priester die Pfarrgemeinde, d. h. er könne und solle im Namen der Pfarrgemeinde handeln.

> „Und im Prinzip der Pfarrer auch als Verkörperung dessen, was Gemeinde ist, ist sehr sinnvoll." (ID 225, zu 1.1)

Mit der Metapher „Verkörperung" wird der Pfarrer als Repräsentant der Gemeinde verstanden. Es wäre auch anderes denkbar, etwa die Versammlung der Gemeindemitglieder zur Eucharistiefeier als das zu verstehen, was Gemeinde ist,

[224] C. 145 CIC.

oder den Pfarrer als denjenigen zu verstehen, der Christus gegenüber zur Gemeinde vertritt. Jedoch ist die mit dieser Metapher ausgedrückte Repräsentanzerwartung an den Pfarrer nicht als Abgrenzung gegen diese möglichen anderen Positionen anzusehen. Vielmehr dürfte die Metapher die Überzeugung zum Ausdruck bringen, dass jede Pfarrgemeinde einen Leiter braucht, der nach innen für ihre Identität sorgt und sie nach außen hin repräsentiert. Als solcher ist der Pfarrer aus der Perspektive unserer Interviewpartner eine unverzichtbare Institution für die Pfarrgemeinde:

> „Der Pfarrer ist für das Gemeindeleben der Dreh- und Angelpunkt aus meiner Sicht." (ID 2026, zu 3.3)

> „Wir sind eine ziemlich große Gemeinde und ohne einen Priester würde hier alles untergehen." (ID 1055, zu 3.2)

Die hier von einem kleinen Teil unserer Interviewpartner formulierte Rollenerwartung zielt auf das Leitungshandeln. Das wird in der folgenden Aussage durch die Erwartung an die amtliche Kompetenz des Pfarrers konkretisiert.

> „Ein Pfarrer hat ja schon, – wie soll ich das ausdrücken? – hat ja schon eine gewisse Position, die er einhalten muss und, dafür ist ein Pfarrer ja auch in der Kirche da, dass er gewisse Sachen bestimmt." (ID 1184, zu 1.3)

Dem Pfarrer soll von Amts wegen die rechtliche Befugnis zukommen, zu entscheiden. Es wird von ihm erwartet, dass er dies zur Aufrechterhaltung der Amtsautorität auch tut.

Dadurch sind Merkmale des pfarrgemeindlichen Amtsträgers adressiert. Dass der Pfarrer einen Amtsbonus genießt, ist spürbar.

> „Ein Pfarrer, find' ich, repräsentiert also so die Kirche mehr, als wenn das jetzt nur Laien machen." (ID 1698, zu 1.1)

Für manche Gläubigen bürgt oft allein die Amtsautorität des Pfarrers für die Qualität einer pastoralen Handlung. Sie merken an, dass es nicht dasselbe sei, wenn ein Pfarrer oder haupt- oder ehrenamtliche Laien dieselbe Handlung vornehmen.

> „Momentan erleb ich's aber immer wieder, wenn es beispielsweise um Beerdigungen geht, häufig kommt auch, wenn ich nur zugereist bin in [Stadtname]: Wir hätten gerne den Pfarrer. Also der Pfarrer allein, weil er einen Titel hat, ohne dass er sich jetzt durch 'ne besondere Qualifikation heraushebt – die Ausbildung ist sowohl bei pastoralen Mitarbeitern also Pastoralreferenten als auch Pfarrern fast identisch bis auf Spiritualitätsbildung oder Beichte- oder Sakramentenspendung, aber sonst ist sie ja eigentlich gleich – identifizieren sie sich dennoch mit dem Pfarrer, wahrscheinlich, weil's 'ne Amtsperson ist, die

> jetzt 'ne Bezugsperson oder e'n pastoraler Mitarbeiter vor Ort sich erst wirklich härter erarbeiten muss, als es e'n Pfarrer hat.“ (ID 2975, 2976, zu 1.2)

Diese Erfahrung eines Interviewpartners drückt den Amtsbonus aus. Sie begründet die Erwartung, dass eine kirchliche Handlung möglichst von einem priesterlichen Amtsträger vorgenommen werden soll.

Die Rede von einem ‚Begräbnis erster und zweiter Klasse‘ veranschaulicht diese Einstellung. Der Wert der Handlung dürfte dadurch, dass ein in der Hierarchie möglichst hochstehender priesterlicher Amtsträger die Handlung vornimmt, steigen. Zu denken wäre hier etwa an eine vom Bischof vorgenommene Trauung im Dom oder vom Papst vorgenommene Erwachsenentaufe in der Osternacht.

Obwohl unsere Interviewpartner überwiegend Persönlichkeit und pastorale Kompetenz des Priesters sehen und erst in zweiter Linie seine amtliche Kompetenz als Pfarrer thematisieren, billigt ein Teil den priesterlichen Amtsträgern einen solchen Amtsbonus zu. Zu einem vergleichbaren Ergebnis kommt auch Panhofer in seiner Studie zu c. 517 § 2 CIC im Bistum Innsbruck.[225]

Dass Gründe für den Amtsbonus nicht lediglich auf der institutionellen Ebene zu vermuten sind, sondern sich auch der fachlichen und spirituellen Kompetenz der Amtsinhaber verdanken, die das Amt als Erfahrungsgröße bestimmen, darf keineswegs vernachlässigt werden. Jedenfalls gibt es Erwartungen an die theologisch-fachlichen und spirituellen Kompetenzen des Amtsinhabers. Sie sind auf dem Hintergrund zu verstehen, dass vom Pfarrer immer erwartet wird, dass er Pastor oder Seelsorger ist. Nicht jeder Pastor oder Seelsorger muss jedoch Pfarrer sein:

> „Das würd' ich verändern, dass man hier öfter mal [Priester, Interviewer] einen Priester holt, auch mal vielleicht sonntags für 'nen schönen Gottesdienst mit 'ner Predigt, dass man auch solche Abende oder sonntags nach dem Gottesdienst anbietet, einen, einen Glaubensgespräch mit einem, dass müsste aber auch ein Priester sein, dann oder oder zumindest ein Diakon oder einer der das auch Theologie studiert hat und sich da ein bisschen gefestigt hat und auch auskennt und net irgend'ner Hausfrau oder irgendein Mann, der da irgendwo profilieren will.“ (ID 2663, zu 6.3)

Theologische Kompetenz wird in der Interviewpassage nicht nur vom Priester gefordert. Die Forderung richtet sich vielmehr an alle Personen, die in der Pfarrgemeinde katechetisch oder homiletisch tätig werden. Gerade im Hinblick auf die Beteiligung von nicht entsprechend ausgebildeten Ehrenamtlichen aus der Pfarrgemeinde an der Leitung der Pfarrgemeinde beinhaltet die Aussage auch funktional – und nicht amtstheologisch –eine Problemanzeige.

[225] Vgl. Panhofer, Hören, S. 257.

Wenn die in der These

> „Seelsorger können nicht durch Laien ersetzt werden.“ (ID 2770, zu 1.2)

sich aussprechende Erwartung eines Interviewpartners in diesen Zusammenhang gestellt wird, so deshalb, weil sie im Kontext der Frage der Gemeindeleitung durch Laien auf das Pfarramt[226] hin zu verstehen ist. Was funktional möglich ist, wird in Bezug auf das Pfarramt zum Problem. Die Erwartung ist klar formuliert und erinnert an die Diskussion,[227] ob die Bezeichnung ‚Seelsorger' nur auf Geweihte bezogen oder auf alle pastoralen Mitarbeiter und Mitarbeiterinnen ausgeweitet werden darf, die hier nicht fortzuschreiben ist.

Die Gegenposition wird in der folgenden Aussage bezogen:

> „Ich sage etwas flapsig: One church – one man or one church – one woman. Dass immer da, wo eine Kirche ist, möglichst vor Ort ein Seelsorger sein soll. Ideal wäre es natürlich, wenn überall ein Pfarrer wäre.“ (ID 1923, zu 1.1)

Das Zitat bringt die Erwartung vieler Interviewpartner nach einem Seelsorger vor Ort zum Ausdruck, der idealerweise, aber nicht notwendigerweise ein Pfarrer sein sollte.

3.2.1.3 Der Priester als Moderator

Im Unterschied zum Amt des Pfarrers ist die Rolle des Moderators[228] eher unterbestimmt:

> „Ich finde zunächst Mal, dass er [der Moderator, Interviewer] nur mit Mühe seine Rolle überhaupt findet und sie bislang noch nicht gefunden hat.“ (ID 1460, zu 3.2)

Dieser Interviewpartner stellt fest, dass Moderatoren ihre Rolle bislang noch nicht gefunden hätten und verbindet damit die Erwartung, dass sie sie – auch wenn es mühsam sei – finden müssten. Dies betrifft vor allem die Moderatoren der zweiten Generation, welche nicht selbst den Prozess zur Installation der Gemeindeleitung gemäß c. 517 § 2 CIC in der Pfarrgemeinde, in der sie als Moderatoren eingesetzt sind, initiiert oder mitgetragen haben. Dass Priester, die die Initiative

[226] Die Rechte und Pflichten des Pfarrers als Amtsinhaber werden im Codex mit dem Inbegriff „cura pastoralis“ benannt. Vgl. c. 515 § 1 CIC.

[227] H. Hallermann, Seelsorger(in) - ein geschützter Begriff? Kirchenrechtliche Klärungen in: Lebendige Seelsorge 55 (2004), S. 210-214.

[228] Kirchenrechtlich korrekt müsste vom moderierenden bzw. leitenden Priester gesprochen werden. Im Folgenden wird jedoch der Begriff Moderator verwendet. Die ÖBK hat für ihren Bereich diesen Begriff verbindlich festgelegt.

zur Organisation der Gemeindeleitung nach c. 517 § 2 CIC ergriffen haben, von einer solchen Rollenunsicherheit eingeholt werden, kann eher als unwahrscheinlich gelten. Entscheidend zur Klärung der Rolle des Moderators scheint die Beantwortung der Frage zu sein, ob der Moderator als der Gemeinde zugehörig wahrgenommen wird oder nicht.

> „Aber ist schon auch in der Gemeinde drin. Er wird auch wahrgenommen in der Gemeinde als Priester.“ (ID 35, zu 3.2)

> „Ist er ein Bestandteil der Pfarrgemeinde? Nein, leider nicht.“ (ID 1659, zu 3.2)

Die beiden konträren Einschätzungen – eine etwas größere Gruppe unserer Interviewpartner sagt, der Moderator sei ein Bestandteil der Pfarrgemeinde, im Vergleich zur Gruppe, die behauptet, er sei kein Bestandteil der Pfarrgemeinde – zeigen die Rollenunsicherheit an. Sie geben zugleich die Erwartung an die Moderatorenrolle zu erkennen: Der Moderator soll ein Bestandteil der Pfarrgemeinde sein. Die Moderatorenrolle wird – so ließe sich schlussfolgern – bezüglich der Zugehörigkeit zur Pfarrgemeinde am Amt des eigenen Pfarrers gemessen.

Einige der befragten jüngeren Priester ließen jedoch durchblicken, dass sie nicht den Selbstanspruch haben, mit der ganzen Person für die Pfarrgemeinde da zu sein, wie er noch bei den Moderatoren der ersten Generationen ausgeprägt ist. Der ausbleibende Wille, sich existentiell auf die Freuden und Sorgen der Menschen in der Pfarrgemeinde einzulassen, könnte damit zusammenhängen, dass es nicht die eigene Pfarrgemeinde ist, vielmehr ‚nur‘ eine ist, die nach c. 517 § 2 CIC mitgeleitet wird oder werden muss.

Dass die Moderatoren in der Regel ihre Aufgaben in der Pfarrgemeindeleitung nach c. 517 § 2 CIC nebenamtlich wahrnehmen, entscheidet allein nicht darüber, ob der Moderator – in der Perspektive unserer Interviewpartner – als präsent oder zu wenig präsent in der Pfarrgemeinde wahrgenommen wird. Die Moderatoren, die sich mit ihrer ganzen Person auf die Pfarrgemeinde einlassen, werden als präsent erfahren, die anderen, die Distanz zu den Pfarrgemeindemitgliedern pflegen, als zu wenig präsent. Demzufolge gibt es unterschiedliche Erfahrungen, aufgrund derer die Aussage, der Moderator sei zu wenig präsent, etwas stärker ausgebildet ist als die, der Moderator sei präsent. In beiden Aussagen wird die Erwartung formuliert, der Moderator solle häufiger präsent sein.

> „Umgekehrt [haben wir] eher das Gefühl, dass er zu wenig Präsenz zeigt“. (ID 1569, zu 1.2)

> „Er kommt auch mal zum Pfarrfest her, wenn er kann. Er ist eigentlich auch so präsent.“ (ID 1980, zu 3.2)

Den Minimalanforderungen an seine Rolle scheint der Moderator zu genügen, wenn er die Aufgaben verantwortlich wahrnimmt, deren Erfüllung ihm aufgrund der Weihe vorbehalten ist. Das betrifft vor allem die Leitung der Liturgie.

> „In unserer Pfarrgemeinde ist der Priester der Moderator der Seelsorge, das heißt, alles was mit Gottesdiensten, Liturgie zusammenhängt wird vom Priester im Wesentlichen verantwortet." (ID 1150, zu 3.2)

> „Er erfüllt seine Aufgaben als Priester. Ja, und ansonsten ist er eigentlich eher begleitend." (ID 420, zu 3.2)

In darüber hinausgehenden Aufgaben sei er nicht zwingend verantwortlich, wohl eher begleitend einzubeziehen.

Obwohl es ein Großteil unserer Interviewpartner begrüßen würde – gäbe es genügend Priester – wieder einen eigenen Pfarrer vor Ort zu haben, muss aus ihrer Sicht nicht unbedingt der Priester auch Leiter der Pfarrgemeinde sein. Erwartet wird vom Priester die Wahrnehmung der besonderen priesterlichen Dienste. Nicht erwartet wird, dass er deshalb auch Gemeindeleiter sein müsse:

> „Der eigene Seelsorger, der Priester, ist wichtig für die priesterlichen Dienste, aber er muss nicht zwangsläufig der Leiter der Gemeinde sein." (ID 867, zu 1.1)

Impliziert ist die Auffassung, die Leitung der Pfarrgemeinde könne auch von Nicht-Priestern wahrgenommen werden.

Das widerspricht der durchgängigen theologischen Auffassung, dass der Eucharistievorsitz und die Leitung der Pfarrgemeinde zusammen gehören.[229] Was aus theoretischen Gründen in der theologischen Diskussion kaum ernsthaft bezweifelt wird, wird durch den Pfarrermangel zur Diskussion gestellt und von einer Gruppe unserer Interviewpartner aus pragmatischen Gründen als nicht zwingend erhaltenswert erachtet.

In der auf den praktischen Notstand eingehenden pastoraltheologischen Diskussion wird die These vertreten, dass derjenige, der eine Pfarrgemeinde leitet, auch den Vorsitz bei der Feier der Eucharistie innehaben soll, m.a.W. zu weihen sei. Die Relation von Eucharistievorsitz und Pfarrgemeindeleitung wird dabei nicht als wechselseitig bestimmt. Sie ist aber auch nicht - wie das oft geschieht - als wechselseitig zu bestimmen. Gibt es doch zahlreiche Priester, die der Eucharistiefeier vorstehen, ohne dass sie eine Pfarrgemeinde leiten. Aus dem Vorsitz bei der Eucharistiefeier kann man nicht notwendig den Anspruch auf die Leitung

[229] Vgl. P. Walter, Gemeindeleitung und Eucharistiefeier. Zur theologischen Ortsbestimmung des Amtes, in: Kirche und Theologie im kulturellen Dialog. Für Peter Hünermann, hg. von B. Fraling, H. Hoping, J. C. Scannone, Freiburg; Basel; Wien 1994, S. 378-391.

einer Pfarrgemeinde ableiten. Wohl kann man theologisch gut begründet fordern, dass derjenige, der eine Pfarrgemeinde leitet, auch den Vorsitz in der Eucharistiefeier inne haben sollte. Ob man mit diesem Argument Laien von jedweder Pfarrgemeindeleitung apriori ausschließen kann oder ob es die Notwendigkeit anzeigt, dass Laien, die mit der Pfarrgemeindeleitung beauftragt werden, in angemessener Zeit zu weihen seien, das wird derzeit kontrovers diskutiert. Hierzu haben sich aus den Interviews aber auch keine besonderen Anhaltspunkte ergeben, sieht man einmal davon ab, dass der Begriff ‚Letztverantwortung' gegenüber der arbeitsteiligen Wahrnehmung der Aufgaben in der Pfarrgemeindeleitung vollkommen in den Hintergrund getreten ist.

Die Entlastung des Priesters von Verwaltungs- wie Leitungsaufgaben entlarvt die kirchenamtliche Erwartung von der Letztverantwortung des Priesters als idealistisch. Es liegt die von der Praxis ausgehende Vermutung nahe, dass damit die mit dem Pfarrermangel zwangsläufig einhergehende Entfremdung von Pfarrgemeinden und Priestern kaschiert werden könnte. Diese wird durch ein funktionales Verständnis der Pastoral jedoch eher noch gefördert. Die Beziehung zur eigenen Pfarrgemeinde bestimmt die Identität der Priester der jüngeren Generation zunehmend weniger.

3.2.1.4 Der Priester als eigener Pfarrer

Die Orientierung eines großen Teils unserer Interviewpartner bleibt dem Modell der Zuordnung von je einer Pfarrgemeinde und einem eigenen Pfarrer als Ideal verhaftet. Er erwartet von einer Besetzung jeder Pfarrstelle mit einem eigenen Pfarrer positive Effekte für die Pfarrgemeinde:

> „Wenn jede Pfarre einen eigenen Pfarrer hat, finde ich, kann dieser Pfarrer sich besonders intensiv auf diese gewisse Gemeinde konzentrieren". (ID 602, zu 1.1)

Damit wird in erster Linie ausgesagt, dass die Pfarrgemeinde, die einen eigenen Pfarrer hat, sich der ungeteilten Aufmerksamkeit des Pfarrers erfreuen könne. Nicht auf seine Leistung, sondern vielmehr auf seine Konzentration auf die Pfarrgemeinde komme es an. Dieser Anspruch wird vereinzelt als Vorzug vor allem für ältere Menschen angesehen:

> „Ich glaube, ältere Menschen sehen da schon einen großen Vorzug drin, dass ein Priester ansässig ist und nur für eine Gemeinde zuständig ist." (ID 396, zu 1.1)

> „Ich denke schon, gerade für die Älteren wäre es wichtig, einen zu sehen und zu hören in der Gemeinde, in der Kirche auch. Auch als Ansprechperson regelmäßig, aber das ist nicht der Fall." (ID 1647, zu 1.1)

Die Rolle des Pfarrers als in der Pfarrgemeinde ansässiger Ansprechperson dominiert jedoch nicht nur die Erwartungen der Älteren, auch wenn sie im Namen der Älteren geltend gemacht werden:

> „Wenn niemand vor Ort ist, also auch wohnend vor Ort, dann habe ich schon den Eindruck, dass eine Gemeinde sich recht verwaist vorkommt." (ID 1879, zu 1.2)

> „Das ist ja sozusagen das klassische Modell, und wenn ich an frühere Zeiten denke, ich fand das früher auch schön, wenn so eine Bezugsperson vor Ort war". (ID 124, zu 1.1)

Wenn der Pfarrer also keine Zeit mehr für die unmittelbare Seelsorge aufbringen kann, weil er mehrere Ämter innehat und nicht mehr vor Ort wohnt, wird dies vornehmlich als Verlust erfahren. Diesen Verlust kompensierende Lösungen gelten als Notlösungen, solange sie an dem klassischen Modell der Zuordnung von Pfarrer und Pfarrgemeinde gemessen werden.

Es kann jedoch vermutet werden, dass, ebenso wie sich die Pfarrgemeinde einen eigenen Pfarrer wünscht, viele Priester sich eine – und nur eine – eigene Pfarrgemeinde wünschen.

3.2.1.5 Der ideale und der reale Pfarrer in Selbst- und Fremdeinschätzung – Auswertungsergebnisse einer quantitativen Befragung

3.2.1.5.1 Die quantitative Befragung

Neben den qualitativen Interviews, die in den sechs Gemeinden des Bistums Aachen und des Bistums Limburg durchgeführt wurden, fand zusätzlich eine quantitative Befragung der Interviewteilnehmer statt.

Im Rahmen der Interviews wurden den Befragten daher drei Fragebögen vorgelegt, die sie durch Ankreuzen ausfüllen sollten. Gefragt wurde nach der persönlichen Vorstellung von einem „idealen Pfarrer", der Erfahrung mit einem „realen Pfarrer" und der Erfahrung mit einer Gemeinde „ohne Pfarrer".[230]

Um ein aussagekräftiges Bild der Vorstellungen und Erfahrungen der Befragten zu erhalten, wurden die im Fragebogen aufgeführten Eigenschaften in Polaritäten dargestellt. Dies bedeutet, dass einer Eigenschaft ihr „Gegenpol" gegenübergestellt wurde. Als Beispiel sei die Eigenschaft „Verantwortung übernehmend" zu nennen, der die Eigenschaft „Verantwortung abweisend" gegenübergestellt wurde. Anhand dieser Polaritäten konnten die Befragten nun durch Ankreu-

[230] Die Fragebögen sind im Anhang 5 vollständig abgedruckt.

zen der Kästchen veranschaulichen, welche Tendenzen ihre Vorstellungen und Erfahrungen widerspiegeln.

Der folgende Auszug eines Fragebogens zeigt das Schema der Polaritäten:

Verantwortung übernehmend	❑ ❑ ❑ ❑ ❑ ❑ ❑	Verantwortung abweisend
persönlich	❑ ❑ ❑ ❑ ❑ ❑ ❑	unpersönlich
zugänglich	❑ ❑ ❑ ❑ ❑ ❑ ❑	unzugänglich
ruhig	❑ ❑ ❑ ❑ ❑ ❑ ❑	gestresst

Abb. 1: Auszug einer der drei quantitativen Fragebogen zu den Polaritäten.

3.2.1.5.2 Auswertung der quantitativen Fragebögen

Bei der Auswertung der quantitativen Fragebögen wurden die Antworten der Befragten in eine Excel-Tabelle übertragen.

Zunächst wurden die Antworten nach Personengruppen sortiert, d. h. Moderatoren, Mitgliedern des Kirchenvorstandes, Kirchenfernen, usw. Die Anzahl der Befragten der einzelnen Gruppen (ca. 5-7 Personen pro Gruppe) war jedoch nicht groß genug, als dass eine statistische Auswertung jeder einzelnen Gruppe aussagekräftig gewesen wäre.

Das Hauptaugenmerk der Auswertung galt dem Vergleich der Wahrnehmung der „Moderatoren“ selbst und der „Fremdwahrnehmung“.

Die Auswertung der Fragebögen beruht daher auf der Betrachtung der Vorstellungen und Erfahrungen zweier Gruppen und zwar der „Moderatoren“ und der „Fremdwahrnehmung“. Die Gruppe der Fremdwahrnehmung fasst dabei alle anderen befragten Personengruppen zusammen.[231]

Alle Einzelantworten innerhalb der Gruppen wurden tabellarisch aufgeführt und anschließend durch Ermittlung der Mittelwerte auf einen Durchschnittswert gebracht. Anhand der Mittelwerte konnte eine grafische Darstellung der Auswertungsergebnisse erfolgen.

[231] Die Personengruppe der „Fremdwahrnehmung“ setzt sich wie folgt zusammen: Leitungspersonen, Mitglieder des Pastoralteams, Mitglieder des Kirchenvorstandes, Mitglieder des Pfarrgemeinderates, Kirchennahe (Alter 15+, 30+ und 60+) und Kirchenferne (Alter 15+, 30+ und 60+).

3.2.1.5.2.1 Der Ideale Pfarrer in Selbst- und Fremdeinschätzung

Die folgende Grafik zeigt das Bild eines „idealen Pfarrers", wie er in der Vorstellung der Moderatoren selbst und in der Vorstellung der Fremdwahrnehmung zu sein hat.

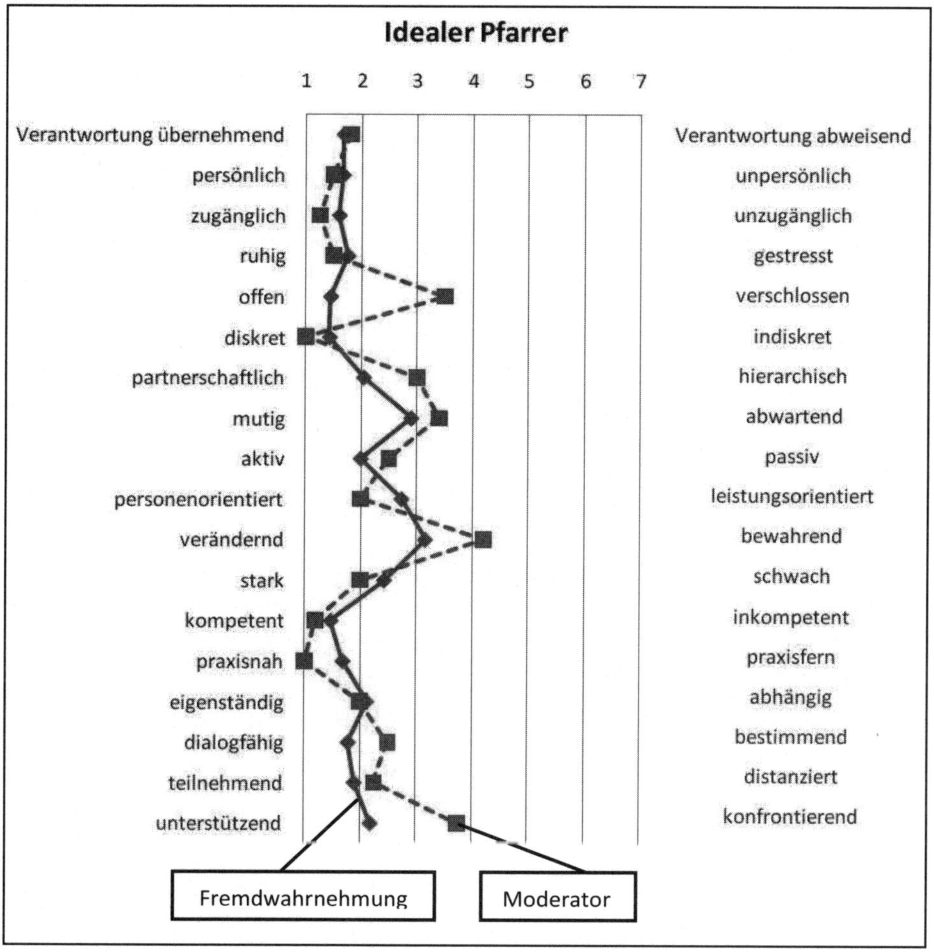

Im Vergleich der beiden Kurven zeigt sich ein weitestgehend ähnlicher Verlauf. Übereinstimmend und zugleich als besonders wichtig wird beschrieben, dass der ideale Pfarrer Verantwortung übernehmend, persönlich, zugänglich, ruhig, diskret, kompetent und praxisnah sein sollte.

Ein deutlicher Unterschied zeigt sich jedoch im Punkt „offen/verschlossen". Hier soll der ideale Pfarrer in der Fremdwahrnehmung eindeutig „offen" sein (Mittelwert: 1,45), wohingegen der Moderator den idealen Pfarrer genau zwischen „offen" und „verschlossen" sieht (Mittelwert: 3,5). Die Unterschiede der beiden

Kurven sind in allen anderen Punkten nicht so deutlich. Es lässt sich jedoch eine Tendenz absehen, wobei der Moderator den idealen Pfarrer als etwas mehr hierarchisch, abwartend, passiv, bewahrend, bestimmend, distanziert und konfrontierend ansieht, als die Fremdwahrnehmung dies tut. Besonders der Punkt „verändernd/bewahrend“ fällt hierbei auf, da dieser beim Moderator einen Mittelwert von 4,2 aufweist, d. h. dass der Pfarrer eher bewahrend als verändernd sein soll. Die Fremdwahrnehmung sieht dabei den idealen Pfarrer eher noch verändernd als bewahrend.

3.2.1.5.2.2 Der reale Pfarrer in Selbst- und Fremdeinschätzung

Die hier dargestellte Grafik zeigt das Bild eines „realen Pfarrers“, so wie es in der Selbsteinschätzung der Moderatoren und der Fremdeinschätzung der übrigen Befragten gesehen wird.

Auch in dieser Grafik zeigt sich, dass die beiden Kurven annähernd parallel verlaufen und keine deutlichen Unterschiede aufweisen. Auffallend ist jedoch, dass die Kurven zueinander verschoben verlaufen. Die Kurve der Fremdwahrnehmung verläuft eher zu den negativen Eigenschaften hin als die der Moderatoren. Die Mittelwerte der Fremdwahrnehmung liegen demnach über denen der Moderatoren. Besonders die Punkte „abwartend“ und „bewahrend“ werden beim realen Pfarrer von der Fremdwahrnehmung stärker erfahren als beim idealen Pfarrer erwünscht. Die Selbsteinschätzung der Moderatoren entspricht hierbei exakt ihrer Vorstellung von einem idealen Pfarrer. Grundsätzlich fällt auf, dass beide Kurven tendenziell ein etwas negativeres Bild des realen Pfarrers darstellen als beim idealen Pfarrer.

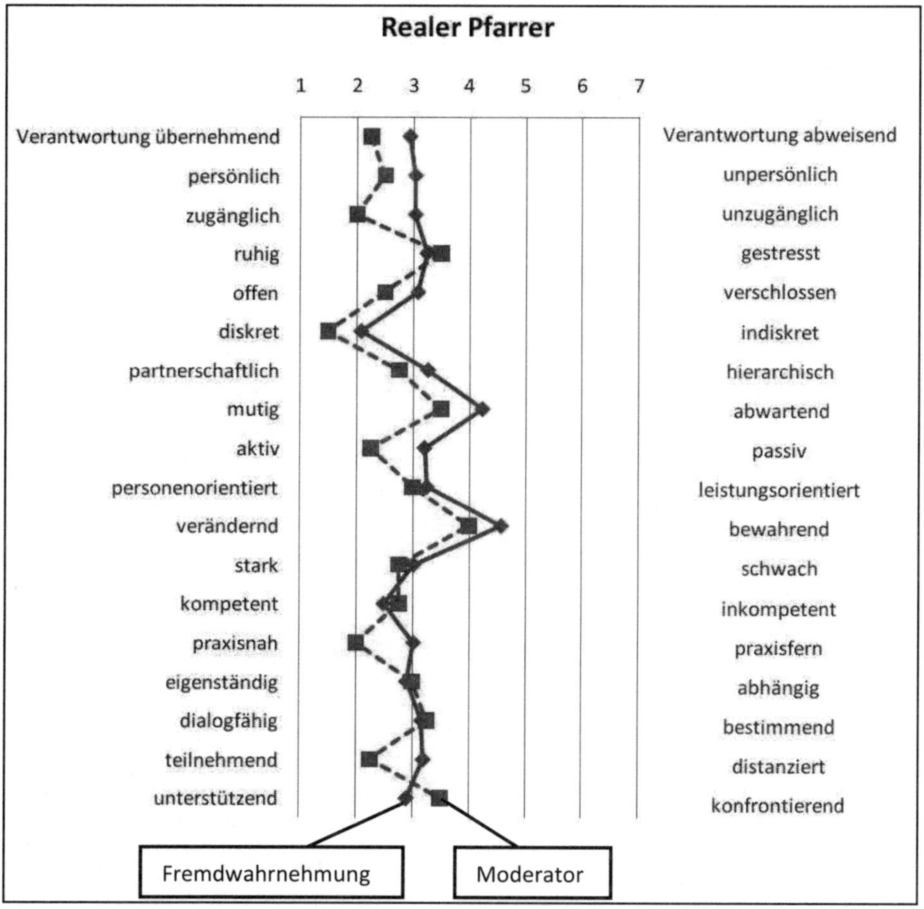

3.2.2 Erwartungen an die mit der Wahrnehmung der Pastoral Beauftragten

Im Bistum Aachen und im Bistum Limburg wird die Leitung der Pfarrgemeinden nach c. 517 § 2 CIC unterschiedlich realisiert. Daran ist an dieser Stelle zunächst noch einmal zu erinnern. Während im Bistum Limburg ein hauptberuflich tätiger pastoraler Mitarbeiter (Pastoralreferent/in oder Gemeindereferent/in) beziehungsweise ein Ständiger Diakon im Hauptberuf als Bezugsperson in eine Pfarrgemeinde gesandt werden, werden im Bistum Aachen ehrenamtlich tätige Pfarrgemeindemitglieder gemeinsam mit einem Gemeindereferenten oder einer Gemeindereferentin mit der Wahrnehmung der Pastoral in einer Pfarrgemeinde gemäß c. 517 § 2 CIC beauftragt. Das wirft Fragen auf, zu denen die Interviews Aufschluss geben können: Soll die Pfarrgemeindeleitung bei Priestermangel von einer einzelnen Person oder im Team wahrgenommen werden? Sollen ehrenamtlich tätige Personen mit der Wahrnehmung der Pastoral in einer Pfarrgemeinde beauftragt werden? Wenn ja, welche Kompetenzen müssen sie mitbringen? Und schließlich: Sollen die Beauftragungen an Mitglieder aus der Pfarrgemeinde ausgesprochen werden oder soll eine Bezugsperson, die von außen kommt, ähnlich zum Pfarrer, mit der Wahrnehmung der Pastoral beauftragt werden? Die Erwartungen an die in der Pfarrgemeindeleitung beteiligten Personen werden im Folgenden diesen Fragestellungen entsprechend dargestellt.

3.2.2.1 Die Beteiligung von Laien an der Pfarrgemeindeleitung

Ebenso wie die konkreten Erfahrungen mit einem Priester die Einstellungen der Gläubigen zur Pfarrgemeinde und Kirche beeinflussen, beeinflussen die konkreten Erfahrungen die Einstellungen der Interviewpartner zur Beteiligung von Laien an der Gemeindeleitung in der Pfarrgemeindeleitungsform nach c. 517 § 2 CIC. Positive Erfahrungen begünstigen Akzeptanz, negative Ablehnung. So erwarten einige unserer Interviewpartner keine Nachteile dadurch, dass die Pfarrgemeinde keinen eigenen Pfarrer mehr hat:

> „Da ich das jetzt hier so kenne, dass eben viel durch Laien gemacht wird, würde ich rein intuitiv sagen: Nein." (ID 648, zu 1.2)

Die Aussage wird durch die Erfahrung begründet, dass Haupt- und Ehrenamtliche das Pfarrgemeindeleben aufrecht zu erhalten und aktiv zu gestalten vermögen. Eine große Gruppe unserer Interviewpartner ist der Auffassung, dass die Präsenz der Kirche vor Ort durch den Dienst Ehrenamtlicher aufrecht erhalten werden könne, worauf im Zusammenhang mit der Thematisierung der Rolle der Ehrenamtlichen (3.2.2.3) noch präziser eingegangen wird.

Kriterium ist die Lebendigkeit der Pfarrgemeinde das florierende Gemeindeleben. Vakanzerfahrungen, in denen die Selbstorganisation der Gemeinde durch die Gemeindemitglieder gefordert gewesen ist, haben die Notwendigkeit der traditionellen Besetzung eines Pfarramts ebenso relativiert wie konkrete Schwierigkeiten mit der Person des Amtsinhabers. Andererseits wird die Notwendigkeit eines von außen kommenden Impulsgebers und ‚Antreibers' gesehen. Leitend ist die Erwartung, dass für die Lebendigkeit der Gemeinde in unterschiedlicher Weise Sorge getragen werden müsse.

> „Natürlich freut sich 'ne Pfarrei, wenn sie einen Pfarrer kriegt, weil es so traditionell ist. Manche verfluchen ihn anschließend, weil sie einen gekriegt haben. […] Also das hat man oft, dass nach Vakanzjahr plötzlich Gemeinden auch zum Leben aufwachen, weil sie plötzlich was selbst organisieren müssen, diese Fälle gibt es auch. Genau so welche, wo eingeschlafen sind, wenn da kein Antreiber da war oder sonst was." (ID 2860, zu 3.6)

Die Aussage zeigt einen gewissen Pragmatismus in der Annahme, dass die Leitungsform gewählt werden solle, die für das Gemeindeleben die relativ günstigste sei.

Neben den Erwartungen an die fachlichen Kompetenz, eine Pfarrgemeinde leiten zu können, kommt den Erwartungen an die Persönlichkeit der an der Leitung der Pfarrgemeinde beteiligten Laien – ebenso wie dies schon für den Priester geltend gemacht worden ist (s.o.) – eine entscheidende Bedeutung zu.

> „Es ist, glaube ich, weniger eine Frage des Gemeindemodells, sondern auch der Personen, die dahinter stecken. Wenn der Pfarrbeauftragte genauso den Pfarrer, den autoritären Pfarrer kopiert oder was auch immer, dann wird das genau so mistig laufen." (ID 2850, zu 3.4)

Sie müssen da sein können, ohne das Gefühl zu haben, dauernd intervenieren zu müssen, aber adäquat reagieren können, wenn sie gefragt werden. Als entscheidend kann angesehen werden, dass sie sich auf die Pfarrgemeinde und ihre Belange einlassen und konzentrieren können.

> „Das ist eben oft auch einfach auf Abruf. Man muss nicht unbedingt immer präsent sein, aber man muss erreichbar sein. Wenigstens den Leuten die Möglichkeit geben." (ID 348, zu 4.4)

Unzufriedenheit gibt es im Hinblick auf die unzureichende rechtliche Bestimmung der Kompetenzen von Laien, die an der Gemeindeleitung im Modell nach c. 517 § 2 CIC beteiligt sind. Die gleiche Erwartung wurde auch schon in Bezug auf die Rolle des Moderators thematisiert. Sie lautet: Bei der Pfarrgemeindeleitung nach c. 517 § 2 CIC müsse deutlicher gemacht werden, wer welche Verantwortung trägt und mit welcher Kompetenz wahrnehmen kann:

> „Auf jeden Fall die Grauzone meiner Meinung nach, die Grauzone der, der, der Leute, die das machen diesen Job, die nicht so genau wissen, inwiefern bin ich wirklich hier in der Verantwortung oder was darf ich tun, was darf ich nicht tun, also wie weit geht meine Delegation vom Bischof?" (ID 2609, zu 3.5)

Der Canon selbst enthält keine weiteren Differenzierungen, damit die Diözesanbischöfe die Zuständigkeit und Verantwortlichkeit der Beteiligten auf Grund der gegebenen ortskirchlichen Besonderheiten hin festlegen können. Im Bistum Limburg und vielen anderen Bistümern des deutschsprachigen Raumes ist dies geschehen. Im Bistum Aachen gibt es keine allgemeinen Regelungen außerhalb der bischöflichen Beauftragung. Aus der Perspektive unserer Interviewpartner müssten die Verantwortlichkeiten präzise bestimmt beziehungsweise fortgeschrieben werden.

Eine Gruppe unserer Interviewpartner erwartet dabei eine Ausweitung der rechtlichen Kompetenzen der Laien. Sie betrifft vor allem die Sakramentenspendung:

> „Die Schwierigkeiten sind natürlich dann wieder. Dann komm ich wieder zurück auf die auf die Sakramente. Man ist also angewiesen im Prinzip auf solche Dinge, wenn Krankensalbung zum Beispiel kann kein Laie spenden, das muss ein Priester machen. Das heißt, da muss jetzt über den Priesternotruf was gemacht werden, ist natürlich manchmal auch blöd." (ID 1416, zu 3.5)

Die rechtlich für in der Gemeindeleitung beteiligte Laien nicht gegebene Möglichkeit, Sakramente spenden zu können, wird von ihnen selbst aus pragmatischen Gründen als defizitärer Zustand empfunden. Die Einsicht in die theologische Begründetheit der geltenden Regelungen wird nicht thematisiert.

Darüber hinaus wird die generelle Erwartung geäußert, das Engagement von Ehrenamtlichen als eigenständig und eigenberechtigt anzuerkennen (vgl. 3.2.2.3).

3.2.2.2 Als Einzelner oder als Team

In den Interviews findet sich sowohl die Erwartung, dass die Pfarrgemeindeleitung besser durch eine einzelne Person als auch, dass sie besser durch ein Team ausgeübt werden sollte. Ein Großteil unserer Interviewpartner erwartet, dass letztlich eine Person die Autorität und Entscheidungskompetenz besitzen solle.

> „Ich denke schon, dass das eine Person sein sollte, die dann das Sagen hat." (ID 1185, zu 1.4)

Dem steht die Erwartung gegenüber, dass die Pfarrgemeindeleitung besser durch ein Team wahrgenommen werden sollte.

> „Ich glaub', ein Team ist schon ein Vorteil, ja auf jeden Fall. Vor allem dann, wenn man alleine zuständig ist, dann kann nicht mal einer kommen und sagen, überdenkt das doch mal. Ich arbeite selber in einer Arztpraxis und da sind wir auch ein Team und wenn dann mal einer kommt und sagt, wir machen es zwar jahrelang so, aber warum eigentlich und können wir das nicht anders machen, also finde ich schöner, wenn man sich austauscht und vielleicht neue Ideen dann auch reinbringen kann oder auch über was diskutieren kann." (ID 1098, zu 3.4)

Basis ist die von einer kleinen Gruppe unserer Interviewpartner geteilte Annahme, ein kollegiales Miteinander fördere den Austausch untereinander und besitze somit den Vorteil, durchlässig für neue Ideen zu sein.

Diese Zuspitzung der abschließenden Entscheidung auf eine Person hängt vielleicht mit der bei vielen vorhandenen Vorstellung von der klassischen Form der Pfarrgemeindeleitung durch einen Pfarrer zusammen, könnte aber auch aus der Erfahrung resultieren, dass die Beschlussfassung in Teams, bei denen die Mitglieder alle gleichberechtigt sind, oft Kräfte bindet, die gegebenenfalls sinnvoller einzusetzen wären. Die Auffassung, es solle jemanden geben, der das letzte Wort hat, ist nicht unbedingt als Absage an die Beteiligung von Haupt- und Ehrenamtlichen an der Leitung der Pfarrgemeinde zu verstehen. Sie regt vielmehr dazu an, die Einsicht zu realisieren, dass eine ‚Binnenhierarchie' in einem Leitungsteam ein effizientes Handeln fördert.

Das Erfordernis, gemeinsam als und im Team Beschlüsse zu fassen, bewirkt, dass die Entscheidungsfindungsprozesse komplexer, darum meist langwieriger sind, aber auf einer breiteren Basis aufbauen können. Die getroffenen Entscheidungen werden von mehreren mitgetragen und haben, da sie aus einem umfassenderen Beratungsprozess hervorgehen, eine größere Chance, auf Anerkennung zu treffen. Dieser Aspekt kommt vor allem im Aachener Modell, in dem in der Regel fünf Personen im Pastoralteam mitwirken, aber auch im Limburger Modell, bei dem der Pfarrbeauftragte und der Leitende Priester zusammenarbeiten, zum Tragen. In Hinsicht auf dieses zentrale Charakteristikum kann von einem ‚Konsensmodell' gesprochen werden, was indirekt von einer großen Gruppe unserer Interviewpartner mit etwas voneinander abweichenden Nuancierungen formuliert wird. Erwartet wird von den Beteiligten, dass sie kompromissbereit sind.

> „In Beziehungen, und das ist ja quasi auch eine Beziehung, die diese fünf Leute dann da haben, ist auch oft wichtig, dass jeder etwas abgibt, Kompromisse findet. Ja, es sind fünf Charaktere, fünf völlig verschiedene Charaktere." (ID 1298, zu 3.6)

Das Zitat betont zugleich die Heterogenität der Charaktere im Leitungsteam. Mit ihr geht die Notwendigkeit des Ringens um Entscheidungen einher. Sehr aufschlussreich ist der gegebene Hinweis, es handle sich um ein Beziehungsgeschehen. So wenig spektakulär dieser Verweis auf den ersten Blick erscheint, umso eindrucksvoller zeigt er sich auf den zweiten. Diese neue Form der Pfarrgemeindeleitung, welche über die ‚ursächlich' verstandene konsultierende Einbeziehung von Haupt- und Ehrenamtlichen in den Pfarrgemeinderat hinausgeht, wird mit der Erwartung verbunden, Leitung als Beziehungsprozess zu begreifen. Es mag eine theologisch gewagte These sein, darin den geistlichen Charakter der Leitung in der Kirche neu verwirklicht zu sehen. Sie liegt jedoch nahe, wenn nach Lumen Gentium die Kirche als communio, als das aus der Einheit von Gott Vater, Sohn und Heiligem Geist geeinte Volk verstanden wird.[232] Dieses Cyprianzitat

232 Eine zutreffende und zugleich knappe Interpretation findet sich bei M. Kehl „Die katholische Kirche versteht sich als das „Sakrament der Communio Gottes"; als solches

in Lumen Gentium 4 macht einsichtig, warum geistliche Leitung der theologischen Bestimmung nach ‚gemeinschaftliche Leitung sein sollte. Durch die Organisation der Pfarrgemeindeleitung im Team könnte der communiale Charakter der Kirche auf der Ebene der Pfarrgemeinde klarer herausgestellt werden.

Auf dem II. Vatikanischen Konzil selbst ist der Communiostruktur der Kirche durch die Lehre von der Kollegialität der Bischöfe entsprochen worden. Ihr hat das Konzil eine prinzipielle Rolle[233] für die Leitung in der Kirche beigemessen. Es hat das Prinzip der ‚Kollegialität' als Ergänzung zum durch das I. Vatikanische Konzil einseitig betonten Prinzips der ‚Unipersonalität' in der Kirche angesehen. Beide sind freilich nur schwer miteinander in ein Gleichgewicht zu bringen. Auch wenn die Kollegialität in der Dogmatischen Konzilskonstitution über die Kirche ‚Lumen Gentium' ausdrücklich nur auf das Bischofskollegium bezogen wird, scheint seine Übertragbarkeit – in origineller und effektiver Weise – auf die pfarrgemeindliche Situation möglich. Exemplarisch wird im folgenden Zitat die mangelnde Kollegialität aufgegriffen und dadurch der Erwartung Ausdruck nach einem höheren Niveau derselben Ausdruck verliehen:

> „Ich hab' zwar in die Einladungen, die diese Leute bekommen haben, seine [des Leitenden Priesters] Unterschrift d'runtergeklebt, ja, da legt er sehr viel Wert drauf, dass er, das steht auch immer als erster da, aber er kennt den Brief gar nicht. Das ist [die Realität, Interviewer] das ist die Realität. Ja, ich kleb' ihn dann immer dazu, so Oster- oder Weihnachtsgrüße im Pfarrbrief immer zack dabei. Wenn ich's nicht machen würde und er würde es lesen – ohje. Dann wäre er beleidigt und ich schreib' den auch immer als ersten, auch wenn er, also da das wird mir, da steh' ich glaube ich d'rüber." (ID 2374, zu 3.4)

Ähnliches gilt auch für den zweiten Aspekt, der die Kollegialität unter den Bischöfen auszeichnen soll: der Aspekt der Affektivität. Es wird wahrgenommen, ob die Mitglieder des Pastoralteams sich verstehen und vertrauensvoll miteinander zusammenarbeiten. Die Erwartungen richten sich darauf, dass sie es tun:

> „Die hatten ein gutes Miteinander. Die hatten klar ihre Bereiche abgesteckt, ja, und ich fand das ein gutes und befruchtendes Miteinander." (ID 3089, zu 3.2)

Erwartet wird von allen an der Leitung der Pfarrgemeinde Beteiligten, dass sie kollegial miteinander umgehen: effektiv und affektiv.

bildet sie die vom Hl. Geist geeinte, dem Sohn Jesus Christus zugestaltete und mit der ganzen Schöpfung zum Reich Gottes des Vaters berufene Gemeinschaft der Glaubenden, die synodal und „hierarchisch" zugleich verfaßt ist" (M. Kehl, Die Kirche. Eine katholische Ekklesiologie, Würzburg 1992, S. 51).

[233] Vgl. Lumen Gentium Nr. 22 und Nr. 23.

Der im zweiten Beispiel angesprochene Bezug von Kollegialität und einer klaren Abgrenzung von Verantwortungsbereichen wirft noch einmal ein Licht auf einen möglichen Verbesserungsbedarf hinsichtlich der Konkretisierung der Aufgabenzuschreibung an die beteiligten Personen in der Pfarrgemeindeleitung nach c. 517 § 2 CIC. Eine solche Optimierung, so wird erwartet, erleichtere die Kollegialität.

3.2.2.3 Die Einbeziehung Ehrenamtlicher

Da nun schon in vielfältiger Weise dargestellt wurde, wie wichtig es einem großen Teil unserer Interviewpartner ist, dass die Kirche vor Ort vertreten sein soll, verwundert es nicht, dass sie von Ehrenamtlichen erwarten, die Präsenz der Kirche vor Ort durch den Erhalt der Pfarrgemeinden zu sichern. Diese Aussage erfolgt unabhängig von der Form, in welcher die Pfarrgemeinde geleitet wird: wie im klassischen Pfarrgemeindeleitungsmodell durch den Pfarrer oder wie in der Form der Pfarrgemeindeleitung nach c. 517 § 2 CIC durch einen Pfarrbeauftragten und einen Leitenden Priester (Bistum Limburg) oder einem Team von Ehrenamtlichen, einem Gemeinde- bzw. Pastoralreferenten sowie eines Moderators (Bistum Aachen):

> „Aber ich würde sehr dafür sorgen, dass die Gemeinden erhalten bleiben und wesentlich in der Hand von Ehrenamtlichen. Wesentlich." (ID 138, zu 2.2)

Je mehr Ehrenamtliche aus der betreffenden Pfarrgemeinde verantwortlich in die Pfarrgemeindeleitung einbezogen werden, umso mehr dürfte sich der Schwerpunkt des praktischen Interesses an c. 517 § 2 CIC – Sicherung der Pastoral in Zeiten des Priestermangels – zugunsten des Interesses an der Erhaltung eigenständiger Pfarrgemeinden verlagern.

Ehrenamtliche erwarten, gestaltend und nicht nur durchführend, eigenständig und nicht nur von Pfarrers Gnaden wirken zu können.

> „Engagement vom Ehrenamt und von Laien auch ernst zu nehmen und zu sagen, hier habt ihr auch einen Bereich, den ihr selber gestalten könnt und nicht alles nur so nach dem Motto ‚von Pfarrers Gnaden' oder so." (ID 1343, zu 2.4)

Die Erwartung, eigene Bereiche zu erhalten, die selbstständig gestaltet werden können, ist offensichtlich.

> „Ich würd' wirklich mehr Aufgaben in andere Hände geben." (ID 610, zu 2.3)

Sie betrifft damit die rechtliche und die fachliche Kompetenz. Die Ehrenamtlichen, die an der Pfarrgemeindeleitung beteiligt sind, erhalten die rechtliche Kompetenz durch eine bischöfliche Beauftragung. Diese wird im Bistum Aachen bisher nicht an die Voraussetzung des Nachweises einer besonderen pastoralen Kompetenz geknüpft. Die Bistümer Linz und Salzburg beispielsweise, in denen ebenfalls Ehrenamtliche in die Gemeindeleitung einbezogen werden, bieten pastoraltheologische Ausbildungskurse zur Erlangung der erforderlichen fachlichen Kompetenz an.[234]

Die kirchenrechtliche Option von c. 517 § 2 CIC, Leitungsaufgaben auf mehrere Schultern zu verteilen, hat nach Ansicht zahlreicher Interviewpartner weitere Ehrenamtliche motiviert, sich zu engagieren. Kann hinsichtlich des ehrenamtlichen Engagements also von einer Signalwirkung durch die Einbeziehung von Laien in die Gemeindeleitung gesprochen werden? Die Aussage

> „Es hat sehr viele Ehrenamtler, neben dem Pastoralteam, motiviert, mit zu tun." (ID 1531, zu 3.7)

spricht dafür. Wir haben sie statistisch nicht abschließend überprüfen können. Ein mögliches Kriterium wäre die Beteiligung an Pfarrgemeinderatswahlen. Dies gilt sowohl für die Bereitschaft zu kandidieren als auch für die Bereitschaft zu wählen.

Ebenso wie von einer ‚Signalwirkung' könnte aber auch von einem ‚Solidarisierungseffekt' ausgegangen werden. Die Vakanz und die Aussicht, keinen eigenen Pfarrer mehr zu erhalten, könnte dazu führen, dass sich die Gläubigen aufgefordert fühlen, die Existenz ihrer Pfarrgemeinde dadurch zu sichern, dass sie sich selbst mehr als zuvor für das Fortbestehen des kirchlichen Lebens am Ort einsetzen. Das wird ja durch den Pfarrer nicht mehr garantiert. Würde dieses Engagement kriteriologisch in Anschlag gebracht, entschiede zukünftig nicht mehr die Anzahl der Priester oder der Katholiken, sondern das durch das Engagement Ehrenamtlicher getragene Gemeindeleben, ob eine Pfarrgemeinde entweder geschlossen bzw. fusioniert wird oder eigenständig bleibt. Dieses Kriterium würde vermutlich weniger Proteste hervorrufen, als es das derzeitige tut, weil es kein dogmatisch-klerikales, sondern ein spirituell-partizipatives wäre.

Dabei sind unseren Interviewpartnern die Grenzen der ehrenamtlichen Belastbarkeit bewusst, zumal einige unserer Interviewpartner erwarten, dass die Bereitschaft, sich ehrenamtlich in der Kirche zu engagieren eher ab- als zunehmen werde. Dadurch werde es schwerer, Leute zu finden:

[234] Rahmenordnung für Pfarrmoderatoren und Pfarrassistenten/innen, in: Linzer Diözesanblatt 146 (2000), S. 43-46. Rahmenordnung für Priester und Pfarrassistenten/Pfarrassistentinnen in Gemeinden ohne Pfarrer vor Ort, in: Verordnungsblatt der Erzdiözese Salzburg Nr. 9 vom 1.9.2008, S. 98-103.

> „Die Leute heutzutage wollen so Ehrenamt wenig oder selten. Gerade was mit Kirche zu tun hat, sind sie nicht mehr ganz so offen. Dann ist da auch wieder die Schwierigkeit, Leute zu finden!" (ID 2232, zu 4.5)

Zur Begründung wird auf die zunehmenden beruflichen Belastungen verwiesen:

> „An allen Stellen, die es in der Gemeinde gibt, auch immer Ehrenamtliche mit einzubinden. [...] Wobei, was ich vorhin auch sagte, mir klar ist, das immer schwieriger ist durch die Berufstätigkeit der Menschen und durch die Flexibilität, die von den Menschen in ihrer Berufstätigkeit gefordert ist." (ID 1901, zu 4.5)

Das Zitat dämpft die Erwartung eines zunehmenden ehrenamtlichen Engagements. Dies scheitert nicht an der Bereitschaft. Vielmehr verfügen Menschen oft wegen ihrer beruflichen Inanspruchnahme zunehmend über weniger Zeit, in der sie sich kirchlich engagieren könnten.

Besonders nachvollziehbar wird diese Erfahrung im Blick auf eine der Pfarrgemeinden, in denen die Interviews durchgeführt worden sind. Die Situation dort war geprägt von der Tatsache, dass die Arbeit des Pastoralteams wegen der Nichtbesetzung der Stelle des Gemeindereferenten ausschließlich auf den Schultern der an der Leitung der Pfarrgemeinde beteiligten Ehrenamtlichen ruhte. Die vier Ehrenamtlichen spürten die Notwendigkeit der täglichen Präsenz vor Ort sowie einer fundierten theologischen Ausbildung im Alltag des kirchlichen Lebens und stießen deswegen an die Grenzen der Überforderung. Schon rein zeitlich können sie nicht leisten, was durch Hauptamtliche zu erbringen wäre. Deshalb wird erwartet, dass eine Pfarrgemeinde nicht ohne hauptamtliche Mitarbeiter geleitet werden könne.

> „Deswegen sind wir schon der Auffassung, dass es auch eine auf jeden Fall vor Ort hier jemanden geben sollte, wie gesagt für unser Modell reicht der Gemeindereferent, der hin und wieder da ist". (ID 1600, zu 4.1)

Realistischerweise wird man davon ausgehen müssen, dass die Pastoral und die Leitung einer Pfarrgemeinde – angesichts der gegenwärtigen institutionell vorgegebenen Normen und Strukturen – in der Regel nicht ausschließlich durch ehrenamtliche Pfarrgemeindemitglieder wird wahrgenommen werden können.

3.2.2.4 Aus der Pfarrgemeinde kommend oder in die Pfarrgemeinde gesandt

Die Frage, ob es mehr Vor- oder Nachteile habe, wenn Personen, die an der Leitung der Pfarrgemeinde beteiligt sind, aus der Pfarrgemeinde selbst kommen oder von außerhalb in die Pfarrgemeinde gesandt werden, wird besonders in Bezug auf die Ausgestaltung der Pfarrgemeindeleitung nach c. 517 § 2 CIC im Bistum Aachen virulent. Wenn gesagt wird:

> „Ich glaube, dass es immer ein Gremium geben muss, was letztlich, also mehrere Personen, die gemeinsam eine Aufgabe verantworten." (ID 1148, zu 2.4)

zeigt sich damit die Bevorzugung des ‚Aachener Modells' gegenüber dem ‚Limburger Modell'.

Diese beruht seitens einer großen Gruppe unserer Interviewpartner maßgeblich auf der Erwartung, mehrere Personen – u. a. aus der Pfarrgemeinde – kämen zu belastbareren und überzeugenderen Entscheidungen als eine Person. Die Gefahr, dass sich in einem Leitungsteam bestimmte ideologische Präferenzen durchsetzen würden, sei geringer. Und auch die Vielgestaltigkeit der Stimmen in der Kirche als Volk Gottes käme klarer zum Ausdruck, wenn ein Team die Pfarrgemeinde leite.

Etwas weniger stark ausgebildet ist die Einsicht in die Vorzüge des ‚Limburger Modells':

> „Ich finde, es ist dann doch besser, wenn eine fremde Person reinkommt, das leitet, als wenn jetzt vier aus der Pfarrgemeinde sind". (ID 2114, zu 1.4)

Außer der Bevorzugung des ‚Limburger Modells', wie sie in dem Zitat formuliert wird, kommt in diesem Interview die Erwartung zum Ausdruck, dass eine „fremde Person" die Pfarrgemeinde leiten soll. Mögliche Gründe thematisiert ein anderer Interviewpartner. Er erwartet, dass Personen, die von außerhalb kommen, wie der Pfarrer oder andere hauptamtliche pastorale Mitarbeiter, unangenehme Entscheidungen leichter treffen könnten als ortsansässige Pfarrgemeindemitglieder:

> „Durchaus sind Entscheidungen, die für die Gemeinde nicht gut sind, aber zu treffen, damit derjenige der im Verwaltungsrat ist, der der im Pfarrgemeinderat ist, in diesem Ortsteil auch noch sozial eingebunden leben kann. Beispiel: Man wird nicht zu einem Mietshaus sagen können, ich möchte das Mietshaus jetzt nicht verkaufen, obwohl ich's verkaufen müsste, weil das vielleicht einen immensen, historischen, vielleicht auch emotionalen Hintergrund in der Gemeinde hat. Der wird in der Gemeinde nicht mehr wohnen können. Das ist dann immer: Der hat uns verraten, der hat das verkauft und so weiter, und so weiter. Der wird Entscheidungen treffen, um in diesem Ort noch leben zu können, was für einen Pfarrer, der von außen kommt, eher möglich ist, im Zweifelsfall kann man den wieder abziehen." (ID 3009, zu 3.7)

Eine komplementäre Negativerfahrung mit c. 517 § 2 CIC thematisieren die beiden folgenden Interviewpassagen zur exponierten Position der in der Pfarrgemeindeleitung engagierten Ehrenamtlichen:

„Ich glaube, man nimmt's den Leuten etwas übel, die ja aus der Gemeinde kommen, dass sie dann an einer exponierteren Stelle sind." (ID 1799, zu 3.5)

„Weil sie einfach auch erstens für sich das [die bischöfliche Beauftragung] als Bestätigung haben, aber auch der Gemeinde gegenüber, denn man wird ja auch angefragt in Gemeinde: Wieso machst du so was? Emil-Otto und Lisa-Marie, die das dann auf einmal machen, die haben plötzlich eine andere Stellung in der Gemeinde." (ID 14, zu 1.4)

Die Aussagen lassen erwarten, dass Personen, die aus der Pfarrgemeinde kommen, mit Neid und Autoritätsproblemen konfrontiert werden könnten, wenn sie vom Bischof mit der Wahrnehmung der Pastoral in ihrer Pfarrgemeinde beauftragt werden.

Diese Problematik trifft wegen der diözesanen Ausgestaltung von c. 517 § 2 CIC speziell auf das Bistum Aachen zu. Zwei Aspekte spielen hinein: Vertrautheit und Fremdheit. Dass sich ehrenamtliche Pfarrgemeindemitglieder durch eine besondere allgemein anerkannte Form der bischöflichen Beauftragung von den anderen Gläubigen unterscheiden, befähigt diese rechtlich, die Pfarrgemeinde mit zu leiten. Diese rechtliche Befähigung könnte durch eine pastoraltheologische Ausbildung ergänzt werden, die die Ehrenamtlichen auch fachlich in die Lage versetzen würde, ihrer Beauftragung nachzukommen. Auch wenn diese Voraussetzungen gegeben wären, ist es fraglich, ob den aus der Pfarrgemeinde kommenden Ehrenamtlichen die nötige Autorität, die Leitung der Pfarrgemeinde mitzubestimmen, von den anderen Pfarrgemeindemitgliedern zugebilligt wird. Zu fragen wäre, ob das legitimierende Element einer Wahl hinzu kommen sollte. Ohne eine solche Legitimation ist es vor allem das Motiv der ‚Fremdheit', das es gerade den hauptamtlichen pastoralen Mitarbeitern, die von außen kommen, erleichtert, in der Rolle des Leiters der Pfarrgemeinde als Autorität geachtet und anerkannt zu werden.

3.2.3 Erwartungen an die Pfarrgemeinde als Subjekt der Pastoral

Die Gemeinsame Synode der Bistümer in der Bundesrepublik Deutschland hat die Rolle der Pfarrgemeinde als Subjekt – und nicht nur als Objekt – der Pastoral wiederentdeckt und betont.[235] Der versammelten Pfarrgemeinde kommt nach der Konzilskonstitution Sacrosanctum Concilium 7 dieser Subjektcharakter theologisch deshalb zu, weil in ihr die immerwährende Gegenwart Christi als Gabe des

[235] Gemeinsame Synode der Bistümer in der Bundesrepublik Deutschland, Beschluss „Dienste und Ämter" Nr. 13,2: „Aus einer Gemeinde, die sich pastoral versorgen läßt, muß eine Gemeinde werden, die ihr Leben im gemeinsamen Dienst aller und in unübertragbarer Eigenverantwortung jedes einzelnen gestaltet".

Geistes Gottes gemäß der Verheißung von Mt 18,20 erwartet werden kann. Welche Erwartungen sich an die Pfarrgemeinde als Subjekt der Pastoral richten, thematisieren die folgenden Abschnitte.

3.2.3.1 Die Pfarrgemeindemitglieder, die am kirchlichen Leben teilnehmen

Die Pfarrgemeindemitglieder werden hier differenziert betrachtet. Zuerst geht es um die Gläubigen, die am kirchlichen Leben, d. h. den unterschiedlichen Versammlungen teilnehmen, aber nicht eigenständig ein Ehrenamt wahrnehmen, dann um die, die sich ehrenamtlich engagieren und schließlich um die Kirchenfernen (vgl. 3.2.3.2). Damit die Präsenz und das kirchliche Leben vor Ort erhalten bleiben können, halten es viele zunehmend für erforderlich, dass diese Gläubigen bereit sind, ein Ehrenamt in der Kirche zu übernehmen. Dieser Erwartungshaltung ist diese Gruppe dauernd ausgesetzt.[236] So ist auch bei vielen Interviewpartnern die Erwartung deutlich ausgeprägt, dass Pfarrgemeindemitglieder mehr Verantwortung in der Pfarrgemeinde übernehmen sollten:

> „Was ja dann auch gemacht wird, mehr, mehr Laien zur Verantwortung zu ziehen". (ID 2554, zu 2.3)

Und damit verbunden ist die typische Erwartung eines kleinen Teils unserer Interviewpartner, die Pfarrgemeindemitglieder sollten von Rechts wegen auch mehr Leitungsverantwortung übernehmen können.

> „Ich kann mir zumindestens daneben Modelle vorstellen, wo ehrenamtliche Laien sehr viel Leitung übernehmen und die Priester, sofern sie noch da sind, mehr in diese Rolle des Begleiters und des Seelsorgers schlüpfen." (ID 140, zu 2.3)

Sie sollten zudem auf dem Feld der Bewahrung des Glaubens, „zentral" beteiligt werden:

> „Ehrlich gesagt, konkret seh' ich da außer uns, jetzt in Anführungsstrichen, ja, ich sehe da zentral schon die Laien mittlerweile". (ID 1631, zu 8)

[236] Angesichts der durchgängigen Erwartung an das ehrenamtliche Engagement der Gläubigen wäre theologisch daran zu erinnern, dass das Sich-Versammeln der Gemeinde bereits ihren Subjektcharakter darstellt, ohne dass dies gleich als ehrenamtliches Engagement verstanden werden müsste. Oft wird dies übersehen oder nicht als Glaubenszeugnis sui generis gedeutet. Die Lebendigkeit der Pfarrgemeinde als Subjekt der Pastoral wäre theologisch adäquat eher daran als an der Stellung des ehrenamtlichen Engagements zu messen.

3.2.3.2 Die Kirchenfernen

Kirchenferne lassen sich dadurch definieren, dass sie an den Versammlungen der Pfarrgemeinde nicht oder allenfalls sporadisch teilnehmen. Sie erwarten, wenn sie kirchliche Dienste in Anspruch nehmen, eine pastorale Versorgung ohne die Beteiligung der Pfarrgemeinde und ggf. auch ohne Eigenbeteiligung. Die Anzahl der Kirchenfernen wächst und schrumpft zugleich. Sie wächst, indem sich Gläubige aus dem Pfarrgemeindeleben ganz zurückziehen, aber nicht aus der Kirche austreten. Sie schrumpft, indem viele, die nur noch über die Mitgliedschaft mit der Pfarrgemeinde verbunden sind, vor einer staatlichen Stelle ihren Austritt aus der katholischen Kirche erklären. Die Ursachen für beide Phänomene sind individuell oder können meist an konkret bestimmbaren Ereignissen festgemacht werden, wie etwa der Unmut über innerkirchliche Vorgänge, die mediale Aufmerksamkeit erzeugen oder finanzielle Erwägungen.

Die Praxis ist von der Erwartung geprägt, Kirchenferne erreichen zu wollen und zugleich der Enttäuschung, dazu keinen Weg zu kennen.

> „Traurig ist es immer noch, dass wir die nicht erreichen, die den Bezug nicht haben." (ID 955, zu 4.5)

Die Schwierigkeit wurde bei der Auswahl unserer Interviewpartner auch für uns spürbar. So stieß unser Wunsch, Kirchenferne interviewen zu wollen, zunächst bei unseren Kontaktpersonen in den Pfarrgemeinden auf Skepsis. Sie konnten sich offenbar nur schwer vorstellen, Kirchenferne konkret anzusprechen.[237]

Ein möglicher Grund für die Sprachlosigkeit gegenüber Kirchenfernen könnte der Sachverhalt darstellen, dass der Glaube trotz der Bedeutung der Kirchen im öffentlichen Leben als eine private Angelegenheit angesehen wird. Deshalb widerspricht es der gängigen Mentalität, den persönlichen Glauben nach außen zu kehren. Der Weg einer ‚offensiven' Mission liegt weder denen, die ihre Botschaft weitergeben wollen, noch denen, die potentielle Adressaten dieser Botschaft sind:

[237] War es kein Problem, mit Hilfe unserer Kontaktperson in der jeweiligen Pfarrgemeinde praktizierende Katholiken zu finden, die für ein Interview bereit standen, mussten unsere Kontaktpersonen mehrmals nach dem Zufallsprinzip Kirchenferne aus dem Melderegister ausfindig machen, da sie viele Absagen erhielten. In der Rückschau ist es allerdings erstaunlich, dass letztlich nahezu in allen sechs Pfarrgemeinden drei Kirchenferne in den jeweiligen Altersgruppen gewonnen werden konnten, ein Interview zu geben. Die Motive der Kirchenfernen, eine Stunde für Fragen zur Verfügung zu stehen, die eine Institution betreffen, mit der sie kaum Berührungspunkte haben, sind zwangsläufig weitaus geringer als die der Kirchennahen, bei denen vermutet werden kann, u. a. ein berechtigtes Interessen zu haben, durch die Beantwortung der Interviewfragen ihren Teil dazu beizutragen, die Analyse von Problemen der Pfarrgemeindeleitung voranzutreiben.

> „Ich trag' meinen Glauben nicht großartig nach draußen". (ID 763, zu 7.1/2)

Der Glaube ist etwas sehr Persönliches und solle auch privat bleiben. Und in die Privatsphäre der Kirchenfernen wolle man sich nicht einmischen.

3.2.4 Erwartungen an die Form der Pfarrgemeindeleitung nach c. 517 § 2 CIC

Der folgende Abschnitt beschäftigt sich explizit mit der Form der Pfarrgemeindeleitung nach c. 517 § 2 CIC, der in der empirischen Studie allein dadurch besondere Berücksichtigung geschenkt wurde, dass alle Interviews in Pfarrgemeinden durchgeführt worden sind, die nach c. 517 § 2 CIC geleitet werden. Dass der Abschnitt zum Kapitel „Pastorale Dienste, Ämter und Rollen" gehört, ist nicht zwingend. Er hätte auch in das Kapitel „Pastoralstrukturen" eingeordnet werden können, weil er Erwartungen an die Pastoralstrukturen ebenso wie an die pastoralen Dienste, Ämter und Rollen enthält. Ausschlaggebend für die Positionierung des Abschnitts an dieser Stelle ist allein das Faktum, dass die Erwartungen unserer Interviewpartner zu beiden Feldern zuvor behandelt worden sind.

Der Erwartung, dass jede Pfarrgemeinde eine Leitung brauche, wird normative Bedeutung beigemessen. Es handele sich um eine soziologische Gesetzmäßigkeit:

> „Sie braucht eine Leitung, das ist eine soziologische Gesetzmäßigkeit. Gemeinde braucht Leitung." (ID 2808, zu 1.1)

Durch die Formulierung wird herausgestellt, dass es nicht um die Frage geht, ob eine Pfarrgemeinde eine Leitung benötige, sondern wie diese zu organisieren sei. Die folgenden Abschnitte gliedern die Ergebnisse der Untersuchung gemäß den mit ihnen verbundenen Erwartungen an die Form der Pfarrgemeindeleitung nach c. 517 § 2 CIC: die Sicherung der Eigenständigkeit der Pfarrgemeinde, die Gefährdung der Identität des kirchlichen Amtes, die Sicherung der Pastoral in der Pfarrgemeinde und die Sicherung der Zukunft der Pfarrgemeindeleitung.

3.2.4.1 Die Sicherung der Eigenständigkeit der Pfarrgemeinde

Viele unserer Interviewpartner akzeptieren die Form der Pfarrgemeindeleitung nach c. 517 § 2 CIC aufgrund der mit ihr gemachten Erfahrungen. Sie erwarten also die Anerkennung des Pfarrgemeindeleitungsmodells nach c. 517 § 2 CIC durch die Pfarrgemeinde und gehen davon aus, dass dies konkret auch der Fall sei, weil das Modell sich bewährt habe:

> „Denke ich schon, so was ich jetzt hier an Erfahrungen gemacht habe. Es wird akzeptiert." (ID 233, zu 1.4)

Dabei lässt sich erkennen, dass es sich nicht um ein ‚Wunschmodell' handelt, dem jedoch ein pragmatischer Nutzwert für viele Akzeptanz verleiht. Als ein solch pragmatischer Nutzwert wird die Sicherung der Eigenständigkeit der Pfarrgemeinde angesehen:

> „Wenn das Modell nicht wäre, dann wären wir schon längst, dann wäre die Gemeinde schon längst gar nicht mehr existent." (ID 261, zu 3.4)

Wird die Aussage ins Positive gewendet, wird deutlich, was die Akzeptanz trägt. Die Erwartung, die Wahrnehmung der Pfarrgemeindeleitung nach c. 517 § 2 CIC könne die Eigenständigkeit der Pfarrgemeinde sichern.

In der Existenzsicherung von Pfarrgemeinden, die durch den Pfarrermangel im deutschsprachigen Raum virulent geworden ist, liegt eine sich auf c. 517 § 2 CIC sich richtende typische Erwartung.

Für viele der Interviewpartner ist c. 517 § 2 CIC trotzdem kein Modell, sondern nur eine Notlösung, um den durch den Pfarrermangel entstehenden Schaden für die Pfarrgemeinden so gering wie möglich zu halten:

> „Ich würd's trotzdem immer nur als Notlösung ansehen." (ID 2782, zu 3.4)

Das heißt, es wird erwartet, dass ein dauerhaftes allgemein gültiges Pfarrgemeindeleitungsmodell angesichts des Pfarrermangels erst noch zu entwickeln wäre.

Stimmen die Bewertungen seitens der Gruppe der Interviewten und dem katholischen Kirchenrecht überein, dass c. 517 § 2 CIC eine „Notlösung" ermöglicht, so differenzieren sich allerdings die Ansichten beider Seiten hinsichtlich der temporären Gestalt dieser Möglichkeit. Die unabsehbar lang anhaltende Dauer des Pfarrermangels im deutschen Sprachraum, die die Gruppe der Interviewten im Alltag erlebt, könnte die kirchenrechtliche Intention, eine Regel für eine Ausnahmesituation zu schaffen, dadurch ad absurdum führen, dass die Ausnahmesituation zunehmend Kennzeichen der Normalität annimmt. Dies zu verhindern, könnte ein Motiv bischöflichen Leitungshandelns gewesen sein, die Fusion von Pfarrgemeinden voranzutreiben und auf diese Weise den Pfarrermangel numerisch zu beheben.

3.2.4.2 Die Gefährdung der Identität des priesterlichen Amtes

Je häufiger c. 517 § 2 CIC in einem Bistum zur Anwendung kommt und je länger die durch ihn geregelte Ausnahmesituation andauert, desto größer wird die Wahrscheinlichkeit, dass sich aus der für eine Ausnahmesituation geschaffenen Form der Leitung einer Pfarrgemeinde ein anerkanntes Pfarrgemeindeleitungsmodell entwickelt. Es könnte sich neben dem traditionellen Modell der Leitung der Pfarrgemeinde durch einen Pfarrer etablieren und so ein „Monopol" gefährden.

Von einigen unserer Interviewpartner wird erwartet, dass die quantitative Häufigkeit der Gemeindeleitung nach c. 517 § 2 CIC die Befürchtung, das katholische Amtsverständnis – insbesondere, dass nur ein Priester Pfarrer sein könne – könne unterminiert werden, genährt und deshalb eine entsprechende Gegenbewegung gefördert habe.

> „In Limburg hatten wir unter Bischof Kamphaus nicht flächendeckend, aber zur Hälfte bestimmt auch dieses 517 § 2 Leitungsmodell. Ja, mit Laien besetzt an der Spitze, mit hauptamtlichen Laien, das ist wieder zurückgefahren worden, auf im Grunde genommen römische Tendenzen hin, das muss man einfach auch so sehen." (ID 880, zu 1.3/4)

Aus der Sicht der Interviewpassage wird das Modell nach c. 517 § 2 CIC vom derzeitigen Bischof von Limburg auf römischen Druck hin nicht gewollt und dies interpretieren sie nicht vor dem Hintergrund, dass eine Ausnahme ab einem gewissen Punkt zur Regel werde, sondern als rückwärts gewendete, klerikale Strategie, die eine dauerhafte Beteiligung von Haupt- und Ehrenamtlichen an der Wahrnehmung der Leitung von Pfarrgemeinden zu verhindern sucht. Impliziert wird dabei die Erwartung, dass das Pfarrgemeindeleitungsmodell unter Beteiligung hauptamtlicher Laien beibehalten werden sollte.

Trotz der allgemeinen Hochschätzung des Priesters, ob als Mensch, Pastor, Pfarrer oder Pfarrgemeindeleiter, wie sie in vielen Interviews zum Ausdruck kommt und weiter oben ausführlich behandelt wurde, hält eine kleine Gruppe unserer Interviewpartner den Priester für verzichtbar. Sie erwartet, dass das Pfarrgemeindeleben auch ohne Priester funktioniere und die Leitung einer Pfarrgemeinde auch ohne ihn möglich sei.

> „Aber ja, er ist nicht unverzichtbar." (ID 2559, zu 3.3)

Besonders häufig wurde die Kritik an einer ‚Priesterfixierung' aus der Pfarrgemeinde vorgebracht, in der das Pfarrgemeindeleitungsmodell nach c. 517 § 2 CIC im Vergleich zu den anderen Pfarrgemeinden, in denen Interviews durchgeführt wurden, am längsten installiert ist. Mittel- bis langfristig könnte sich ein neues kirchliches Bewusstsein herausbilden, durch das die Befürchtungen bei einigen Bischöfen, Theologen und Priestern, c. 517 § 2 CIC würde über kurz oder lang das katholische Amtsverständnis in Frage stellen, bestätigt werden könnte. Ein priesterlicher Einsatz, wie er in der folgenden in ihrer Drastik singulären Aussage geschildert wird, könnte dem allerdings aus noch ganz anderen Gründen Vorschub leisten:

> „An einem Pfingstfest des Jahres, ich weiß nicht wann, also gut, Ende der 80er Jahre, gab es einen Pfingstgottesdienst und der auswärtige Priester, der herkommen solle, kam nicht, weil der sich, glaube ich, in der Zeit vertan hatte. Und einer der hier in der Gemeinde sehr angesehenen Lektoren stand also

dann in der Sakristei und wusste nicht, was zu tun ist. Und dann hat man versucht, den Priester telefonisch zu erreichen, das gelang dann auch. Dann machte der sich aber erst auf den Weg, denn es war ja Pfingsten. Ja und dann hat der Lektor also dann mit dem Wortgottesdienst angefangen und die Gemeinde hat das sehr wohl registriert und fand das Hereinfliegen des Pfarrers oder des also des Priesters, der den Gottesdienst mitfeiern sollte postwendend zur Gabenbereitung als [störend, Interviewer] sehr ja und hat immer schon gesagt: So wir nicht." (ID 1470, zu 3.5)

In diesem Statement spielt nämlich weder die Häufigkeit der Anwendung von c. 517 § 2 CIC eine Rolle noch ihre Dauer. Vielmehr geht es einmal mehr um die Frage, in welcher Weise der Priester in der Gemeinde präsent ist. Wird er nur für liturgische Dienste herbei telefoniert und „eingeflogen" und steht er nicht in einer organischen Beziehung zur Gemeinde, scheint dies die Diskussion zu beflügeln, ob er dann nicht entbehrlich sei. Heribert Schmitz hat schon früh auf diese Gefahr hingewiesen, indem er warnend von „Telefonpriestern" gesprochen hat.[238] Diese sind jedoch nicht eine Funktion von c. 517 § 2 CIC, sondern eine Funktion des Priestermangels, eben der Tatsache, dass nicht mehr jede Pfarrgemeinde einen eigenen und ortsansässigen Pfarrer haben kann. So könnte man vermuten, dass die Identität des priesterlichen Amtes eher durch die Folgen des Priestermangels und die unerfüllte Sehnsucht nach dem eigenen Pfarrer gefährdet wird als durch den Verlust des Monopols auf das pfarrgemeindliche Leitungshandeln.

3.2.4.3 Die Sicherung der Pastoral in der Pfarrgemeinde

Die ursprüngliche und durch Quellen zur Textgeschichte[239] belegte Absicht des kirchlichen Gesetzgebers zur Aufnahme der Bestimmungen des c. 517 § 2 CIC in das kirchliche Gesetzbuch ist, wie zu Beginn des Buches (vgl. 1.2) dargelegt, gewesen, den Diözesanbischöfen auch im Fall des Pfarrermangels einen gangbaren Weg aufzuzeigen, ihrer Verantwortung für die Pastoral in den Pfarrgemeinden ihres Bistums gerecht werden zu können. Dass dieser rechtlich vorgesehene Weg nicht ohne weiteres einer Pfarrgemeinde verordnet werden kann, betont die folgende Aussage. Sie bringt zugleich die Erwartung zum Ausdruck, die neue Form

[238] H. Schmitz, „Gemeindeleitung" durch „Nichtpfarrer-Priester" oder „Nichtpriester-Pfarrer". Kanonistische Skizze zu dem neuen Modell pfarrlicher Gemeindeleitung des c. 517 § 2 CIC, in AfkKR 161 (1992), S. 329-361.

[239] Vgl. M. Böhnke, Pastoral; Ders., Eine Pfarrei ohne Pfarrer ist denkbar, eine Pfarrei ohne Priester nicht. Ein Literatur-, Forschungs- und Praxisbericht zu c. 517 § 2 CIC, in: R. Althaus, R. Oehmen, Vieregge, J. Olschewski (Hgg.), Aktuelle Beiträge zum Kirchenrecht. FS für Heinrich. F.J. Reinhardt, Frankfurt a. M. 2002 (= Adnotationes in ius canonicum; 24), S. 55-74.

der Pfarrgemeindeleitung müsse sukzessive und dürfe nicht ohne Zustimmung der betroffenen Pfarrgemeinden eingeführt werden.

> „Man kann so ein Modell nicht einer Gemeinde, die bisher gut versorgt war mit ihrem Pastor, so einfach auf die Nase drücken und sagen: Mach mal nach 517.2". (ID 1467, zu 3.5)

Wollte man eine Hypothese daraus ableiten, könnte man formulieren: In den Pfarrgemeinden, die sich auf die neue Form der Pfarrgemeindeleitung vorbereiten können, sind weniger Akzeptanzschwierigkeiten als in den Pfarrgemeinden, denen das Modell aufoktroyiert wird, zu erwarten.

Abgesehen davon, dass die Umstrukturierung in der konkreten Situation Zeit erfordert, erleben viele unserer Interviewpartner die Form der Pfarrgemeindeleitung nach c. 517 § 2 CIC als pastoral bereichernd, da sie das pfarrgemeindliche Leben fördert:

> „Das Leitungsmodell für eine Gemeinde ist, glaube ich, eine ganz sinnvolle Sache. Es macht die Gemeinde auch lebendig, das haben wir hier in [Stadtname] auch gesehen." (ID 405, zu 1.3)

Die Sinnhaftigkeit einer Anwendung von c. 517 § 2 CIC wird kriteriologisch durch die Sicherung der Präsenz und der Lebendigkeit der Pfarrgemeinde ausgewiesen. Erwartet wird, dass gerade durch die Beteiligung verschiedener Haupt- und Ehrenamtlicher diese Lebendigkeit begünstigt werden könne.

Die Beteiligung von Ehrenamtlichen hat nach Meinung einer kleinen Gruppe unserer Interviewpartner einen weiteren pastoralen Vorteil, nämlich den der Basisnähe. Angesprochen wird die Erwartung einer fruchtbaren Pastoral durch Lebensnähe, die sich dadurch erfülle, dass im Leitungsteam der Pfarrgemeinde Personen aus der Pfarrgemeinde integriert seien. Ihnen wir ein enger Kontakt zur Basis zugetraut. Sie kennen und teilten deren Sorgen und Bedürfnisse.

> „Es hat sicherlich den Vorteil, dass, eben weil die Leute Laien sind und weil sie aus der Pfarrgemeinde kommen, sie 'ner oder sie haben den Kontakt zur Basis und wissen im Grunde was, was sind Sorgen, was sind Bedürfnisse." (ID 1249, zu 3.4)

Diese Erwartung ergänzt zum einen die bereits diskutierte Bedeutung des Motivs der ‚Fremdheit' für die zur Leitung einer Pfarrgemeinde erforderliche Autorität. Sie fordert dazu auf, das Moment der Wahl zur Legitimierung von Autorität noch einmal zu erwägen. Zudem legt sie nahe, darüber nachzudenken, ob denn über das im Interview Gesagte hinaus der angesprochene Vorteil auch so auszulegen sei, dass damit die Dimension der Repräsentation der Pfarrgemeinde angesprochen wird. Dies, zumal die Basisorientierung in der Regel eher institutionskritisch konnotiert wird.

3.2.4.4 Die Sicherung der Zukunft der Pfarrgemeindeleitung

Schließlich sind Erwartungen an die Form der Pfarrgemeindeleitung nach c. 517 § 2 CIC im Hinblick auf die Zukunft der Leitung in den Pfarrgemeinden zu erwähnen. Hat c. 517 § 2 CIC Potenzial zur Bestimmung der Zukunft der Gemeindeleitung? Genauer gefragt: Haben in der Praxis bewährte Elemente der Pfarrgemeindeleitung nach c. 517 § 2 CIC das Potenzial, in einem zu entwickelnden, über die Ausnahmesituation hinaus gültigen Pfarrgemeindeleitungsmodell Berücksichtigung zu finden? In die Richtung weist das Vertrauen, dass dieser Form der Pfarrgemeindeleitung sowohl für die Sicherung der Eigenständigkeit der Pfarrgemeinde als auch für die Sicherung der Pastoral in der Pfarrgemeinde entgegengebracht wird. Jedenfalls findet sich in den Interviews die Erwartung, Pfarrgemeindeleitungsformen wie die nach c. 517 § 2 CIC, bei denen Haupt- und Ehrenamtliche eine neue verantwortungsvolle Rolle spielen, das „Bild der Zukunft" der Kirche prägen sollen:

> „Ich denke solche Ansätze, wie dieser hier, also 517 § 2, durch Pastoralteam besetzt, durch Laien besetzt, […] sollten das Bild der Zukunft an der Stelle sein." (ID 556, zu 1.3)

C. 517 § 2 CIC als Regel für eine Ausnahmesituation wird somit aufgrund der praktischen Bewährung das Potential zugebilligt, Teil eines zukünftigen Pfarrgemeindeleitungsmodells zu werden. Ob der vor allem von Zulehner vorgetragene Gedanke[240] der differenzierten Weiterentwicklung des kirchlichen Amtes dabei zielführend sein kann, wird sich erst noch erweisen müssen.

3.2.5 Zusammenfassung

In diesem Kapitel wurden die in den Interviews genannten Erwartungen in Bezug auf die Pastoralen Dienste, Ämter und Rollen dargestellt.

Es zeigte sich, dass der Priester eine hohe Reputation genießt. Erwartet wird von ihm vor allem personale und pastorale Kompetenz. Dass er in der Gemeinde Präsenz zeigt und zeitlich verfügbar ist, wird von ihm als Pastor erwartet. Als Pfarrer soll er die Gemeinde repräsentieren. Es gibt eine Erwartungshaltung, die ihn als unverzichtbar für das Gemeindeleben bezeichnet, aber ebenso eine, die einen Pfarrer für wünschenswert hält, es aber lediglich für zwingend erforderlich hält, dass eine Bezugsperson da ist. Zahlreiche Interviewpartner bezeichnen den Verlust des eigenen Pfarrers als schmerzhaft. Die Rolle des Priesters als Moderator erscheint noch weitgehend unterbestimmt. In den Erwartungen, die sich an

[240] P. M. Zulehner, F. Lobinger, Um der Menschen und der Gemeinden willen. Plädoyer zur Entlastung von Priestern, Ostfildern 2002.

ihn richten, dominiert die Orientierung am Pfarrer. Andererseits gibt es eine Einstellung, seine Rolle minimalistisch zu interpretieren und von ihm nur priesterlich sakramentale Dienste zu erwarten. Bisweilen wird er aber auch als Pastor gefragt. Weder vom Priester als Liturgen noch von ihm als Pastor wird erwartet, dass er unbedingt Leiter der Pfarrgemeinde sein müsse. Von einem Pfarrer hingegen wird erwartet, dass er sich auf eine Gemeinde konzentriert, in ihr präsent ist und auch vor Ort wohnt. Alle Abweichungen von diesem Ideal und Normalfall werden als krisenhaft wahrgenommen.

Die Pfarrgemeindeleitungsform nach c. 517 § 2 CIC wird entsprechend von nicht wenigen am klassischen Modell der Zuordnung von je einer Pfarrgemeinde zu je einem eigenen Pfarrer gemessen. Der anhaltende Pfarrermangel trägt jedoch zur Erosion dieses Modells durch die schleichende Entfremdung von Pfarrgemeinden und Priestern, die sich nicht mehr nur auf eine Pfarrgemeinde konzentrieren und nicht mehr kontinuierlich vor Ort präsent sein können, bei. Die Erwartung, durch eine Veränderung der Zulassungsbedingungen zum Weiheamt den Pfarrermangel wirksam und dauerhaft beheben zu können, ist stark ausgeprägt.

Von den mit der Wahrnehmung der Pastoral Beauftragten wird erwartet, dass sie sich zu bewähren haben. Die pragmatische Perspektive dominiert. Kriterium ist die Förderung der Lebendigkeit der Pfarrgemeinde. Erwartet wird eine präzise Ausformulierung ihrer rechtlichen Kompetenzen. Das Faktum, dass in der Praxis Gemeindeleitung nach c. 517 § 2 CIC immer im Team ausgeübt wird, begünstigt die Erwartung einer affektiven und effektiven Kollegialität im Alltag. Beziehung wird zu einer wichtigen, allerdings nicht unumstrittenen Kategorie von Leitung, da es auch die Erwartung gibt, eine Person müsse letztendlich das Sagen haben. Je mehr Ehrenamtliche aus der Pfarrgemeinde an der Gemeindeleitung beteiligt sind, um so stärker wird die Erwartung, dadurch weitere Ehrenamtliche motivieren und – vor allem – die Eigenständigkeit der Pfarrgemeinde sichern zu können, nachdem es keinen Pfarrer mehr gibt, dessen Dasein diese in der Vergangenheit garantieren konnte. Mit Autoritätsproblemen ist gleichwohl zu rechnen, wenn die Mitglieder der Leitung einer Pfarrgemeinde aus dieser kommen und nicht durch eine Wahl dazu legitimiert sind. Mit der Legitimationsform der bischöflichen Beauftragung verbindet sich ein Bonus für diejenigen, die von außen in die Pfarrgemeinden gesandt werden.

An die Pfarrgemeinde als Subjekt der Pastoral richtet sich die Erwartung, Ressource für ehrenamtliches Engagement zu sein. Die Praxis ist darüber hinaus von der Erwartung geprägt, Kirchenferne erreichen zu wollen und zugleich der Enttäuschung, dazu keinen Weg zu kennen.

Die neue Form der Pfarrgemeindeleitung wird nur anfanghaft nicht nur als Notlösung angesehen. Mit ihr verbinden sich positive Erfahrungen mit Laiendiensten sowie Erwartungen an die Sicherung der Eigenständigkeit der Pfarrgemeinde ebenso wie an die Sicherung einer fruchtbringenden Pastoral in der Pfarrgemeinde. Beides deutet auf das Vertrauen der Praxis in die Zukunftsfähigkeit dieser Pfarrgemeindeleitungsform hin. Dabei dürfen Befürchtungen hinsichtlich der Gefährdung der Identität des priesterlichen Amtes nicht verschwiegen werden. Ob diese mit der Beteiligung von Laien an der Leitung der Pfarrgemeinde zusammenhängen oder mit der Art der priesterlichen Präsenz in den Gemeinden konnte durch die Interviews nicht geklärt werden. Die Frage muss offen bleiben.

Dass die Praxis der Leitung von Pfarrgemeinden nach c. 517 § 2 CIC die Bedeutung eines Modells für die Zukunft der Gemeindeleitung haben kann, wird grundsätzlich anerkannt. Es gibt jedoch zahlreiche offene Fragen. Soll Pfarrgemeindeleitung durch Personen, die von außen in die Pfarrgemeinde kommen, ausgeübt werden oder auch von Pfarrgemeindemitgliedern? Welche fachlichen und rechtlichen Kompetenzen sollten diejenigen haben, die an der Wahrnehmung der Pfarrgemeindeleitung beteiligt sind? Soll Pfarrgemeindeleitung durch eine einzelne Person oder durch ein Team ausgeübt werden? Sollen alle an der Pfarrgemeindeleitung Beteiligten in der Pfarrgemeinde wohnen? Wie lässt sich die Erwartung nach Stabilität in der Pfarrgemeindeleitung mit den personellen Wechseln in Einklang bringen? Wie lässt sich die Beziehung zwischen Pfarrgemeindeleitung und Vorsitz in der Eucharistiefeier in der Praxis lösen? Ist an die Weihe von Pfarrgemeindeleitern und differenzierte Fortschreibung des kirchlichen Amtes im Sinne Zulehners zu denken? Wie lässt sich schließlich die missionarische Resignation der Pfarrgemeinden mit der Erwartung an ihre Lebendigkeit in Einklang bringen, wie das Kriterium der Lebendigkeit jenseits der Vorstellung von ehrenamtlichem Engagement im Bewusstsein der Pfarrgemeinden verankern?

3.2.6 Hypothesen

- Von einem Pfarrer wird erwartet, dass er sich auf eine Gemeinde konzentriert, in ihr präsent ist und auch vor Ort wohnt. Er wird weniger als Gemeindeleiter und mehr als Pastor angefragt.
- Der anhaltende Pfarrermangel führt zur Entfremdung von Pfarrgemeinden und Priestern.
- Die Moderatorenrolle wird an der des Pfarrers gemessen.
- Die mit der Wahrnehmung der Pastoral Beauftragten garantieren strukturelle Kontinuität hinsichtlich der Pastoral vor Ort und der Eigenständigkeit der Pfarrgemeinde.
- Die mit der Wahrnehmung der Pastoral Beauftragten finden Akzeptanz, sofern sie sich bewähren.
- Die Praxis nach c. 517 § 2 CIC zeigt, dass Gemeindeleitung auch im Team ausgeübt werden kann.

3.3 Pastorales Handeln

Die Erwartungen unserer Interviewpartner an das pastorale Handeln können den vier Aufgabenbereichen der Pastoral – Verkündigung, Liturgie, Diakonie und Gemeinschaft (koinonia) – zugeordnet werden. Wenn im Folgenden zunächst das gemeinschaftsbildende und diakonische Handeln, dann das glaubensbezeugende und schließlich das liturgische Handeln thematisiert werden, dann geschieht dies in der Gewichtung, die ihnen von unseren Interviewpartnern zugesprochen wird. Pastorales Handeln wird dabei durchweg angebotsorientiert, also im Sinn einer aktiven Pastoral verstanden. Dass es daneben eine andere Form des pastoralen Handelns gibt, die das einfache Dasein eines Ansprechpartners betont und als passive Pastoral charakterisiert werden kann, sei nochmals angemerkt. In der Auswertung der Interviews wurde im Zusammenhang mit den Aussagen zu den Pastoralstrukturen (vgl. 3.1) darauf bereits detailliert eingegangen.

3.3.1 Erwartungen an das gemeindebildende Handeln

3.3.1.1 Gemeinschaft als Ziel pastoralen Handelns

Unsere Interviewpartner verstehen Pastorales Handeln vornehmlich als Dienst an der Gemeinschaft.[241] Das ist durchaus nicht selbstverständlich, sondern äußerst anspruchsvoll. Nach Herbert Haslinger belegt „das Leitbild Gemeinschaft [...] die Gemeinde bzw. die Menschen in Gemeinden mit der hochschwelligen Anforderung einer umfassenden gegenseitigen Verbundenheit: persönliche Nähe zwischen möglichst allen Mitgliedern, Verständigung auf gemeinsam akzeptierte Werte und Ziele, verbindliche Teilnahme an den gemeinschaftsspezifischen Vollzügen, dauerhaftes Beziehungsnetz, emotionale Bindung an andere Mitglieder wie auch

241 Vgl. hierzu die instruktive, oft zitierte Differenzierung von F. Tönnies zwischen Gemeinschaft und Gesellschaft: „Alles vertraute, heimliche, ausschließliche Zusammenleben [...] wird als Leben in Gemeinschaft verstanden. Gesellschaft ist die Öffentlichkeit, ist die Welt. In Gemeinschaft mit den Seinen befindet man sich, von der Geburt an, mit allem Wohl und Wehe daran gebunden. Man geht in die Gesellschaft wie in die Fremde. [...] Man leistet sich Gesellschaft; Gemeinschaft kann niemand dem anderen leisten. In die religiöse Gemeinschaft wird man aufgenommen; Religions-Gesellschaften sind nur, gleich anderen Vereinigungen zu beliebigem Zwecke, für den Staat und für die Theorie, welche außerhalb ihrer stehen, vorhanden. Gemeinschaft der Sprache, der Sitte, des Glaubens; aber Gesellschaft des Erwerbes, der Reise, der Wissenschaften" (F. Tönnies, Gemeinschaft und Gesellschaft. Grundbegriffe der reinen Soziologie, Darmstadt 1963 [erstmals Leipzig 1887], S. 3-4). Siehe auch die kritische Beschäftigung mit F. Tönnies' Differenzierung und dem Begriff Gemeinschaft im religiösen Kontext bei Haslinger, Lebensort, S. 33-38.

an die Gemeinschaft als ganze, Verpflichtung auf gegenseitige Stützung, Zusammenführung der Lebensvollzüge zu einem miteinander geteilten Leben, hohes Bewusstsein für die interne Zusammengehörigkeit verbunden mit einer entsprechend deutlichen Abgrenzung nach außen."[242]

Dass der Gottesdienst als Feier des gemeinsamen Glaubens Gemeinschaftserfahrung sein und ermöglichen soll, erwarten beinahe zwei Drittel unserer Interviewpartner,

> „Die Gemeinschaft spür' ich schon im Gottesdienst". (ID 3418, zu 5.1)

Sie gehen davon aus, dass Gottesdienst und Gemeinschaftserfahrungen miteinander korrelieren. Diese Einstellung mag auf den ersten Blick verwundern, allerdings nur dann, wenn man ein säkulares Gemeinschaftsverständnis voraussetzt. Die Interviewpartner verbinden die Feier des Glaubens und die Erfahrung der Gemeinschaft miteinander, indem sie die Feier des Gottesdienstes als Gemeinschaftserlebnis deuten.

Daneben tritt die ausgeprägte Erwartung, dass Zusammenkünfte „aus kleinem Anlass", z. B. ein informelles Beisammensein nach dem Gottesdienst, Gemeinschaftsbildung begünstigen könnten:

> „Darüber hinaus gibt es aber eine Reihe von kleineren Anlässen. Also ich denke mal die Tasse Kaffee, zu der der PGR nach der Sonntagsmesse die Leute noch einlädt, etwas zu bleiben". (ID 1366, zu 5)

Im Gleichklang zu dem eben Gesagten äußern knapp ein Drittel unserer Interviewpartner, Pfarrfeste förderten Gemeinschaft:

> „Gemeinschaft? Zum Beispiel beim Pfarrfest. Ich finde, da kommen fast jegliche Leute von der Gemeinde, feiern zusammen, trinken und essen zusammen". (ID 1056, zu 3.3)

Gemeinsam ist Gottesdienst und Pfarrfest, dass beide als Feiern verstanden werden. Feiern verbindet. Insofern ist es konstitutiv für die Gemeinschaftsbildung. Die Interviewpartner weisen auf die integrative Bedeutung des Feierns hin. Sie akzentuieren, dass das Feiern für das pfarrgemeindliche Leben von zentraler Bedeutung ist und fordern das pastorale Angebot gottesdienstlicher und gemeindlicher Feiern.

> „Die Gemeinschaftsgefühle in der Kirche, oder in der Gemeinde in der Kirche sind bei gemeinschaftlichen „Handelnssachen" – das müssen nicht nur die Gottesdienste, oder gar die feierlichen Gottesdienste sein – viel eher auch ge-

[242] Haslinger, Lebensort, S. 32-33.

> meinschaftliche Veranstaltungen, in denen man in irgendeiner Weise in der Gemeinde im engeren Sinne Religiöses miteinander geteilt hat, aber auch indem man vielleicht ganz einfach nur Gemeindeleben im christlichen Geist irgendwo – also ganz normale Festivitäten und so weiter – gefeiert oder begangen hat.“ (ID 588, zu 5)

Neben der gottesdienstlichen und gemeindlichen Feier richtet ein großer Teil unserer Interviewpartner an die pfarrgemeindlichen Gruppen die Erwartung, sie sollten Gemeinschaftserfahrung ermöglichen:

> „Das sind ja alles Gruppierungen, die auf Dauer oder für eine bestimmte Zeit zusammen sind, aber Gemeinschaft erfahren.“ (ID 91, zu 5)

Vier Arten von Gruppen wurden konkret benannt. Während zahlreiche Interviewpartner vor allem den Chor für eine Einrichtung hielten, in der Gemeinschaft erlebt werden könne, sieht lediglich ein kleinerer Teil, pfarrgemeindliche Gremien, das Pastoralteam (Bistum Aachen) oder den Kommunionunterricht als Gemeinschaftserfahrung fördernde Institutionen an:

> „Und dann bin ich hier nach [Name der Pfarrgemeinde] gekommen, weil ich meinen Mann hier kennengelernt habe und ja von dem Moment an, wo ich dann eigentlich hier war, bin ich in den Chor gegangen und habe mich auch sehr wohl gefühlt.“ (ID 458, zu 6.1)

> „Dann besonders in den Gremien, Pfarrgemeinderat, Verwaltungsrat, wo man dann praktisch so einen Impuls nach draußen gibt. Wenn die Leute merken, da ist eine Eintracht in den Gremien da“. (ID 1945, zu 5)

> „Ich erfahre persönlich dieses Gemeinschaftserleben in dem kleinen Kreis des Pastoralteams.“ (ID 1482, zu 5)

> „Ja, das zum Beispiel jedes Mal die Kommunion zum Beispiel. Die ganzen Vorarbeiten, die gemacht werden, wo sich dann auch Leute bereit erklären, mit anzupacken oder dann wird die Kommunionkleiderbörse organisiert und die ganze Vorbereitung für die Kommunionkinder, die immer toll abläuft und denk’ ich mal, die Gemeinschaft zu bewerkstelligen.“ (ID 801, zu 5.1)

Dass der Chor so häufig genannt wird, dürfte kaum überraschen, ist doch ein Chor durch gemeinschaftliches Handeln und Harmonie definiert. Chöre können u. a. mit dazu beitragen, dass, wie in dem Beispiel angesprochen, Neuzugezogene vor Ort lebende Menschen sich kennenlernen können und sich durch das Mitwirken im Chor angenommen und beheimatet fühlen. Die Integrationsleistung der Chöre wird hoch geschätzt.

Darüber hinaus wird Fahrten eine hohe Relevanz für gemeinschaftsbildende Erlebnisse beigemessen. Unseren Interviewpartnern zu Folge können gemeinsame Wochenenden, Jugend- und Wallfahrten gemeinschaftsbildende Erlebnisse begünstigen:

> „Für mich persönlich am dichtesten ist das immer dann erlebbar, wenn es über Nacht geht. Also wenn sie mit dem Pfarrgemeinderat ein Wochenende weg sind. Da passiert eigentlich fast immer was.“ (ID 171, zu 5)

> „Es war wirklich so gut organisiert, vor allen Dingen die Gemeinschaft, man hat sich wirklich, jeder hat sich in der Gemeinschaft mit eingefühlt und ich sehe die Leute ab und zu jetzt noch in der Schule und es ist immer wieder schön neue Leute kennenzulernen und ich fand diese Fahrt, die war einfach perfekt organisiert, und was die Gemeinschaft angeht, wirklich keiner wurde ausgeschlossen oder so.“ (ID 1067, zu 5.2)

> „Dann Teile der, ja unserer Gemeinde, gehen seit 25 Jahren einmal im Jahr auf eine Wallfahrt nach Trier zum Matthias Grab […] Wir gehen dann drei Tage durch die Eifel und das ist dermaßen Gemeinschaftsgefühl, besser geht's eigentlich gar nicht.“ (ID 523, zu 5)

Ein wichtiger Aspekt, der Gemeinschaftserfahrungen begünstigt, besteht darin, dass die Gruppenmitglieder auf einer gemeinsamen Fahrt mehr Zeit miteinander verbringen. Interessant ist hierbei auch die Einzelaussage, „wenn es über Nacht geht“, erlebe man Gemeinschaft „am dichtesten“. Vielleicht sind die Möglichkeiten zur informellen Begegnung, die sich während einer mehrtägigen Fahrt ergeben, Grund dafür.

Ein kleiner Teil unserer Interviewpartner erwartet, dass selbst ein Begräbnis das Erleben von Gemeinschaft begünstige:

> „Bei 'ner Beerdigung, wenn jemand hier aus der Gemeinde stirbt, dann wird's auch erlebbar.“ (ID 1807, zu 5)

Angesprochen wird damit die Erfahrung, dass der Tod eines Menschen, die Betroffenheit über den Verlust und die Trauer über den Verstorbenen verbinden. Man kann es durchaus als Grunderfahrung kirchlicher Gemeinschaft verstehen, Trauernde zu begleiten, ihnen Trost zu spenden und ihnen Hoffnung zu geben.

Weniger anlassbezogen sieht ein kleiner Teil der Interviewpartner recht allgemein Gespräche als gemeinschaftsbildend an. Sie erwarten, dass sich durch Gespräche Gemeinschaft bilden könne:

> „Ja, durch gerade durch die Gespräche, die man mit anderen so geführt hat“. (ID 2571, zu 5.1)

Hat bislang bei der Diskussion des Gemeindeaufbaus das subjektive Erleben der Gemeinschaft dominiert, wird durch eine kleine Gruppe unserer Interviewpartner auch das gemeinschaftsbegründende eigene Handeln angesprochen. Sie erwarten vom diakonischen Handeln, dass sich in ihm Gemeinschaft ereignet:

> „Sei es, dass man alten Menschen ermöglicht, also, versehrt sind, dass man einen Schiebedienst für Rollstühle einrichtet oder so, zum Beispiel. Oder dass man halt für das leibliche Essen oder das leibliche Wohl sorgt". (ID 1261, zu 5.1)

> „Ein Beispiel, wenn es heißt, irgendwas zu organisieren, zu helfen und wenn sich dann daraus aus dieser Gemeinschaft auch wirklich Leute finden, die das mit anpacken." (ID 800, zu 5)

Diese Erwartung trägt u. a. das kirchliche Ehrenamt, das im Kapitel „Pastorale Dienste, Ämter und Rollen" ausführlich zur Sprache gekommen ist. Indem sich der einzelne aufmacht, anderen zu helfen, überschreitet er sich selbst und erhält durch die soziale Tätigkeit neben Anerkennung und Selbstbestätigung die Möglichkeit, Gemeinschaft zu erleben. Diese diakonische Auszeichnung egalisiert das Verhältnis von Helfer und Bedürftigem, weil sich der Helfer seiner Bedürftigkeit nach Wertschätzung und Gemeinschaft sowie der Bedürftige seiner Hilfsfähigkeit, Dank zu sagen und Beziehungen zu stiften, bewusst werden.

Relativ selten begegnet die Erwartung, in ökumenischen Begegnungen könne sich Gemeinschaft ereignen:

> „Was hier in der Gemeinde auch noch wichtig ist für Gemeinschaft auch das Stichwort Ökumene. Dass man merkt, man wird immer weniger, aber wir sind ja nicht in einem ungläubigen Terrain, sondern es gibt auch viele Christen, die eben der evangelischen Kirche angehören. Das man da die Gemeinschaft sehr intensiv erfahren kann." (ID 1946, zu 5.1)

Die Tatsache, dass nur wenige Interviewpartner ausdrücklich sagen, sie erwarten, dass im ökumenischen Miteinander Gemeinschaft erlebt werden könne, könnte damit zusammenhängen, dass es nur wenige und zu unregelmäßige Gelegenheiten gibt, gemeinsame liturgische Feiern und Aktionen in den Pfarrgemeinden durchzuführen.

Für die Interviewpartner, Kirchennahe wie Kirchenferne, war es einfach, auf die Frage zu antworten, wo – für sie – Gemeinschaft in der Pfarrgemeinde erfahrbar wird. Daher verwundert es nicht, dass es kaum Vorschläge gibt, wie die Gemeinschaft verbessert werden könnte.

> „Ich find's so wie es im Moment läuft, finde ich es eigentlich ganz gut." (ID 628, zu 5.2)

Für die Gemeindeleiter und Mitarbeiter in der Pfarrgemeinde ist dies eine nicht zu gering zu schätzende Würdigung ihrer Arbeit.

3.3.1.2 Pastoral als Beziehungsgeschehen

Pastoral wird in Theorie und Praxis zunehmend als Beziehungsgeschehen gedeutet. Diese Sichtweise, dass „Seelsorge [...] an ihrer Wurzel ein personales Kommunikationsgeschehen [ist], das sich von Menschen auf Menschen hin ereignet"[243], stellt die Menschen als Beziehungswesen in den Mittelpunkt. In diesem Sinn schreibt Herbert Haslinger: „Für die Frage, wie Formen christlichen Lebens zu gestalten sind, ist der folgende Grundsatz an Klarheit noch nicht überboten worden: ‚Der Sabbat ist für den Menschen da, nicht der Mensch für den Sabbat.' (Mk 2,27) Entsprechend gilt: Die Gemeinde ist für den Menschen da, nicht der Mensch für die Gemeinde."[244] Und er präzisiert dies wie folgt: „Funktionen, Strukturen und Praxisformen der Gemeinde bewähren sich in dem Maße als christliche Gemeindepraxis, in dem sie den Menschen dienen – nicht der Gemeinde selbst."[245] Ein großer Teil unserer Interviewpartner vertritt ein solches Verständnis von Pastoral. Es wird erwartet, dass Pastoral die Menschen in den Mittelpunkt stellt und Beziehung ein Weg dahin ist. Die Menschen sollten durch die Gemeinde aufgesucht und angesprochen werden:

> „Man sollte eigentlich erst zu den Menschen gehen und von da dann die Brücke zur Gemeinde bauen." (ID 101, zu 6.2)

Diese Aussage akzentuiert die missionarische Bedeutung von Kommunikation, Beziehung und Dialog. Aber auch innerhalb der aktiven Gemeinde messen viele unserer Interviewpartner dem kommunikativen Austausch einen hohen Einfluss auf die Gemeindebildung bei. Sie erwarten, dass Kommunikation konstitutiv für das Gemeindeleben sei:

> „Ich glaube, man muss nur einfach miteinander kommunizieren, um das [Pfarrgemeindeleben] gut aufrechtzuerhalten. Sonst sehe ich da kein Problem drin." (ID 2222, zu 3.5)

Mit der Betonung der Kommunikation innerhalb der Pfarrgemeinde geht die Erwartung an den kommunikativen Austausch zwischen benachbarten Pfarrgemeinden einher:

> „Ich denke halt, der Vorteil ist vielleicht, dass man auch mehr jetzt mit den Nachbargemeinden Kontakt hat". (ID 1089, zu 2.1)

[243] L. Karrer, Vielfalt des Personals. Ein Weg in die Zukunft der Kirche, in: Diakonia 41 (2010), S. 306-312, S. 312.

[244] Haslinger, Lebensort, S. 7.

[245] Haslinger, Lebensort, S. 17.

Außer der Kommunikation innerhalb einer Pfarrgemeinde wird also auch die Kommunikation zwischen Pfarrgemeinden positiv gesehen. Jedoch werden vor allem in Bezug auf die zwischenpfarrgemeindliche Kommunikation auch Probleme und Schwierigkeiten genannt. So wird – bei aller Beziehungsorientierung – Authentizität in der Kommunikation erwartet, d. h. dass Konflikte nicht verschwiegen werden dürften, was jedoch geschehe:

> „Wir sind hier, wir machen das so gut und ihr seid da. So, vielleicht der andere ist noch, was kann man noch, offiziell heißt das Friede, Freude, Eierkuchen, inoffiziell ist ein bisschen schwieriger." (ID 1782, zu 9/9.1/2)

Zugleich wird der Erwartung Ausdruck verliehen, dass, wenn es zu Konflikten zwischen Pfarrgemeinden oder auch zwischen den Gremien innerhalb einer Pfarrgemeinde komme, diese durch Transparenz, Diskurs und Kompromissbereitschaft gelöst werden müssten. Dies gelte auch für die Gemeindeleitung nach c. 517 § 2 CIC:

> „Beim Kirchenvorstand, das war aber von Anfang an so, ist es so, dass a) ein Mitglied aus dem Kirchenvorstand im Pastoralteam ist, und b) die Gemeindereferentin oder der Gemeindereferent auch an den Sitzungen des Kirchenvorstandes teilnimmt, damit da einfach eine Verzahnung ist. Hat trotzdem bei uns schon mal zu Konflikten geführt und die haben wir dann einfach gelöst, wie man Konflikte löst. Da muss man reden und mal gucken, wie es geht, und so mal einen Kompromiss schließen." (ID 155, zu 3.6)

Die Einstellung des Pfarrers scheint für die Beziehungen in und mit anderen Pfarrgemeinden darüber hinaus eine nicht zu vernachlässigende Bedeutung zu haben. Ein kleiner Teil unserer Interviewpartner erwartet, Pfarrer mit verschiedenen kirchlichen Ausrichtungen könnten die Beziehungen zwischen Pfarrgemeinden belasten:

> „Hier im Nachbarort ist der eine Pfarrer, wenn man jetzt ein Spektrum ist, sehr nah an Opus Dei und der andere ist ein sehr, sehr liberaler. Und die sollen jetzt, wie sollen die zusammenkommen?" (ID 309, zu 9.2)

Dass eine Kooperation zwischen Pfarrgemeinden, deren Pfarrer unterschiedliche Positionen vertreten, schwieriger ist als zwischen solchen, deren Pfarrer ähnliche Ansichten haben, dürfte außer Frage stehen. Dies hebt jedoch die Erwartung nicht auf, die Beziehung zur Nachbargemeinde dürfe nicht von der Einstellung des Pfarrers abhängig sein.

Eine kleine Gruppe unserer Interviewpartner geht zudem auf den Zusammenhang von medialer Kommunikation und Gespräch ein. Sie geht davon aus, moderne Kommunikationsmedien – Telefon, Internet, SMS, E-mails etc. – wären ungeeignet, die unmittelbare kommunikative Situation zu substituieren. Sie erwarten, dass gerade schwieriger zu führende Gespräche es erforderten, dass man sich persönlich begegne:

> „Weil heutzutage, wenn man die Medien sieht, mit denen man kommunizieren kann, dann ist das ja heutzutage, wäre es auch noch kein Problem, aber es ist schon besser und manche Gespräche ist, dass es immer schwieriger wird oder sonst irgendwas zu führen, da muss man schon jemandem Auge in Auge gegenübersitzen." (ID 2742, zu 4.1)

3.3.1.3 Angebotspastoral

Viele unserer Interviewpartner fordern pauschal, es sollte mehr pastorale Angebote geben:

> „Man kann eigentlich nie genug anbieten." (ID 1948, zu 5.3/4)

Eine solch undifferenzierte Forderung pastoraler Angebote trägt jedoch gegebenenfalls nicht zur Verbesserung der Pastoral bei. Darin könnte sich auch die Krise der Kirche manifestieren. In Zeiten der Krise kann Pastoral in Hyperaktivität verfallen. „Wissenschaftlich gesprochen weist eine derartige Umtriebigkeit auf Probleme mit der eigenen Identität hin."[246] Andererseits entspricht eine Angebotspastoral dem missionarischen Selbstverständnis der Kirche, Menschen erreichen zu wollen. „Wenn es noch einen verantwortbaren Bedeutungsgehalt des Wortes Mission für die heutigen Gemeinden geben kann [...], dann liegt er im volkskirchlichen Prinzip des für alle Menschen, im Kennzeichen der Weltweite, im selbstlosen Sich-Verausgaben für alle Menschen. [...] Mission bedeutet eben gesendet werden und nicht hereinholen. Der Missionsauftrag verpflichtet Gemeinden darauf, sich aus sich selbst hinaus zu begeben, sich selbst zu verlassen und auf anderes einzulassen."[247]

Eine weniger häufig vorgetragene, aber differenziertere Erwartung hinsichtlich pastoraler Angebote lautet, es sollten spezifische Angebote für Kinder und Jugendliche gemacht werden:

> „Ja, zum Beispiel, dass man bei so Feiern verschiedene Sachen anbietet, für kleine Kinder und für ältere und die Sachen einfach attraktiv gestaltet, so dass die sich denken oder so, dass die beim nächsten Mal auch wieder kommen". (ID 629, zu 5.3)

> „Es war die Kommunion, die Firmung, aber es wurde dazwischen nichts angeboten, komplett nichts." (ID 2229, zu 4.3)

[246] Baart, Herangehensweise, S. 1.
[247] Haslinger, Lebensort, S. 204.

Diese Erwartung spielt ebenso auf die Bedeutung an, die unsere Interviewpartner der Kirche für die Kinder und Jugendlichen zusprechen wie auch die Bedeutung, die sie Kindern und Jugendlichen für die Kirche beimessen, als deren Zukunft sie gelten. Sie verbindet zugleich die Attraktivität der Angebote mit der Erwartung der Bindung von Kindern und Jugendlichen an die Pfarrgemeinde und kritisiert, dass Angebote zwischen Kommunion und Firmung gänzlich fehlten.

Diese Absicht stimmt mit der verschiedentlich vorgetragenen Forderung unserer Interviewpartner überein, Kirchennahe, -ferne und -fremde sollten über pastorale Angebote mehr in das Pfarrgemeindeleben einbezogen werden:

> „Ich denke mal, es wäre schon schön, wenn es dazu ein Angebot gibt, für Leute, die das gerne hätten oder die gerne aktiv dabei sind oder die auch mal etwas kritisch hinterfragen wollen oder etwas genauer erklärt bekommen möchten, fände ich das schon ganz gut." (ID 1129, zu 8.3)

Gegenüber den Befürwortern einer Aufstockung pastoraler Angebote gibt es eine etwa gleichgroße Gruppe unter unseren Interviewpartnern, die davon überzeugt ist, es gäbe genügend pastorale Angebote:

> „Das Angebot ist auf jeden Fall da und ich mein, man, man wir hatten auch schon wie bei dem Kindergottesdienst das Angebot war da, es wurde leider nicht angenommen aus welchen Gründen auch immer." (ID 674, zu 5.2/3)

Der Interviewpartner, dessen Aussage eben zitiert wurde, drückt sein Bedauern darüber aus, dass es vorkommt, dass bestehende pastorale Angebote nicht angenommen werden. Dies weist darauf hin, dass es nicht immer auf die Anzahl, sondern hauptsächlich auf die Qualität bzw. Relevanz der Angebote für die Pfarrgemeindemitglieder oder einer Zielgruppe innerhalb der Pfarrgemeinde ankommt. Und das führt zur nächsten auffällig ausgebildeten Forderung, es sollte bei den kirchlichen Angeboten auf die Bedürfnisse der Gläubigen geachtet werden:

> „Ich denke, ich muss die Leute doch da abholen, wo sie sind mit ihren Bedürfnissen. Und muss gucken, dass das, was Glaube ausmacht, oder was für mich auch Glaube ausmacht, was mir im Glauben wichtig ist, dass ich das den Menschen da vermittle, wo sie sind." (ID 100, zu 6.2)

3.3.2 Diakonisches Handeln

Gemeindebildendes und diakonisches Handeln gehören zusammen[248]. Sie verbindet die Orientierung an der Interaktion ebenso wie die aktive Gestaltung des sozialen Miteinanders, die in ihrer Zielvorstellung nicht vom Gefälle zwischen Helfer und Bittstellern geprägt ist, sondern von einem menschenwürdigen Leben und von einem gleichberechtigten Miteinander und sozialen Austausch und Ausgleich der Personen bzw. Personengruppen untereinander. In diesem Sinn gilt die Feststellung von Udo Schmälzle für die Gemeindebildung wie für die Diakonie gleichermaßen: „Diakonische Pastoral arbeitet am Bruch zwischen Evangelium und Kultur“[249].

Viele unserer Interviewpartner richten den Anspruch an die Kirche, dass sie mehr als die Ausrichterin religiös-kultischer Feiern sein soll. Sie fordern die Kirche auf, für die Menschen und ihre Probleme da zu sein:

> „Man sollte mehr so in den Alltag gehen […]. Was Jesus alles getan hat, die Geschichten zu erzählen, ja, alles schön und gut. Ich finde, das ist natürlich auch wichtig, dass man das weiß, aber man sollte sich mehr mit den Problemen der Leute beschäftigen, finde ich als Kirche ist das wichtig.“ (ID 1728, zu 6.2)

Die Kirche wird neben ihrer verkündigenden in ihrer diakonischen Dimension gefordert. Hierbei wird angesprochen, dass „als Trägerorganisation der Religion […] die Kirche zu anderen Teilsystemen [z. B. staatliches Gesundheitswesen] in Beziehung [tritt …] und für diese eine Leistung erbring[t. …] Diakonie und Seelsorge sind im systemtheoretischen Verständnis diese Leistung, wobei […] Diakonie diejenige für soziale Systeme meint.“[250] Die sensible Ausrichtung an den vielfältigen Problemen des Alltags wird als ebenso wichtig wie die Verkündigung angesehen. Wäre die Kirche im Alltag der Menschen nicht mehr erfahrbar, hätte ihre Botschaft nur noch einen ästhetischen Wert. Sie wäre „schön und gut“, bliebe aber abstrakt.

246 Vgl. H. Haslinger, Lebensort, der das Konzept einer „diakonischen Gemeinde“ entwirft: „Dies alles führt zum Entwurf einer diakonischen Gemeinde, die dem Menschsein der Menschen – und zwar aller Menschen – dient, die sich an den Lebenswirklichkeiten und Bedürfnissen der Menschen ausrichtet, die den Ängsten und Hoffnungen der Menschen Raum gibt und die gerade so zu dem wird, was sie ihrem theologischen Wesen nah zu sein hat: Lebensort für alle.“ (S. 12).

247 U. Schmälzle, Diakonische Pastoral. Geschichte, Dimensionen, Perspektiven. Referat zum Tag der Räte, 10. März 2001 im St. Burgardushaus Würzburg, S. 8 (http://downloads.kirchenserver.net/18/1723/1/11333436858470791.pdf); vgl. Paul VI., Enzyklika „Evangelium nuntiandi“, Nr. 20.

250 Haslinger, Lebensort, S. 55, vgl. auch ebd. S. 191.

Mit der Erwartung, die Kirche solle im konfliktträchtigen Alltag der Menschen präsent sein und dort Lebensbegleitung und Lebenshilfe leisten, korrespondiert die Auffassung, die Kirche solle auch in der Verkündigung mehr auf den Alltag der Menschen eingehen:

> „Vielleicht nicht nur aus der Liebe predigen, sondern auch mal darüber predigen, was um einen geschieht [Alltag? Interviewer] Alltag". (ID 808, zu 6.3/4)

Überzeugend scheint die kirchliche Verkündigung also dann zu sein, wenn sie in der Predigt den Alltag bedenkt und sich zudem durch ihn betreffen lässt.

Eine kleine Gruppe unserer Interviewpartner hat ein differenziertes Urteil darüber abgegeben, wer seitens der Verantwortlichen für die Pfarrgemeinde bei Alltagsschwierigkeiten helfen könne. Sie traut Laien eher als Priestern zu, bei Problemen des Alltags mit Rat und Tat überzeugend zur Seite zu stehen:

> „Schauen sie mal dieses Team. Das sind Menschen, [...] die mitkriegen, was auch so läuft im Leben. Leider muss ich sagen, wenn mir ein Pfarrer sagt: „Du musst deine Ehe aufrecht erhalten", da sage ich: „Mein lieber Pfarrer, woher willst du das denn wissen, welche Probleme ich habe?" (ID 1284, zu 1.3)

Eine vermeintliche Ursache, weshalb den Pfarrern die Lösung von Alltagsproblemen weniger zugetraut wird als Laien, liegt darin, dass die Pfarrer wegen ihres Lebensstils zu viel Abstand zum alltäglichen Leben hätten. Dies betrifft nicht nur die Ehelosigkeit, sondern auch seine soziale Absicherung. Gleichzeitig wird der Beitrag einer normativen Perspektive zum Verständnis und zur Bewältigung alltäglicher Probleme als gering empfunden. Erwartet wird, dass nur eine vergleichbare Lebenserfahrung befähige, Alltagsprobleme zu verstehen:

> „Aber es müsste eben ermöglicht werden, dass die Menschen auch ins Leben reingehen und auch das Geackere, das man jeden Tag hat, am eigenen Leibe erfahren, und nicht so abgehoben daherkommen wie ein Pfarrer, der gut bezahlt wird und der von Dingen redet, von denen er aufgrund seiner Lebensumstände überhaupt keine Ahnung haben kann." (ID 2309, zu 2.3)

Die in diesem Kontext oft verwendete Formulierung, die Pfarrer hätten zu wenig Lebenserfahrung, scheint den kritischen Punkt zu verdecken, wie er in dem Zitat präzise beschrieben wird. Denn von einem Mehr oder Weniger an Lebenserfahrung kann im Verhältnis von Laien und Pfarrern schwer gesprochen werden. Vielmehr scheint es nicht um die Quantität, sondern um die Art der Lebenserfahrungen zu gehen. Wegen seines Lebensstils, der finanziell abgesicherten Stellung und der ehelosen Lebensform, sammeln Pfarrer andere Lebenserfahrungen als es das Gros der Pfarrgemeindemitglieder tut. Darum wird ihnen attestiert, in Alltagsfragen „keine Ahnung" zu haben, wenn sie sich zu Alltagsthemen zu Wort melden. Indirekt wird damit die Erwartung ausgesprochen, dass die Kirche die Menschen in ihrem Lebensprozess begleiten und ihnen nicht ihren Lebensweg vorschreiben soll. Sie soll Wegbegleiterin sein. Dazu bedarf es eines hier angemahnten Erfahrungswissens. Dass die Kirche dabei „die Menschen in ihrem Kummer nicht nur als Bittsteller, sondern als Gäste Gottes wahrnimmt“[251] kennzeichnet das diakonische Engagement der Kirche in der Pfarrgemeinde.

3.3.3 Erwartungen an das glaubensbezeugende Handeln

3.3.3.1 Das authentische Glaubenszeugnis

Glaube wird in den Interviews vornehmlich gemäß der Grundbedeutung des griechischen Begriffs πίστις (pistis) als Vertrauen thematisiert. Begründet und gefördert wird ein solches Vertrauen unter anderem durch Authentizität, d. h. wenn Wort und Tat übereinstimmen. Mehr als ein Drittel unserer Interviewpartner äußert die Erwartung, ein authentisches Glaubenszeugnis müsse sich durch die Entsprechung von Reden und Handeln auszeichnen[252]:

> „Wenn ich in meinem Handeln selber, die Maxime, die für mich ’ne Rolle spielen, in meinem Handeln, in meinem Reden und meinem Handeln selber umsetzen kann, dann bin ich authentisch“. (ID 1432, zu 7.1)

Angesichts dieser Relevanz von Authentizität für das Glaubenszeugnis erwartet eine etwa gleich große Gruppe, ein authentisches Glaubenszeugnis könne durch Vorbilder gefördert werden:

[251] W. Huber, Kirche als Zeichen in der Zeit – kulturelles Erbe und Sinnvermittlung für das 21. Jahrhundert, in: H. Adolphsen, A. Nohr (Hgg.), Glauben sichtbar machen. Herausforderung an Kirche, Kunst und Kirchenbau, Hamburg 2006, S. 29-46, hier S. 37. Man ist geneigt, für eine Idealvorstellung das „nur“ zu streichen.

[252] Dazu vgl. M. Pott, Glaubenszeugnisse in der Diakonie. Zur Bedeutung sozialpastoraler Ansätze in der Pastoralplanung deutscher Diözesen, in: R. Krockauer, M. Körber (Hgg.), Glaubenszeugnisse in sozialer Arbeit und Diakonie. Impulse für Kirche und Gesellschaft, Münster 2008 (= Werkstatt Theologie. Praxisorientierte Studien und Diskurse; 8), S. 141-155, hier S. 141: „Die verfassten Kirchen fordern das deutlichere Zeugnis ihrer Mitglieder ein. […] Auf katholischer Seite steht das Schreiben Zeit zur Aussaat der deutschen Bischöfe programmatisch für dieses Anliegen. Es wurde im Jahr 2000 veröffentlicht und trägt den Untertitel Missionarisch Kirche sein. Zweimal Glaubenszeugnis also: Einmal im Kontext der Diakonie, zum zweiten in der aktuellen pastoralen Strategie der deutschen Bischöfe. Es geht einmal mehr um die Spannung zwischen dem Zeugnis des Wortes und dem Zeugnis der Tat.“ Ebd., S. 149: „Bis heute ist die kirchliche Realität geprägt von der Spannung zwischen orthodox behaupteter und orthopraktisch gelebter Diakonie.“

> „Gefördert, denke ich, kann es [ein authentisches Glaubenszeugnis] durch gute Beispiele, wenn man halt, sag' ich mal, wenn man es selber macht und man hat einen Zuschauer neben sich stehen und der dann vielleicht erkennt, das ist gut, das könnte ich auch machen." (ID 812, zu 7.3)

Ein solches Vorbild kann jeder sein. Es ist nicht an ein bestimmtes Lebensalter oder an einen bestimmten Status gebunden. Vorbilder spielen für den menschlichen Lernprozess im Allgemeinen und den Aussagen unserer Interviewpartner zufolge für die Förderung von authentischen Glaubenszeugnissen im Speziellen eine beachtliche Rolle.

Von einem authentischen Glaubenszeugnis wird erwartet, dass es sich im Alltag bewähren müsse. Sein Ort wird von einer kleinen Gruppe der Interviewpartner konkret benannt, es sei das „alltägliche [...] Leben":

> „Dem begegnet man eigentlich im alltäglichen Leben." (ID 2152, zu 7.2)

Das bedeutet, dass zwar im Gottesdienst der Glaube in Worten bezeugt werden, die notwendige Übereinstimmung mit dem Tun hingegen in der Regel nur im Alltag festgestellt werden kann. Sowohl die unmittelbare Glaubensbezeugung als auch die mittelbare Glaubenshandlung als ein Authentizitätskriterium gehören zur christlichen Existenz. Hieran schließt sich Martin Potts zugespitzte Aussage: „Für Menschen, zumal Menschen in Not, ist die konkrete helfende Praxis wichtiger als deren Begründung auf der Theorieebene."[253]

Wurde eben diskutiert, wo vor allem authentische Glaubenszeugnisse gefunden werden können, beschreiben unsere Interviewpartner auch, *was* sie unter authentischen Glaubenszeugnissen verstehen. Auffällig ausgeprägt ist hierbei die Erwartung, für ein authentisches Glaubenszeugnis müsse man seinen Nächsten lieben und könne so die Praxis der Nächstenliebe weitergeben.

> „Wenn man die Nächstenliebe weitergeben kann [...], das ist das Wichtigste". (ID 2151, zu 7.1)

> „Na gut, wenn man sich einfach Zeit nimmt für Leute in Not." (ID 1956, zu 7.2)

Daneben trifft man auf die Meinung, als authentische Glaubenszeugnisse könnten Handlungen gelten, die sich nicht ausdrücklich auf Jesus berufen, sondern wegen ihrer Zuwendung zu den gesellschaftlich Geächteten als solche identifiziert werden können, die im Sinne Jesu erfolgen. Bemerkenswert daran ist, dass das Urteil darüber dem Rezipienten obliegt. Er entscheidet, ob die Arbeit eines Streetwor-

[253] Pott, Glaubenszeugnisse, S. 151.

kers, wie im folgenden Beispiel angeführt, als authentisches Glaubenszeugnis verstanden werden kann.

> „Wo jemand, wortlos ohne Kommentar handelt, im Sinne Jesu, ich bewundere zum Beispiel die Streetworker". (ID 964, zu 7.1)

Dass ein authentisches Glaubenszeugnis dem Grunderfordernis der Humanität, den Menschen als Subjekt zu achten, entsprechen müsse, der Glaube m. a. W. nicht inhuman sein dürfe, kommt in den Interviews ebenfalls zum Ausdruck:

> „Ja, Verhalten als Christ. Ja, man sagt ja immer, man soll sein Gegenüber so behandeln, wie man selber gern behandelt werden möchte. Ich denke, das ist so ein Grundsatz für einen Christ." (ID 2240, zu 7.1)

Neben den Aussagen, die die Authentizität des Glaubenszeugnisses an das soziale und humane Handeln binden, lassen sich den Interviews auch Erwartungen an ein authentisches Zeugnis des Glaubens entnehmen, die auf die Teilnahme am Gottesdienst zielen:

> „Ich find', für mich persönlich gehört das irgendwie dazu, wenn ich in die Kirche gehe und glaube, dann gehört das für mich persönlich dazu. Das finde ich, ist dann glaubwürdig." (ID 636, zu 7.2)

In dieser Aussage wird die Teilnahme am Gottesdienst im Rahmen der Selbstverpflichtung thematisiert. Der Interviewpartner bzw. die Interviewpartnerin erwartet von sich persönlich und nicht allgemein, dass die Teilnahme am Gottesdienst notwendig für ein authentisches Glaubenszeugnis sei. Das nächste Beispiel nennt dafür einen Grund, indem es der Erwartung Ausdruck verleiht, dass die Teilnahme am Gottesdienst nur aus innerer Zustimmung, d. h. nicht unter Außerachtlassung der Freiheit der Gläubigen erfolgen könne:

> „Sie geht regelmäßig und sie ist mir dadurch auch dankbar. Das ist schon eine Genugtuung für mich, dass ich das richtig weitergegeben habe. Ja, das die sich auch wohlfühlen. Sagen, dass sie Christen sind." (ID 2004, zu 7.2)

Sind die authentischen Glaubenszeugnisse in erster Linie sichtbare Zeichen für den Glauben, so erwarten viele unserer Interviewpartner, der Glaube selbst könne durch die Gemeinschaft und jeweils eine Minderheit, sie könne durch ein Gespräch unter Freunden, die Schule, das Bibellesen, das Gebet oder die Familie gefördert und gestützt werden:

> „Ich brauche also die Gemeinschaft, um meinen Glauben, ja ich sag' mal, treu zu bleiben". (ID 1001, zu 6.2)

> „Solche Gespräche helfen, es helfen mir Gespräche mit Freunden." (ID 1486, zu 6)

> „'Ne ganz wichtige Geschichte, findet irgendwie hochverantwortlich wesentliche schulische Religions- am Religionsunterricht angekoppelte, aber auch die Schulseelsorge einer, einer Schule betreffende Angebote". (ID 1489, zu 6.2)

> „Oder das Bibelteilen, den Ansatz damit zu tun. Das Geschehen der Heiligen Schrift, wie der Heilige Ignatius das sieht, so lebendig werden zu lassen. Das ist mir wichtig und das versuche ich, wo es machbar ist, in so einer Gemeinde vor Ort dann auch weiterzugeben". (ID 1905, zu 6)

> „Das ist für mich das doppelte Gebot und das stärkt auch meinen Glauben." (ID 2145, zu 6)

> „Mein Glaube wird gestärkt, zum Beispiel, durch meine Familie." (ID 999, zu 6)

Die eben erwähnten glaubensstärkenden Instanzen können in zwei Kategorien untergliedert werden: vertraute Personen und geistliche Texte. Da die Glaubensweitergabe zunächst mündlich durch die Familie, die Gemeinschaft der Gläubigen etc. erfolgt, wird deutlich, weshalb vertraute Personen signifikant als Stärkung für den Glauben bezeichnet werden. Dies bestätigt u. a. Detlef Pollack, der schreibt: „Kurz gesagt, kirchliche Bindungen werden durch familiäre Verhältnisse sehr stark beeinflusst."[254] Und gemeinsam wird dies von Albert Biesinger wie Matthias Gronover folgendermaßen präzisiert: „Bezugspol von Glaubenssozialisation ist nicht in erster Linie die Gemeinde, wenn es mit Blick auf das Alltagsleben um tragfähige religiöse Einstellungen und Haltungen geht. Vielmehr ist entscheidend, wie Glaube in den alltäglichen Routinen erfahren und kommuniziert wird. Das familiäre Beziehungsnetz ist hier entscheidend. [...] Gemeindekatechese als Familienkatechese [ist] strukturbildend, wenn sie – durchaus mit professioneller Begleitung – die Menschen untereinander vernetzt und Familien in ihren spirituellen, religiösen und alltäglichen Bedürfnissen dort abholt, wo sie stehen. [...] Gemeindekatechse als Familienkatechese schafft so religiöse Kernzonen, wo religiöse Beheimatung geschehen darf und kann."[255] Die primäre Quelle für die Prägung und Stärkung des Glaubens entspringt also der Vorbildfunktion und mündlichen Tradierung des Glaubens durch vertraute Personen. Sekundär speist sich der Glaube gemäß unseren Interviewpartnern aus der Beschäftigung mit den schriftlich-tradierten geistlichen Texten. Hierzu gehören die Bibel, aber auch die vielen

[254] D. Pollack, Worauf die Bindung an die Kirche beruht. Kirchensoziologische Analysen zum Verhältnis der evangelischen Kirchenmitglieder zu ihrer Kirche und den Grenzen kirchenreformerischen Handelns, in: J. Hermelink, G. Wegner (Hgg.), Paradoxien kirchlicher Organisation: Niklas Luhmanns frühe Kirchensoziologie und die aktuelle Reform der evangelischen Kirche, Würzburg 2008, S. 71-99, hier S. 98.

[255] A. Biesinger, M. Gronover, Gemeindekatechese als Familienkatechese. Im Dialog mit den „Zeichen der Zeit", in: ThPQ 158 (2010), S. 132-139, hier S. 137, 139.

durch sie inspirierten Gebete, Meditationen, im weiteren Sinn auch theologische Texte.

Das, was den Glauben stärkt – den Aussagen in den Interviews zufolge in erster Linie vertraute Personen und geistliche Texte –, wird gemeinhin als Spiritualität bezeichnet. Ihr Stellenwert wird von unseren Interviewpartnern als verbesserungswürdig beurteilt. Ebenso wie die konsequente Zuwendung zu den Menschen wird von der Kirche erwartet, sie solle den Glauben an Gott und an Jesus Christus wieder mehr in den Mittelpunkt stellen:

> „Ich meine, die Kirche sollte den Glauben an Gott, an Jesus wieder mehr in den Mittelpunkt stellen und überhaupt das Spirituelle, alles was mit Transzendenz zu tun hat. Ich glaube, das wäre von Vorteil." (ID 2287, zu 6.2)

Ein kleiner Teil unserer Interviewpartner erwartet, die Kirche würde damit der Einstellung von Jugendlichen entsprechen:

> „Das eine, weil es zeigt ja, dass Jugendliche eigentlich mehr nach spirituellen Dingen suchen". (ID 3083, zu 2.3)

Ein zusätzliches Indiz für die mangelnde Erfahrbarkeit von Spiritualität ist die Forderung einer kleinen Gruppe unserer Interviewpartner, es solle mehr über den Glauben gesprochen werden:

> „Viele sind ja dann religiöse Analphabeten. Über den Glauben zu sprechen, oder sich damit zu beschäftigen. Der gesellschaftliche Trend ist ja nicht gerade dafür." (ID 288, zu 6.1)

Es wird als defizitär empfunden, wenn Gläubige nicht über ihren Glauben sprechen können. Gleichwohl wird ein Trend zum religiösen Analphabetismus angenommen. Die Kompetenz, über den Glauben sprechen zu können, wird als für den Glauben bedeutungsvoll eingestuft. Die fehlende Kompetenz könne zu Sprachlosigkeit führen und langfristig eine religiöse Gleichgültigkeit bewirken.

Wer Gleichgültigkeit in Glaubensfragen ablehnt, wird auch dem Glaubenszweifel Raum geben müssen. Demzufolge wird vereinzelt damit gerechnet, dass der Zweifel ein Bestandteil des Glaubens sei:

> „Glauben ist nicht Wissen, das weiß ja jeder. Das ist natürlich immer so eine Sache, mal ist man dann felsenfest der Meinung ‚Ja, das ist so' und dann kommen einem wieder die Zweifel. Oder dann kommt wieder die Wissenschaft und sagt: ‚Das kann ja gar nicht' und dann kommt man wieder selbst ins Grübeln." (ID 537, zu 8.2)

Wir sind in den Interviews auch der Frage nachgegangen, ob sich neben den klassischen kirchlichen Formen des Glaubensvollzugs Alternativen entwickelt haben, die der Erwartung an den privaten Charakter des Glaubens entsprechen. In den

Interviews wurde deutlich, dass es solche Gruppen gibt, genannt werden private Bibel- und Gebetskreise sowie Medjugorje-Gruppen, doch richten sich an sie keine besonderen Erwartungen hinsichtlich der Förderung des Glaubens in der Pfarrgemeinde.

> „Es gibt hier keine anderen Glaubensgruppierungen". (ID 114, zu 8.2)

> „Der halt auch diese Bibelstunde, ist ja auch nicht in der Kirche, da trifft man sich ja privat bei irgendwelchen Leuten." (ID 1128, zu 8.2.3)

> „Ja, und zwar weiß ich, dass es hier einen kleinen Gebetskreis gibt." (ID 2102, zu 8.2.3)

> „Gibt es ja. Also diese was in Richtung Medjugorje geht, also diese solche sehr konservativ angehauchten Gruppierungen und ich würd's nicht sagen, dass es ein großer Teil von Menschen ist. Es gibt es als Bewegung". (ID 2629, zu 8.2.3)

Die Gruppen werden toleriert. Von einer nennenswerten Entwicklung alternativer Formen des Glaubensvollzugs kann in Bezug auf die Pfarrgemeinden, in denen die Interviews durchgeführt worden sind, nicht gesprochen werden.

3.3.3.2 Die traditionellen Formen der Glaubensweitergabe

Eine große Gruppe unserer Interviewpartner antwortet auf die Fragen, was ihren Glauben prägt und stärkt und welche Wege die Kirche bei der Glaubensweitergabe gehen sollte, mit zwei Hinweisen: Von der Predigt sowie der Firm- und Kommunionkatechese wird erwartet, dass durch sie der Glaube weitergegeben, geprägt und gestärkt werde:

> „Schon. Also für mich waren die Predigten immer so ganz wichtig. Ich bin eigentlich immer gerne hingegangen, um die Predigten anzuhören, weil irgendwie habe ich mich immer angesprochen gefühlt. Ich hab' immer gedacht, irgendwie kennt er immer ja meine Probleme. Wieso spricht der genau dieses Thema an? Das war schon recht interessant." (ID 1726, zu 6)

Für unsere Interviewpartner bildet also „die Predigt in einem Gottesdienst [...] den sinnfälligsten Ort der Verkündigung."[256] Die Bedeutung der Predigt wird daran festgemacht, ob es dem Prediger gelingt, ansprechende Themen zu finden und diese problemrelevant zu entfalten. Allerdings setzt die Glaubensweitergabe durch die Predigt die Teilnahme am Gottesdienst voraus. Durch diese Form der Glaubensweitergabe werden also zunehmend weniger Gläubige erreicht.

[256] Haslinger, Lebensort, S. 253.

> „Ja, ja, ich find' unsere Gemeinde geht jetzt die Wege allein dadurch, dass sie Firmvorbereitungskurse macht oder auch vor der Kommunion gibt's ja immer diese Kommunionkurse." (ID 632, zu 6.2)

Kommunion- und Firmkatechese werden hier als Aufgaben der Pfarrgemeinde dargestellt. Die Gemeinde ist es, die die Kommunion- und Firmvorbereitung durchführt. Sie partizipiert damit im Bewusstsein unserer Interviewpartner wie selbstverständlich an der Glaubensweitergabe. Allerdings richtet sich die Sakramentenkatechese auch nur an einen sehr kleinen Kreis der Gemeinde. Dies gilt vor allem für die Firmung. Nicht thematisiert werden die heutzutage sehr großen Unterschiede bei den Kirchenmitgliedern hinsichtlich der „Voraussetzungen und Erwartungen gegenüber den Sakramenten – speziell bei den Initiationssakramenten." Sie „erfordern eine differenzierende Sakramentenpastoral"[257]. Eine solche mündet nach Manfred Belok pastoraltheologisch in der Einsicht, dass „als Handlungen mit denen, die nur etwas von der Kirche wollen, aber keine verbindliche kirchliche Lebens- und Glaubensgemeinschaft, [...] gut gestaltete Segensfeiern sinnvoller"[258] wären.

Neben diesen beiden Formen der Glaubensweitergabe (Predigt sowie Kommunion- und Firmkatechese) wird vereinzelt die Erwartung vorgetragen, die Glaubensweitergabe könne zielgruppenspezifisch durch Erwachsenenkatechese, im Gespräch, in sämtlichen kirchlichen Gruppen, im Kindergarten und bei Kinderbibeltagen erfolgen:

> „Wir haben hier so einen ganz guten Versuch gestartet, das nennt sich ‚Wege erwachsenen Glaubens' mit einem Pallottinerpater". (ID 2393, zu 6.1)

> „Also irgendwo, dass die Welt keine Scheibe ist, aber das ist nicht das Ursprüngliche, was Gott uns sagen wollte. Das ist Aufgabe der Theologie, der Verkündigung. Auch jedes einzelnen sich damit zu beschäftigen. Und das, wenn es zu einem Gespräch kommt, im Gespräch untereinander sich zu helfen, das glauben zu dürfen, zu können. Das ist für mich Verkündigung." (ID 301, zu 8.2)

In beiden Interviewpassagen wird betont, dass es um einen erwachsenen Glauben gehe. Die Erwartungen hinsichtlich der Erwachsenenkatechese dürften sich also in erste Linie auf das Glaubensverständnis und die Verantwortung des Glaubens

257 M. Belok, Identität und Offenheit. Plädoyer für eine differenzierende Sakramentenpastoral, in: Pastoralblatt für die Diözesen Aachen, Berlin, Essen, Hildesheim, Köln, Osnabrück 62 (2010), S. 291-298, hier S. 293.

258 Belok, Identität, S. 295. Dazu vgl. auch M. Varelmann, Segensfeiern. Theologie-Geschichte-Praxis, Würzburg 2008 (= Studien zur Theologie und Praxis der Seelsorge; 75); D. Keck (Hg.), Unter Deinem Segen. Bausteine und Gestaltungselemente für Segensfeiern, Freiburg i. Br. 2008.

richten. Sie implizieren, dass der Glaube oft kindlich geprägt sei. In der zweiten Interviewpassage wird ein adäquates Glaubensverständnis zum einen explizit gefordert, zum anderen in Bezug auf den Kerngehalt des Glaubens relativiert. Die Verkündigung wird zudem zugleich an den Dialog rückgebunden.

> „Ich denke, sonst für die anderen Altersgruppen, finde ich eigentlich, ist das [Glaubensweitergabe] relativ gut abgedeckt." (ID 2576, zu 6.1)

> „Glaubensweitergabe erfolgt halt auch, wie gesagt, durch Kindergarten". (ID 3140, zu 6.1)

> „Wir haben jetzt auch im, ich glaube jetzt alle 14 Tage ist das, ich glaube, haben wir die Kinderbibeltage wieder". (ID 1614, zu 5)

Für die Glaubensweitergabe an Kinder werden zwei Instanzen benannt: Vom Kindergarten und von Kinderbibeltagen wird erwartet, dass in ihnen und durch sie der Glauben zielgruppenorientiert weitergegeben wird. Während Kinderbibeltage kaum überall die Regel sein dürften, kann man für Kindergärten eher davon ausgehen.

Eher skeptisch stehen unsere Interviewpartner dem Internet im Hinblick auf die Vermittlung des Glaubens gegenüber. Zwar erwarten einige von ihnen, das Internet könne ein Medium der Glaubensweitergabe sein:

> „Das wäre natürlich eine Möglichkeit durchs Internet. Das wäre natürlich gut, wenn man da Werbung machen könnte. Ja, so von den Alteingesessenen guckt ja kaum jemand Internet. Für die Jugend wäre es natürlich gut." (ID 2001, zu 6.2)

Dieser Einstellung wird allerdings ebenfalls von einem kleinen Teil unserer Interviewpartner widersprochen, welche die Bereiche Glaube und Internet für nicht kompatibel halten und sich folglich von einer Glaubensweitergabe per Internet nichts versprechen:

> „Ja, ich weiß nicht, ich muss irgendwie für mich persönlich sagen, ich find' Glauben und Internet passt jetzt nicht so zusammen". (ID 633, zu 6.2)

Dieser Skepsis, der vermutlich die Gegenüberstellung – personaler Präsenz in der Face-to-face Kommunikation in der Pfarrgemeinde zur virtuellen Präsenz im Internet[259] – zugrunde liegt, begegnet Karl-Heinz Kronawetter mit der Einschät-

[259] Vgl. K.-H. Kronawetter, Verkündigung im Internet. Kommunikation des Evangeliums im Web 2.0, in: F. Gruber, C. Niemand, F. Reisinger (Hg.), Geistes-Gegenwart. Vom Lesen, Denken und Sagen des Glaubens. FS für P. Hofer, F. Hubmann u. H. Sauer, Frankfurt a.

zung: „Diese idealtypische Gegenüberstellung kann leicht dazu führen, die Vorteile einer virtuellen Internet-Gemeinschaft auszublenden. Die Möglichkeit zur anonymen Kontaktaufnahme [...] kann auch als Vorteil gesehen werden. [...] Und vielfach führt diese Art der Kommunikation in späterer Folge auch zu persönlichen Begegnungen im wirklichen Leben."[260]

Als für die Glaubensweitergabe wichtige Personengruppen gelten zahlreichen Interviewpartnern die Eltern. Sie erwarten, dass der Glaube durch das Elternhaus geprägt werde:

> „Ich bin geprägt von Zuhause, vom Elternhaus". (ID 3216, zu 6)

Dabei kommt der Glaubenspraxis, dem gelebten Glauben eine eminente Bedeutung zu. Erwartet wird, dass Glaube nur dann weitergegeben werden könne, wenn er vorgelebt wird.

> „Wie sagte meine Mutter immer? Glauben muss man vorleben. Und da hat sie Recht. Wie wir das weitergeben, kann ich nicht sagen. Das kommt darauf an, wenn er gebraucht wird, wie er da hingeht und den Glauben weitergibt einzeln." (ID 1315, zu 6.2)

Zudem prägt das „amtliche Lebenszeugnis" der Priester entscheidend die Anspruchshaltung einzelner:

> „Man hat das letztes Jahr hier auch versucht. Es hieß: ‚Stadtmission – Glaubensgespräche', dachte ich, nanu, guckst'e dir das Mal an, habe mich erkundigt, was da laufen soll. Ja, dann hieß es, hab' ich gesagt, macht das [...] [Name des Pfarrbeauftragten] oder macht das [...] [Name des Pastoralreferenten]: Ne, ne die haben damit nichts zu tun, das machen die Leute selbst. Hab' ich gesagt: ‚Wie bitte, ja kommt da kein Priester oder ein Pfarrer oder irgendwas. Wir können uns doch Leute holen, wir haben doch in Klöstern haben wir doch noch welche. [...] Das machen die Leute selbst, da wird eins bestimmt, der dann den Abend leitet. Dann hocken die zusammen, haben zwar ein Thema, aber erzählt sein Blabla von Zuhause und das gibt mir gar nichts. Und dann bin ich schon gleich nicht hin. Mein Mann hat auch gesagt, da mache ich net mit. Wenn, dann will ich schon 'nen Priester haben, der mir auch mal was erzählen kann und ich will net die Leut', das interessiert mich gar nicht, was jeder für Probleme mit seiner Familie hat." (ID 2662, zu 6)

Diese Erwartungen an die Instanzen der Glaubensweitergabe bewegen sich im traditionellen Rahmen.

M.; Berlin; Bern u. a. 2009 (= Linzer Philosophisch-Theologische Beiträge; 17), S. 411-425, hier S. 419.

[260] Kronawetter, Verkündigung, S. 419-420.

Zur Thematik, ob sich die Befragten Alternativen zu den bisherigen Wegen der Glaubensweitergabe vorstellen könnten, gibt es zwei gegenläufige Einstellungen. Eine Gruppe unserer Interviewpartner geht davon aus, es gäbe keine anderen Wege der Glaubensweitergabe, und eine ebenso große Gruppe fordert, es sollten neue Formen der Vermittlung des Glaubens ausprobiert werden:

> „Ich könnte nicht sagen, dass ich jetzt andere Wege gehen könnte." (ID 716, zu 6.2)

> „Ich glaube, dass das für mich auch persönlich ganz wichtig ist, da auch zu versuchen, neue Wege zu gehen, also nicht nur die traditionelle Weitergabe über eine Predigt, sondern auch unterschiedliche Gottesdienstformen auszuprobieren, unterschiedliche Altersgruppen anzusprechen, unterschiedliche Methoden einzusetzen, um dann entsprechende Glaubensinhalte weiterzugeben". (ID 1166, zu 6.2)

Die Bereitschaft zur Erneuerung wie auch die Kraft zum Erhalt des Bewährten sind gleichermaßen bei unseren Interviewpartnern festzustellen.

Schwierig einzuordnen ist die Tatsache, dass zahlreiche unserer Interviewpartner angeben, die Glaubensvermittlung der Pfarrgemeinde habe keinen Einfluss auf ihren persönlichen Glauben:

> „Da mein Glaube ziemlich gefestigt ist, keinen Einfluss." (ID 676, zu 6.1)

Das Beispiel treibt den Gedanken auf die Spitze. Impliziert die Aussage doch die Erwartung, dass der Glaube der Pfarrgemeinde den Glauben des einzelnen erschüttern könnte und negiert sie doch zugleich die Bedeutung der Pfarrgemeinde für die Glaubensweitergabe. Die Pfarrgemeinde selbst wird nicht als glaubensprägende Instanz angesehen. Aber sie wird auch nicht für die Glaubensverdunstung verantwortlich gemacht. Dass die Pfarrgemeinden vornehmlich als Ausrichter gesellschaftlich anerkannter liturgisch-ritueller Feiern am Sonntag oder zu Lebenswenden fungieren und als solche wahrgenommen werden, aber nicht damit identifiziert werden, Instanz der Glaubensweitergabe zu sein, könnte vielleicht den mancherorts feststellbaren Niedergang von Pfarrgemeinden erklären.

3.3.3.3 Pluralisierung als „Signatur der Kultur"[261]

Pluralisierung ist zu einem Erkennungsmerkmal der westlichen Gesellschaften geworden. Sie kann ebenso wie Individualisierung als Kennzeichen der Moderne angesehen werden. Bezeichnet die Individualisierung primär die heutige Form der persönlichen Lebensgestaltung, „dient die Pluralisierung eher als Signatur der

[261] Haslinger, Lebensort, S. 50.

Kultur, insofern diese die Gesamtheit der für eine Gesellschaft kennzeichnenden bzw. gültigen Lebensformen, Einstellungen, Strukturen und Kommunikationen meint."[262] Pluralisierung wie Individualisierung haben Auswirkungen auf alle gesellschaftlichen Gruppen. Demzufolge wird Pluralisierung für die identitätsstiftende Aufrechterhaltung von normativen oder übereinstimmenden Glaubens- und Moralvorstellungen – wie in der Kirche – zu einer Herausforderung. So besteht die Herausforderung für die pastorale Praxis darin, „Pluralität zum immanenten Prinzip ihrer selbst zu machen; nur dann ist sie in einer pluralisierten Gesellschaft für andere gesellschaftliche Institutionen und Kräfte glaubwürdig [... Gemeinden] haben Abschied zu nehmen von einem idyllischen Harmonieideal. Ihnen ist abverlangt, auf den Allein- oder Vorranganspruch als Ort christlicher Existenz zu verzichten und die Vielfalt der anderen Sozialformen christlichen Lebens nicht nur zu tolerieren, sondern auch zu fördern. Sie müssen lernen, mit der Tatsache konstruktiv umzugehen, dass sie das Monopol auf Sinnorientierung, Erfahrungsdeutung und Lebensbegleitung verloren haben."[263]

3.3.3.3.1 Plurales Glaubensverständnis

Für über 90% unserer Interviewpartner ist eine Pluralität von Glaubensvorstellungen in der Pfarrgemeinde selbstverständlich:

> „Und in dem Sinne [Glaubensvorstellungen] gibt es in dieser Gemeinde natürlich eine unheimliche Bandbreite." (ID 201, zu 8.2)

Zugleich dominiert die Erwartung, dass die Pluralität erhalten bleiben soll. Ihre Konsonanz findet sie in der Bezeichnung des Glaubens als christlich.

> „In Einklang kann man die, glaube ich, als wenn sie christlich sind, dann sind sie im Einklang. Aber die Vielfalt muss erhalten bleiben, weil wir Menschen vielfältig sind, und das ist ja auch das spannende am Leben." (ID 1555, zu 8,3)

Abgestellt wird dabei auf den Subjektcharakter des Glaubens. Wie die Menschen vielfältig sind, müsse die Vielfalt der Glaubensvorstellungen erhalten bleiben. Sowohl die Vielfalt der Individuen als auch die Vielfalt in Glaubensvorstellungen wird positiv gesehen. Dass die Pluralität nicht mit Beliebigkeit gleichgesetzt werden kann, bringt das Zitat durch den Terminus ‚Einklang' zum Ausdruck. Von einer kleinen Gruppe wird ausdrücklich erwartet, unterschiedliche Glaubensvor-

[262] Ebd.

[263] Haslinger, Lebensort, S. 52. Vgl. hierzu auch H. Haslingers Entwurf von vier typischen Reaktionsmustern auf die der Postmoderne eigenen Merkmale des Individualismus, des Pluralismus und der Differenzierung; Haslinger, Lebensort, S. 57-64.

stellungen müssten auch hinsichtlich ihres Gehaltes sich in einem gewissen Rahmen bewegen:

> „Ja, das natürlich schon, also ich irgendwo schon, aber wenn das zu weit abfällt, dann hat es nichts mehr mit der Sache zu tun. Also dann, wenn helfe deinem Nächsten und ich habe da eine ganz andere Meinung, dann ist es nicht mehr helfe deinem Nächsten". (ID 1876, zu 8.4)

Dieser Rahmen scheint jedoch nicht einfach auf einer inhaltlichen Vorgabe zu beruhen. Vielmehr wird im Fall auftretender Dissonanzen eine Verständigung über den Gehalt von Nächstenliebe gefordert. Diese Einstellungen veranschaulichen, wie diffizil sich der Umgang mit dem Thema ‚Pluralisierung' für die Kirche gestaltet. Auf der einen Seite beinhaltet es ein großes Reservoir positiver Ansatzpunkte beispielsweise zum besseren Verständnis der Katholizität, verstanden als Einheit in Vielfalt. Auf der anderen Seite birgt die Pluralisierung gemeinschaftsauflösendes wie Glaubensvorstellungen relativierendes Potenzial. Der Grad zwischen den skizzierten Polen ist schmal.

Eine kleine Gruppe der Interviewpartner weist auf eine spezifische Umgangsweise mit der Pluralisierung von Kulturen hin, die unter dem Schlagwort Inkulturation im kirchlichen Sprachgebrauch bekannt ist. Sie geht davon aus, es solle ein einheitliches Glaubensfundament geben, dessen Ausdrucksformen verschieden sein könnten:

> „Ich sag' mal so, der Glaube hat schon seine Grundlage. Ja, und e'n Afrikaner drückt und lebt seinen Glauben anders aus als e'n Europäer." (ID 3159, zu 8.3.2)

Auch die Theorie der Inkulturation betont, dass Glaubensvorstellungen adäquat in die jeweiligen Kulturkreise übersetzt bzw. von ihnen selbst re-formuliert werden müssen.

Nur sehr wenige Interviewpartner sagten im Blick auf ihre Pfarrgemeinde, sie erwarteten nicht, dass sich die Glaubensvorstellungen voneinander unterschieden:

> „Habe ich eigentlich nie bemerkt [, dass es verschiedene Glaubensvorstellungen gibt]. Das habe ich nie bemerkt. Nein, wüsste ich nicht." (ID 2008, zu 8.2.1)

Als Basis wird in diesem Beispiel die persönliche Wahrnehmung angegeben.

3.3.3.3.2 Kirchliche Moral und persönliches Gewissen

Wir haben in den Interviews unsere Gesprächspartner auch nach ihren Erwartungen an die Moralverkündigung der Kirche befragt. Wie selbstverständlich gehen sie davon aus, dass es Unterschiede zwischen den Moralvorstellungen der katholischen Kirche und den Gläubigen gebe.

> „Würd' ich auch sagen, dass es, dass es da [bei den Moralvorstellungen] Unterschiede gibt." (ID 816, zu 8.2.2)

> „Na gut, die offiziellen Moralvorstellungen der katholischen Kirche decken sich sicher nicht mehr mit den gelebten Moralvorstellungen des größten Teils der Gemeinden, wenn man mal über Verhütung redet zum Beispiel. Selbst wenn man über Abtreibung redet oder überhaupt über Sexualität." (ID 2296, zu 8.2)

Jedoch wird nicht erwartet, dass diese Unterschiede sich negativ auswirkten. Vielmehr wird unterstellt, dass die Vielfalt[264] der moralischen Auffassungen in der Kirche deren Einheit nicht gefährde:

> „Ich glaube, man sollte versuchen, die Balance zu halten, das man nicht völlig aus der Form, der Einheit gerät auf der einen Seite, auf der anderen Seite aber eine Vielfalt oder Buntheit auch bis zu einem gewissen Grad zulässt, ohne gleich die Angst haben zu müssen, dass die Kirche es nicht überlebt. Also in dieser Spannung sehe ich das eher." (ID 1917, zu 8.3)

Strukturell werden die Unterschiede also ebenso wie Einheit und Vielfalt als miteinander vereinbar angesehen. Es wird folglich nicht erwartet, dass sie die Kirche spalten.

Vielmehr wird erwartet, dass es einen Grundkonsens in moralischen Fragen gebe und zudem der Instanz des eigenen Gewissens vertraut.

> „Natürlich wird das jeder ein bisschen nach seinem eigenen Gewissen auslegen. Die die grundsätzlichen Dinge, denke ich, die stehen bei jedem fest". (ID 3228, zu 8.2.1/2)

Trotzdem gibt es Kritik an der kirchlichen Autorität. Sie bezweifelt die Kompetenz der zu sexueller Enthaltsamkeit verpflichteten Amtsträger, in Fragen der Sexualethik moralisch verpflichten zu können:

> „Da wird's spannend, dass wir in unserer Geschichte durch unsere Moralvorstellungen, wie sie offiziell verkündet wurden, mit der bösartigen Bemerkung: Stellen Regeln auf für ein Spiel auf, für das sie gesperrt sind." (ID 2950, zu 8.2.2)

[264] Dazu vgl. T. Doktór, Religious Pluralism and Dimensions of Religiosity. Evidence from the Project Religious and Moral Pluralism (RAMP), in: G. Pickel, O. Müller (Hgg.), Church and Religion in Contemporary Europe. Results from Epirical and Comparative Research, Wiesbaden 2009 (= Veröffentlichungen der Sektion Religionssoziologie der Deutschen Gesellschaft für Soziologie), S. 25-34.

Mit dieser Kritik korrespondierend erwartet ein kleiner Teil unserer Interviewpartner, der Mensch müsse die Freiheit haben, moralische Fragen primär mit seinem Gewissen ausmachen zu können.

> „Und das ist halt auch schwierig und ich denke, das ist, wissen sie, das ist wie, wie in der Politik immer gesagt wird: Es gibt, jeder Abgeordnete ist zuallererst seinem Gewissen verpflichtet". (ID 3152, zu 8.2.2)

Die Pluralität möglicher Antworten in moralischen Fragen und der Respekt vor der Würde des Einzelnen werden angeführt, um die Kirche indirekt aufzufordern, die Mündigkeit der Gläubigen durch die Akzeptanz von deren Gewissenentscheidung nachdrücklich ernst zu nehmen. Hieran schließt sich pastoraltheologisch das Postulat an: „Notwendig sind Gemeinden, die die Tugend der Diskretion zum eigenen Prinzip machen; die zum einen mit den Lebenswirklichkeiten, die in ihrem Bereich einsehbar werden, diskret umgehen; die zum andern nicht in alle Lebensbereiche eindringen und die Menschen nicht auf Schritt und Tritt ihrer alltäglichen Lebensführung mit dem Anspruch des Gemeinde-Seins behelligen; die nicht alle Lebensdimensionen der Menschen erfassen wollen und von den Menschen keine Totalidentifikation erwarten."[265]

Für den Umgang mit den Diskrepanzen der innerkirchlichen Moralvorstellungen lassen einige Interviews die Erwartung erkennen, dass Moralvorstellungen in Einklang gebracht werden sollten:

> „Die Moral ist schon heikler, denke ich. Moralvorstellungen glaube ich schon, dass, dass, wie gesagt, in Einklang gebracht werden sollten." (ID 819, zu 8.3)

Zugleich wird allerdings daran gezweifelt, ob das gelingen kann, wenn der Sollensanspruch nicht realitätsnah formuliert wird.

> „Ich glaub', das ist schwierig. Also wenn ich mir die Moralvorstellungen vom Papst mir vor Augen halte, dann find' ich das schon schwierig. Ich weiß nicht, ob das so realistisch ist." (ID 1739, zu 8.3)

Es wird also erwartet, dass die Moralverkündigung der Kirche ihre Sollensansprüche realitäts- und lebensnah ausrichtet. Außerdem wird in diesem Punkt das Gemeindeverständnis, das auf die Gemeinsame Synode der Bistümer in der Bundesrepublik Deutschland, besonders deutlich: Die Gemeindemitglieder „firmieren nicht mehr als Objekte des pastoralen Handelns, sondern als Subjekte der Kirche, denen aufgrund ihrer Berufung durch Gott eine eigenständige theologische Identität eignet."[266]

[265] Haslinger, Lebensort, S. 82.
[266] Haslinger, Lebensort, S. 153.

3.3.4 Erwartungen an das liturgische Handeln

3.3.4.1 Die enge Verbindung von Sakrament und Lebenswenden

Viele Menschen bekunden den Wunsch nach Präsenz der Kirche zu den Lebenswenden. Zahlreiche unserer Interviewpartner erwarten, dass das sakramentale Handeln zu den Lebenswenden die bleibende Bedeutung der Kirche sei:

> „Kirche spielt im Leben vieler Menschen nach wie vor eine prominente Rolle an den entscheidenden Lebenswenden. Nicht ohne Grund sind die Sakramente ja auch mit diesen Lebenswenden verbunden, ob es die Taufe ist, die Firmung, die Hochzeit, die Krankensalbung oder dann auch die Beerdigung. Das alles sind im Leben von Menschen wichtige Dinge". (ID 1361, zu 4.4)

Die Bedeutung des sakramentalen Handelns zu den Lebenswenden geht mit der hervorstechenden Identifizierung des Pfarrers und Moderators mit dessen Rolle als Sakramentenspender einher. Eine große Gruppe unserer Interviewpartner erwartet, der Moderator sei für die Sakramentenspendung und die Eucharistiefeier da. In diesem Sinn (und nicht für die Gemeindeleitung) sei er unverzichtbar:

> „In welcher Hinsicht? Für das Spenden der Sakramente in jedem Fall. Ja, für die Eucharistiefeier, das ist ja auch ein Sakrament das heilige Brot zu empfangen. Also dafür ist er [der Moderator] unverzichtbar, denke ich." (ID 421, zu 3.3)

> „Für die Sakramentenspendung und so weiter Das ist natürlich schön, wenn ein Pfarrer für so was da ist." (ID 2, zu 1.1)

Dass eine solche Erwartung in einem spannungsvollen Verhältnis zu den Aussagen steht, die das II. Vatikanische Konzil hinsichtlich der Gemeindepriester vorgenommen hat, ist offensichtlich. Denn den Konzilsvätern zufolge sollen sie umfassend für die Kirchennahen, -fernen und -fremden präsent sein: „Die Fürsorge für die Gläubigen, [...] sollen sie wie Väter in Christus wahrnehmen. Als Vorbilder der Herde aus Überzeugung [...] sollen sie ihrer Ortsgemeinde so vorstehen und dienen, daß diese zu Recht mit jenem Namen benannt werden kann, der die Auszeichnung des einen und ganzen Gottesvolkes ist: Kirche Gottes [...]. Sie seien eingedenk, daß sie in ihrem täglichen Wandel und ihrer Obsorge für Gläubige und Ungläubige, Katholiken und Nichtkatholiken, das Antlitz des wahren Priester- und Hirtendienstes zeigen und allen das Zeugnis der Wahrheit und des Lebens geben müssen. Als gute Hirten haben sie die Pflicht, auch jenen nachzugehen […], die zwar in der katholischen Kirche getauft, aber sich von der Übung des sakramentalen Lebens oder gar vom Glauben entfernt haben."[267]

3.3.4.2 Plurale Gottesdienstformen

Auch die Liturgie unterliegt dem kirchlichen Grundsatz Ecclesia semper reformanda. Auf dieses Faktum beziehen sich die Erwartungen unserer Interviewpartner. Eine kleine Gruppe von ihnen äußert die Forderung, in Zukunft müssten verschiedene Formen des Gottesdienstes parallel vorkommen dürfen.

> „Ich glaub', das ist nur noch der Weg, den wir irgendwann übrig haben, weil diese Form des Gottesdienstes, die schwindet. Wenn wir also von Gottesdienst reden, werden wir freilich andere Formen finden müssen, da kann Hauskirche ein Weg sein, das kann vielleicht auch irgendwo der zentrale Großgottesdienst sein für einen bestimmten Teil, für einen bestimmten Teil von Leuten können es wieder andere Formen sein." (ID 2834, zu 2.3)

Die Erwartung nach einer Pluralisierung der Formen des Gottesdienstes wird als zwingend notwendig zur Überwindung der diagnostizierten Krise der überkommenen Gottesdienstform angesehen. „Darum hängt in Zukunft sehr viel von einer guten, liebe- und phantasievollen, abwechslungsreichen und vielfältigen Gestaltung der Liturgie ab, die sowohl den bloßen Ritualismus wie den spontanen Subjektivismus […] vermeidet."[268] Der mögliche Rahmen der Gottesdienstformen wird weit gespannt: Von der Hauskirche bis zum Großgottesdienst. So schlägt auch Medard Kehl vor, es „könnten auch neuere Formen von Liturgie (wie Wort-Gottes-Feiern, Stundengebet der Kirche, Taizé-Gebete) von mehreren Menschen innerlich mitgetragen und mitgestaltet werden, gerade wenn die Eucharistie immer seltener in den einzelnen Kirchen einer Pfarreiengemeinschaft gefeiert werden kann. […] So könnte ein in absehbarer Zeit entstehendes liturgisches und spirituelles Vakuum vermieden werden, wenn die vielen Pensionäre, die jetzt die gottesdienstliche Betreuung noch gewährleisten, allmählich ausfallen und den Gemeinden unübersehbar die Notwendigkeit sowohl größerer Seelsorgeeinheiten wie auch eigener Initiativen im Bereich der Gemeindebildung und des Gemeindelebens aufgeht."[269] Außer der Forderung nach neueren Gottesdienstformen erwarten unsere Interviewpartner eine Aktualisierung der liturgischen Sprache:

[267] Lumen Gentium, Nr. 29.

[268] M. Kehl, Pfarreiengemeinschaft als Weg in die Zukunft. Ein Weg wohin? Ein Weg mit uns. Teil II, in: Klerusblatt 89 (2009), S. 61-64, hier S. 61.

[269] Ebd., S. 62.

> „Ich finde, bei manchen Glaubenszeugnissen im Gottesdienst könnte man die Texte sicherlich noch mal verändern, dass sie zeitgemäßer sind". (ID 1556, zu 8.3)

Da die Verkündigung maßgeblich über das Medium der Sprache erfolgt, sollte es nach einigen unserer Interviewpartner im Interesse der Kirche sein, die Sprache der liturgischen Texte so zu wählen, dass sie von den Gläubigen verstanden werden.

3.3.5 Erwartungen an die Kooperation mit anderen Pfarrgemeinden

Die Zusammenarbeit zwischen den Pfarrgemeinden ist derzeit in fast allen deutschsprachigen Bistümern ein großes Thema. Sie wird durch die Verantwortlichen des Bistums Limburg und Aachen gefordert und gutgeheißen, institutionell durch das Programm der Pastoralen Räume im Bistum Limburg und das Programm der Gemeinschaft von Gemeinden im Bistum Aachen unterstützt und auf unterschiedliche Weise von den Interviewteilnehmern aufgenommen. Die Aufforderung zur Zusammenarbeit wird jedoch nicht selten kritisch betrachtet. Wie steht es also um die Erwartungen an die Kooperation zwischen Pfarrgemeinden?

Eine große Gruppe unserer Interviewpartner bringt die Erwartung zum Ausdruck, die Pfarrgemeinde könne mit der evangelischen Pfarrgemeinde vor Ort kooperieren:

> „Hier die Ökumene ist ja ganz gut." (ID 688, zu 9/9.1)

Im Vergleich mit den anderen Nennungen zu der Frage, in welchen Bereichen die Pfarrgemeinde mit anderen Pfarrgemeinden zusammenarbeite, erwähnen unsere Interviewpartner die ökumenische Kooperation mit der evangelischen Pfarrgemeinde häufig. Das könnte die Schlussfolgerung zulassen, der Austausch mit römisch-katholischen Pfarrgemeinden sei mittlerweile selbstverständlich, so dass er nicht extra angeführt werden müsse. Eine andere vielleicht wahrscheinlichere Lesart könnte auf einen qualitativen Unterschied in der Kooperation hinweisen. Die ökumenische Zusammenarbeit findet auf einer Ebene statt, die die Struktur der eigenen Pfarrgemeinde nicht tangiert. Dementsprechend existieren bestimmte gemeinsame Anlässe im Jahr, zu denen ökumenische Gottesdienste oder Feste gefeiert werden oder es gibt eine Kooperation zwischen kirchlichen Gruppen wie zum Beispiel dem Altennachmittag. Im Gegensatz zu dieser mehr anlassbezogenen Form der ökumenischen Kooperation verlangt die Kooperation mit römisch-katholischen Pfarrgemeinden den Pfarrgemeinden mehr ab. Denn diese Zusammenarbeit stellt die Pfarrgemeinde auf eine strukturelle Weise in Frage. Zum Beispiel müssen unterschiedliche Gottesdienstzeiten aufeinander abgestimmt und gegebenenfalls personelle und finanzielle Ressourcen für gemeinsame Projekte zur

Verfügung gestellt werden. Funktioniert die Kooperation sehr gut, ‚droht' womöglich die Fusion, durch die die eigene Pfarrgemeinde als Rechtssubjekt aufhört zu existieren. Die Zusammenarbeit ist also riskant und dies kann die ökumenische Kooperation von Pfarrgemeinden als unproblematischer erscheinen lassen.

Hinsichtlich der einzelnen pastoralen Handlungsfelder sehen unsere Interviewpartner durchaus Möglichkeiten sinnvoller Kooperationen zwischen Pfarrgemeinden. Ausgeprägt ist beispielsweise die Erwartung, die Pfarrgemeinde könne hinsichtlich der Firmkatechese kooperieren:

> „Mittlerweile läuft die Firmkatechese zusammen." (ID 476, zu 9)

Die Firmkatechese gehört für unsere Interviewpartner auf dem Ranking der Kooperationsfelder ganz nach oben. Pragmatisch-pastorale Vorteile scheinen hierbei zu überwiegen. Die Zahl der Firmlinge ist in vielen Pfarrgemeinden so gering, dass eine lebendige Katechese oft kaum möglich ist und es sich deshalb anbietet, den Firmunterricht nicht eigens in jeder Pfarrgemeinde durchzuführen. Zudem finden Firmungen in der Regel im Dekanat oder im Pastoralen Raum, d. h. in mehreren benachbarten Pfarrgemeinden, in einem bestimmten Turnus und in einem Zeitfenster von ein bis zwei Wochen statt. Durch den gemeinsamen Besuch von Schulen kennen sich zudem viele der Firmlinge schon unabhängig von der Zugehörigkeit zu einer bestimmten Pfarrgemeinde. Abgesehen von diesem traditionellen Feld der Kooperation hält Medard Kehl pfarreiübergreifende Kooperation auch im Hinblick auf pastorale Innovationen für sinnvoll: „Neue pastorale Initiativen ins Leben rufen, gerade im Bereich der Kinder- und Jugendseelsorge. Wenn in diesem oder in anderen Bereichen sich etwas Neues tut, was es bisher so nicht gab, lassen sich unsere Gläubigen noch am ehesten überzeugen, dass solche größeren pastoralen Räume durchaus einen guten Sinn haben können."[270] Dieser Aspekt taucht in den Interviews jedoch nicht auf.

Weitere Handlungsfelder anlassbezogener Kooperationen sind die Feier des Gottesdienstes und die Pfarrfeste. Jedoch wird auf beide Handlungsfelder eher hingewiesen, als dass sie mit besonderen Erwartungen verbunden wären:

> „Ich sag' mal, es gibt zwei Arten der Zusammenarbeit, die eine ist ja im Rahmen des pastoralen Raums, die wir ja mit den [Stadtname] Gemeinden beziehungsweise mit den jetzt nur noch einen Gemeinde ja haben, die in unterschiedlichsten Formen, wenn man jetzt zum Beispiel wie am letzten Sonntag den gemeinsamen Gottesdienst nehmen". (ID 2544, zu 9)

> „Was mir da einfällt ist der gemeinsame Fronleichnams-, das gemeinsame Fronleichnamsfest." (ID 1827, zu 9)

[270] Kehl, Pfarreiengemeinschaft, S. 61.

> „Aber so Gemeindefeste oder Pfarrfeste oder so, das wird auch mit anderen Gemeinden noch zusammen gemacht." (ID 621, zu 4.2)

Hinsichtlich einer nicht nur anlassbezogenen Kooperation erwarten zahlreiche unserer Interviewpartner eine Förderung der Transparenz durch die Institutionalisierung der Zusammenarbeit der Gremien, die sich freilich im konkreten Fall darauf beschränkt, dass ein Pfarrgemeinderatsmitglied als Gast an den Sitzungen des je anderen Pfarrgemeinderats teilnehmen könne:

> „Es gibt zum Pfarrgemeinderat, zu den Sitzungen immer einen Gast, der anderen Gemeinde, find' ich ganz, find' ich auch ganz sinnvoll, dass die andere Gemeinde weiß, wo wir jetzt g'rad' uns oder wie wir wissen, wo da unten da unten wo in [Pfarrgemeindename] der Schuh drückt." (ID 1827, zu 9)

Die Erwartungen an den Pastoralen Raum sind ambivalent. Er tangiert den Subjektcharakter der Pfarrgemeinde, indem er der Zusammenarbeit die Basis des freien Entschlusses entzieht. So richtet sich die Erwartung darauf, dass pastorale Räume Zusammenarbeit erzwingen:

> „Pastoralen Raum haben wir jetzt erst mal als quasi gezwungene Zusammenarbeit im besten Sinne". (ID 2631, zu 9)

Darüber hinaus werden Kooperationen von Pfarrgemeinden mit der Erwartung effizienter Mangelverwaltung behaftet, etwa hinsichtlich des Personals:

> „Wir teilen uns den Pfarrer, aber ansonsten machen wir nicht viel miteinander." (ID 2105, zu 9/9.1)

> „Und die Zusammenarbeit ist im Grunde genommen schon da entstanden, wo es darum ging, wir haben weniger Personal zur Verfügung, dann lasst uns doch mal nach Synergieeffekten gucken." (ID 921, zu 9)

Wenn zwei oder mehrere Pfarrgemeinden denselben Pfarrer und Hausmeister, dieselbe Gemeindereferentin und Sekretärin etc. haben, was dem Mangel an Pfarrern und Finanzen geschuldet ist, wurde bereits eine sichtbare Vorstufe der Fusion der Pfarrgemeinden erreicht. Die Wohnortpräsenz der Pfarrer und Hauptamtlichen, aber auch des nicht seelsorglich arbeitenden Personals kann damit nicht mehr aufrecht erhalten werden. Sie stellte sie in die Mitte des Lebens der Pfarrgemeinde und ließ sie auch in ganz alltäglichen Situationen – wie beim Einkaufen, dem Spazierengehen etc. – den Menschen begegnen. Diese umfassende Präsenz festigte das Vertrauensverhältnis buchstäblich im Vorübergehen ohne große pastorale Anstrengungen.

Das letzte hier vorzustellende Handlungsfeld, auf dem die Pfarrgemeinden gemäß den Aussagen unserer Interviewpartner zusammenarbeiten könnten, bilden die zahlreichen kirchlichen Gruppen. Häufig genannt werden die Erwartungen, die Pfarrgemeinden können bezüglich des Chores sowie der Messdiener zusammenarbeiten:

> „Die Chöre sind gemeinsam." (ID 2011, zu 9.1)

> „Zum Beispiel mit den Messdienern. Das finde ich klasse. Die haben sich da wirklich auf einen guten Weg gemacht." (ID 120, zu 9.1)

Dass auch diese Kooperationen mit der Erwartung effizienter Mangelverwaltung behaftet werden, macht das folgende Beispiel deutlich:

> „Wallfahrten, gemeinsame Gottesdienste und Bildungsveranstaltungen. Die, die die anbieten oder die wir anbieten, wo von der Gemeinde kaum jemand kommt, aber das ist ja sehr sporadisch." (ID 3062, zu 9.1)

Schwach ausgebildet erscheinen die Erwartungen an die Kooperation bezüglich der Caritas und der Eine-Welt-Arbeit. Hier wird in den Interviews eher festgestellt, dass es sie gibt:

> „Dann haben wir im diakonischen Caritas Austausch mit Gemeinden." (ID 973, zu 9)

> „Wir haben jetzt im Bereich Eine Welt und Fairer Handel eine Zusammenarbeit mit einer Pfarrgemeinde". (ID 1177, zu 9.1)

Dass Kooperationen nicht nur effizient sein können, sondern oft mit einem vermehrten Aufwand verbunden sind, wird in den Interviews ebenfalls angesprochen. Die Erwartungen unserer Interviewpartner gehen dahin, dass diese Kosten der Kooperation minimiert werden. Sie drücken dies indirekt aus, indem sie den zunehmenden Aufwand beklagen. Ganz allgemein ist die Erkenntnis:

> „Die direkte Zusammenarbeit ist auch schwierig". (ID 2495, zu 9)

Diese allgemeine Erkenntnis wird in drei Richtungen – Probleme der Zeitintensität und Terminabsprachen, der Mobilität und des pfarrgemeindlichen Selbstfindungsprozesses – konkretisiert und begründet. So erwartet eine kleine Gruppe unserer Interviewpartner, die Zusammenarbeit dürfe sich nicht zu einem organisatorischen „Monstrum" entwickeln und dürfe wegen erforderlicher Terminabsprachen für die Gottesdienstzeiten nicht Verärgerungen verursachen:

> „Und andere, die hatten, ging soweit, dass Leute Sorgen hatten, ich hab zu viel' Termine und hoffentlich ist das nicht ein organisatorisches Monstrum." (ID 1641, zu 9.2)

> „Schwierigkeiten gab es nur bei der Terminvergabe für die Gottesdienste." (ID 2106, zu 9.2)

Die Zeit ist auf Grund der beruflichen und verschiedenen privaten Verpflichtungen ein entscheidender Faktor. Dies gilt besonders für die Ehrenamtlichen, die sich in ihrer Freizeit in der Kirche engagieren. Wenn sich die Termindichte durch Kooperation benachbarter Pfarrgemeinden erhöht, wird dies als belastend empfunden.

Die zweite Zumutung, die durch die Kooperation benachbarter Pfarrgemeinden bedingt ist, und für die eine Lösung erwartet wird, ist die große Entfernung zwischen Pfarrgemeinden:

> „Es wird in der Regel nützlich sein, nur halt in der Praxis aufgrund unserer Verzweigtheit schlecht möglich. Oder zumindest aus meiner Sicht, weil ich nun aus einer Gemeinde komme, die am weitesten entfernt liegt und die benachbarte Gemeinde in [Name einer Region] uns viel näher liegt." (ID 2208, zu 9/9.1/2)

Die hiermit angesprochene Mobilitätserwartung wurde im Kapitel „Pastoralstrukturen" (vgl. 3.1) eingehend behandelt. Dass Entfernungen als Zumutung verstanden werden, scheint ein weiteres Indiz dafür zu sein, dass die Konzepte für neue pastorale Strukturen sich nicht immer an dem vor Ort Leistbaren orientieren. Auf Joachim Wankes rhetorische Frage: „Hat es nicht auch eine katechetische Dimension, wenn die Gläubigen sich auf den Weg machen müssen, um dem Herrn in der Eucharistie zu begegnen und sich von ihm dann in ihre jeweiligen Lebensorte senden lassen?"[271] kann mit einem ‚Mag sein' geantwortet werden. Doch erscheint diese rhetorische Frage als hilfloser Versuch, mit theologischem Vokabular die pastorale Entwicklung – wie sie zur Zeit im Gange ist und die einen Rückgang an Gläubigen zur Folge haben wird[272] – schön färben zu wollen, wenn ihr die aus der pastoralen Praxis gewonnene Einsicht eines Pfarrbeauftragten gegenüber gestellt wird:

> „Ich denke vielfach, dass wir auch nicht diese großen Gottesdienste mit 500 Leuten haben werden. Das ist ja die schönste Vorstellung von so manchen Leuten. Es gibt noch drei Gottesdienste in [Stadtname] und da strömen dann alle hin. Ei, dann werden wir 70 % verlieren". (ID 2823, zu 1.4)

[271] J. Wanke, Einführung in das Thema, in: Sekretariat der Deutschen Bischofskonferenz (Hg.), „Mehr als Strukturen ... Entwicklungen und Perspektiven der pastoralen Neuordnung in den Diözesen". Dokumentation des Studientages der Frühjahrs-Vollversammlung 2007 der Deutschen Bischofskonferenz, Bonn 2007 (= Arbeitshilfen; 213), S. 15-21, hier S. 19.

[272] Vgl. dazu Kehl, Pfarreiengemeinschaft, S. 62: „Wir müssen mit Sicherheit damit rechnen, dass ein Großteil unserer jetzigen Gottesdienstbesucher [...] nicht zu dieser Beweglichkeit bereit sein wird, wenn die Eucharistiefeier nicht mehr regelmäßig sonntags in der eigenen Kirche und zu den gewohnten Zeiten gefeiert wird."

Zudem äußert ein kleiner Teil unserer Interviewpartner in Bezug auf die Schwierigkeiten bei der Zusammenarbeit von Pfarrgemeinden die Befürchtung, der Selbstfindungsprozess der Pfarrgemeinden könne nach einer Fusion die Kooperation erschweren. Anders gewendet erwarten unsere Interviewpartner, dass Kooperationen durch Identitätsfindungsprozesse begleitet werden müssten, die Zeit erforderten:

> „Die anderen Gemeinden müssen sich ja auch erst mal finden, die sind ja noch nicht solange zusammengelegt und auch da muss man ja erst mal sehen." (ID 2495, zu 9)

Diese Haltung des Abwartens macht deutlich, dass nicht erwartet werden kann, dass die Zusammenarbeit automatisch funktioniere, auch wenn die Fusion bereits durchgeführt wurde. In all dem erleben die Gemeindemitglieder den Übergangsprozess von Pfarrgemeinden, die ihre Identität bislang vornehmlich aus sich selbst in Orientierung auf das Bistum (z. B. realisiert durch die Hirtenworte des Bischofs oder die Beauftragung des Pfarrers) und die Weltkirche (z. B. verwirklicht durch die Gründung von Partnerschaften mit ausländischen Pfarrgemeinden und Bistümern) gewonnen haben, zu Pfarrgemeinden, die ihre Identität außer den früheren Bezugspunkten auch vermehrt durch die systematische Kooperation mit den Nachbarpfarrgemeinden gewinnen müssen.

Das Vertrauen in Kooperationen, die ‚immer schon stattgefunden haben, wird davon nicht belastet. Dass sie sich bewährt haben, ist Grund für das ihnen entgegengebrachte Vertrauen.

> „Ich denke mal, jede Zusammenarbeit, die immer pfarreilich das getan hat, kann eigentlich nur positiv sein." (ID 2803, zu 9.1)

Nur ein kleiner Teil unserer Interviewpartner erwartet, durch Kooperation können Gemeindegrenzen überschritten werden. Sie erwarten dadurch eine Verbesserung der Pastoral, wenn diese sich nicht mehr am Organisationsraum der Pfarrgemeinde sondern am Lebensraum der Menschen orientieren müsse, sehen also die Gemeindegrenzen als aufzuhebende Beschränkungen an:

> „Aber, aber erfreulicherweise ist ja diese, diese Gemeindegrenzen überschreitende Arbeit, Zusammenarbeit, ist Gott sei Dank auf dem Vormarsch." (ID 3163, zu 9)

In den Kontext gehört die Vorstellung einer Intensivierung der Zusammenarbeit zwischen Pfarrgemeinden. Auch von ihr wird eine Verbesserung der Pastoral erwartet:

„Ich könnte mir auch vorstellen, dass die Zusammenarbeit zwischen [Pfarrgemeindename] und [Pfarrgemeindename] und [Pfarrgemeindename] noch ein Stück intensiver wird." (ID 221, zu 9.3)

3.3.6 Zusammenfassung

Die Stiftung und Förderung von Gemeinschaft zwischen Gott und den Menschen sowie der Menschen untereinander prägt die Erwartungen an das pastorale Handeln. Als geeignete Formen werden in erster Linie gottesdienstliche und gemeindliche Feiern angesehen. Weitere bekannte Instanzen des pfarrgemeindlichen Lebens werden mit der Erwartung der Begünstigung von Gemeinschaft behaftet, so z. B. Chöre, Gruppen und Gremien. Dass Gemeinschaft weniger von normativen Vorgaben lebt und sich vielmehr durch Beziehung, Kommunikation und Dialog aufbaut, erwartet die Mehrzahl unserer Interviewpartner. Die Kategorie der Beziehung stellt zugleich den Menschen als Beziehungswesen in den Mittelpunkt pastoralen Handelns.

Bei den Erwartungen an pastorale Angebote kommt zur Sprache, dass diese zielgruppenorientiert konzipiert und ausgerichtet sein sollten.

In Bezug auf den Alltag der Menschen mit ihren vielfältigen Problemen wird die Erwartung formuliert, pastorales Handeln möge lebensbegleitend sein. Dafür wird eine ähnliche Lebenserfahrung vorausgesetzt. Menschen wollten in ihrem Lebensweg nicht normiert, sondern begleitet werden.

Authentizität als Übereinstimmung von Reden und Handeln gilt für das glaubensbezeugende Handeln als entscheidend. Die Erwartungen an die Weise der Zuordnung von Praxis und Verkündigung präsentieren ein breites Spektrum: Als vorbildhaft und authentisch kann Nächstenliebe ebenso wie ein professionelles Handeln im Sinne Jesu, aber auch ein die Würde des Menschen achtendes Handeln sowie das Bekenntnis zur Gottesdienstgemeinde gelten. Die Förderung und Stärkung des Glaubens wird durch das Zeugnis vertrauter Personen in Familie und Gemeinde erwartet sowie von geistlichen Texten im weitesten Sinn. An die Kirche richtet sich die Erwartung, den Glauben an Gott und an Jesus Christus wieder mehr in den Mittelpunkt zu stellen, vielleicht auch deshalb, weil die Kompetenz, über den Glauben zu sprechen, als rückläufig eingestuft wird. Neben der Gemeinschaft und der Zuwendung zum Menschen wird damit ein dritter Kernpunkt benannt, an dem das pastorale Handeln der Kirche sich ausrichten soll.

Die Glaubensweitergabe wird vor allem von Predigt und gemeindlicher Sakramentenkatechese erwartet. Auch die weniger ausgeprägten Erwartungen an die Glaubensweitergabe bewegen sich in einem eher traditionell zu nennenden Rahmen; dies obwohl die Krise der Glaubensweitergabe durch die Predigt und Erwachsenenkatechese wahrgenommen werden. Schwer einzuordnen ist die Tatsache, dass zahlreiche Interviewpartner angeben, dass die Pfarrgemeinde keinen Einfluss auf ihren persönlichen Glauben hätte.

Sowohl hinsichtlich der Glaubensvorstellungen als auch hinsichtlich der Moralvorstellungen erwarten die Interviewpartner eine Bejahung von Pluralisierung, die sie in unterschiedlichen Modellen als die Einheit nicht gefährdend ansehen. Der Terminus Einklang, der in diesem Zusammenhang gewählt worden ist, erinnert an Hans Urs von Balthasars These, dass die Wahrheit symphonisch sei.

Eine die Pluralität bejahende Erneuerung und zugleich die Gewährleistung der Liturgie werden zudem zur Behebung der Krise des Gottesdienstes gefordert.

Die Krise des Pfarrermangels zwingt die Pfarrgemeinden zur Kooperation mit den Nachbargemeinden. Diese Kooperation wird in vielen Handlungsfeldern begrüßt, und zwar genau dann, wenn sie mit der Erwartung pragmatisch-pastoraler Vorteile verbunden ist, d. h. konkret: es wird eine effiziente Mangelverwaltung und zudem eine Sicherung der Eigenständigkeit erwartet, wobei der dafür notwendige Aufwand minimalisiert werden sollte. Insgesamt können die Erwartungen hinsichtlich der Kooperation als strukturkonservativ bezeichnet werden.

3.3.7 Hypothesen

- Gemeindepastoral ist auf Gemeinschaft ausgerichtet. Sie wird als Beziehungspastoral verstanden.
- Durch diakonisches Handeln soll die Kirche die Menschen auf ihrem Lebensweg begleiten.
- Ebenso wie die konsequente Zuwendung zu den Menschen wird von der Kirche erwartet, sie solle den Glauben an Gott und an Jesus Christus mehr in den Mittelpunkt stellen.
- Die Pfarrgemeinde wird nicht als glaubensprägende Instanz angesehen.
- Eine Pluralisierung von Glaubens- und Moralvorstellungen wird als für die Kirche nicht gefährdend eingeschätzt.
- Die Gewährleistung sakramentaler Feiern wird – bei gleichzeitiger Aktualisierung und Pluralisierung der Gottesdienstformen – erwartet.
- Die Bereitschaft zu pastoralen Kooperationen besteht, sofern diese Zusammenarbeit die Pfarrgemeinde nicht auf eine strukturelle Weise in Frage stellt.

4 Theologische Deutung der Ergebnisse

4.1 Zur theologischen Grammatik der Untersuchung

Die Ergebnisse einer empirischen Erhebung theologisch zu interpretieren, ist alles andere als selbstverständlich. Das gilt auch, wenn diese Erhebung im kirchlichen Feld durchgeführt wird, und zwar in sozialwissenschaftlicher wie auch in theologischer Hinsicht. Wenn also die Ergebnisse der empirischen Untersuchung sowohl heuristisch bereits theologisch interpretiert worden sind und es systematisch noch werden sollen, bedarf dies einer Begründung. Eine solche darf sozialwissenschaftlichen Erfordernissen nicht widersprechen und muss zudem theologischen Ansprüchen genügen. Diesen Anforderungen wissen sich die folgenden Ausführungen zur theologischen Grammatik der Untersuchung verpflichtet.

Für die Deutung der in den Interviews geäußerten Erwartungen durch deren heuristische Verortung im pastoraltheologischen Diskussionszusammenhang mag der Hinweis genügen, dass uns dieses Vorgehen allein aufgrund des Forschungsfeldes Pfarrgemeinde gerechtfertigt erscheint, sollte die Verortung doch lediglich den Diskussionszusammenhang benennen, in dem die Aussagen zu denken geben. Als problematisch müsste es nur angesehen werden, wenn aus soziologischen Erkenntnissen unmittelbar theologische Schlüsse folgten.

Der systematisch-theologischen Interpretation der Interviews muss jedoch eine intensivere Reflexion vorgeschaltet werden, die im Folgenden vor allem aus theologischer Perspektive erfolgen soll.

In der Eröffnungsansprache zum II. Vatikanischen Konzil hat Papst Johannes XXIII. 1962 das Verhältnis von Dogma und Pastoral durch einen einfachen Satz, der ein anspruchsvolles Postulat beinhaltet, neu bestimmt. Die „[Glaubens]Lehre … muß so erforscht und ausgelegt werden, wie unsere Zeit es verlangt".[273] Bernd Jochen Hilberath deutet dies als eine methodologische Wende: „Die ‚Welterfahrung' der Christen wird selbst zu einem ‚locus theologicus', zu einem Ort, an dem die Wahrheit des Glaubens aufscheint und/oder bezeugt werden kann/muss. Leben aus Glauben wird nicht mehr länger aus Lehren abgeleitet; Leben in der ‚wahren Verbundenheit im Heiligen Geist' lässt auch Lehrsätze und theologische

[273] HerKorr 17 (1962/63), S. 87.

Traktate im neuen Licht erscheinen".[274] Er spricht damit den Aussagen der Gläubigen als Bezeugungsinstanz den Rang einer Quelle für die Wahrheit des Glaubens zu. Theologische Grundlage dafür ist die Lehre vom Heiligen Geist, der in den Herzen der Gläubigen wirkt (Röm 5,5) und sie als Gesamtheit in der Wahrheit hält. Klassisch geworden ist die Aufforderung in Offenbarung 3,13: „Wer Ohren hat, der höre, was der Geist den Gemeinden sagt."

Die von einem bilateralen evangelisch-lutherischen und römisch-katholischen ökumenischen Arbeitskreis verantwortete Schrift „Communio Sanctorum" charakterisiert im Rahmen einer Vorstellung der Bezeugungsinstanzen des Glaubens, – genannt werden die Heilige Schrift, die mündliche Überlieferung, die Kirchenväter, das Lehramt, der Glaubenssinn der Gläubigen und die Theologie – den Glaubenssinn der Gläubigen zutreffend folgendermaßen: „Die Manifestationen des sensus fidelium sind eine Bereicherung, Befruchtung und Vertiefung des Glaubens. Sie haben Rückwirkungen auf die Theologie und das Amt und können zu deren Korrektiv werden. Andererseits gehört es zur Aufgabe der Theologie und des Amtes, gesunden Glaubenssinn von zeitbedingten Trends, Fehlentwicklungen und Verkürzungen im christlichen Glauben und Leben zu unterscheiden (vgl. Apg 20,29-31)".[275]

Es ist hier nicht der Ort, das Zueinander der Bezeugungsinstanzen des Glaubens letztgültig zu klären. Es ist hier lediglich der Ort, auf die Wiederentdeckung des Glaubenssinns der Gläubigen, als deren beredtes Zeugnis in der Katholischen Kirche die Heiligen gelten dürfen, durch das II. Vatikanische Konzil aufmerksam zu machen. Hat doch dieses Konzil das Ziel verfolgt, die Wahrheit der christlichen Botschaft als Heilswahrheit für die heute lebenden Menschen bzw. die gegenwärtige Menschheit darzulegen. „Thema ist die Erneuerung der Kirche, und zwar in der Orientierung am Evangelium, in der Kraft des Geistes und im Hinblick auf die Menschen und die Völker unserer Zeit."[276] Die zutreffende Formulierung von Peter Hünermann ist in ihrer Radikalität erst ergründet, wenn man sie mit Sander versteht „nicht nur im Hinblick auf die Menschen" [277], sondern auch „von den Menschen her."[278]

[274] Vgl. B. J. Hilberath, Das Zweite Vatikanische Konzil – ein Aufbruch wartet auf den Durchbruch, in: US 64 (2009), S. 145-155, hier S. 154f.

[275] Bilaterale AG der Deutschen Bischofskonferenz und der Kirchenleitung der Vereinigten Evangelisch-Lutherischen Kirche Deutschlands, Communio Sanctorum. Die Kirche als Gemeinschaft der Heiligen, Bonn 2000, Nr. 66, S. 36f.

[276] P. Hünermann, Der Text: Werden – Gestalt – Bedeutung. Eine hermeneutische Reflexion, in: HThKVatII., Bd. 5, S. 5-102, hier S. 36.

[277] Ebd.

[278] H.-J. Sander, Die pastorale Grammatik der Lehre – ein Wille zur Macht von Gottes Heil im Zeichen der Zeit, in: G. Wassilowsky (Hg.), Zweites Vatikanum – vergessene Anstöße,

Hans-Joachim Sander hat die auch heute noch immer zu postulierende methodologische Wende wie folgt auf den Punkt gebracht: „Wer allen Menschen etwas sagen will, muss bei dem ansetzen, was für die Situation ihres Lebens wichtig ist".[279] Dabei setzt Sander voraus, dass die Verkündigung des allgemeinen Heilswillens Gottes die entscheidende Aufgabe der Kirche sei.[280] Auch dafür kann er sich mit überzeugenden Argumenten auf die Lehre des II. Vatikanischen Konzils berufen.[281]

Wie erfährt man aber nun, was für die Menschen in der Situation ihres Lebens wichtig ist? Dazu gibt es sicher unterschiedliche Wege. Grundlegend ist jedoch: Man muss sie selbst fragen; denn das, was sie bewegt, können sie nur selbst sagen. Sie formulieren, was sie bewegt, indem sie in Interviews ihre Sicht der Dinge wiedergeben, Meinungen äußern, Einstellungen zeigen und Erwartungen geltend machen, manchmal versteckt und indirekt, manchmal offen und direkt. Im kirchlichen Feld und zu kirchlichen Themen sind ihre Äußerungen dann immer auch als mögliche Antworten auf Glaubensfragen zu verstehen.

Wir gehen also davon aus, dass die im Rahmen dieser Studie durchgeführten Interviews Aufschluss darüber zu geben vermögen, wie unsere Zeit die Auslegung der Glaubenslehre verlangt. Mit anderen Worten: Die Erwartungen, auf die die Analyse des in den 65 Interviews gesammelten Materials in dieser Studie abzielt, enthalten Anforderungen an das kirchliche Verkündigungs- und Leitungshandeln. Sie zeigen, wie die Zeit die Verkündigung des Evangeliums verlangt und insofern Leiten Entscheiden bedeutet und Entscheiden als Umgang mit Erwartungen bestimmt werden kann, wie die Zeit kirchliches Leitungshandeln verlangt. Als solche tragen sie zur Auslegung des dritten Glaubensartikels bei. Konkretisiert wird dies dadurch, dass in den Interviews zahlreiche Vorschläge für das Verkündigungs- und Leitungshandeln unterbreitet werden. Beides gilt es aufmerksam wahrzunehmen. Wer Leitung ausübt, welche Strukturen sie kennzeichnen und was und wie etwas entschieden werden soll, steht nämlich keineswegs apriori und unveränderlich fest.

Wenn nämlich nach Gaudium et Spes 4 das Evangelium so verkündet werden soll, „dass sie [die Kirche] in einer der jeweiligen Generation angemessenen Weise auf die beständigen Fragen der Menschen nach dem Sinn des gegenwärtigen und des zukünftigen Lebens und nach ihrem gegenseitigen Verhältnis antworten kann"[282], muss sie ihre Verkündigung und ihr Leitungshandeln an den Erwar-

gegenwärtige Fortschreibungen, Freiburg i. Br. 2004 (= Quaestiones Disputatae; 207), S. 185-206, hier S. 188.

[279] Ebd., S. 191.

[280] Vgl. ebd. S. 197ff.

[281] Vgl. M. Böhnke, Heilswille.

[282] Zit. nach Sander, Grammatik, S. 202.

tungen und Vorstellungen der Menschen orientieren, wenngleich sie diese auch kritisch im Lichte des Evangeliums zu deuten hat. Nur wenn sie beides tut, begreift die Kirche ihre Botschaft von den Menschen her und auf sie hin.

Sander geht noch einen Schritt weiter, wenn er in Bezug auf Gaudium et Spes feststellt: „Die Kirche macht [nicht nur ihre Verkündigung, sondern auch] sich selbst von diesen menschlichen Angelegenheiten her zum Thema. Sie begreift sich von den Menschen her, die es hier und heute gibt."[283]. Er weist damit darauf hin, dass, insofern zur Wahrheit des Glaubens auch die Lehre über die Kirche gehört, die Aussagen der Gläubigen auch als Quelle für die Erkenntnis der Wahrheit der Kirche anzusehen sind. Analog zur oben zitierten Formulierung des Papstes könnte und müsste man sagen, dass die Kirche so geleitet werden müsste, wie unsere Zeit es verlangt.

Eben das bedeutet eine Relativierung der „kirchliche[n] Gemeinschaft, die sich ursprünglich nur von sich selbst her sieht, daraufhin, dass sie sich von den anderen her begreift".[284] „Diese Relativierung ist kein Abrücken von der Wahrheit des Glaubens, sondern bedeutet einen Gewinn für die universale Darstellung dieser Wahrheit".[285] In diesem Sinn ist die folgende Deutung der in den Interviews ausgesprochenen Erwartungen zu verstehen. Dass die Identität der Kirche nicht zeitlos und unbeeindruckt von dem Verlangen der Gläubigen feststeht, diese Lehre des II. Vatikanischen Konzils ist eine implizite theologische Voraussetzung des hier gewählten Ansatzes.

4.2 Theologische Deutung

Theologisch lassen sich die Erwartungen unserer Interviewpartner so deuten, dass in ihnen die Heilsfrage des Menschen angesprochen wird; dies deshalb, weil die Präsenz der Kirche vor allem in Situationen erwartet wird, in denen es um das Leben als Ganzes geht.[286] Insofern kann die damit verbundene Heilserwartung als ganzheitliche bezeichnet werden. Sie ist situativ bedingt und unabdingbar mit der Frage nach der eigenen Identität[287] verknüpft.

[283] Ebd., S. 188.

[284] Ebd., S. 189.

[285] Ebd., S. 196.

[286] Nach K. Rahner, Grundkurs des Glaubens, Freiburg ^{5}1976, ist „die eigentliche personale Daseinsfrage in Wahrheit eine Heilsfrage" (S. 50). Diese „Heilsfrage kann nicht an seiner [des Menschen] Geschichtlichkeit und seiner gesellschaftlichen Verfaßtheit vorbei beantwortet werden" (S. 51).

[287] Heil besagt nach Rahner in anthropologischem Verständnis „die Endgültigkeit des wahren Selbstverständnisses und der wahren Selbsttat des Menschen in Freiheit vor Gott durch die Annahme seines eigenen Selbst". (Ebd., S. 50).

Man kann gut begründet die These vertreten, dass die Erwartungen unserer Interviewpartner mit dem Selbstanspruch der Kirche, den universalen Heilswillen Gottes wirkmächtig zu verkünden, konvergieren. Der theologische Grund lautet, dass der in Jesus Christus geoffenbarte Heilswille Gottes – wenn er, wie vom II. Vatikanischen Konzil immer wieder betont, universal ist –, alles Leben und das Leben als Ganzes, in seinem Totalitätsaspekt betrifft. Dem entspricht die Katholizität – das Wort katholisch meint in seiner ursprünglichen Bedeutung allumfassend[288]– als Wesensmerkmal der Kirchlichkeit.

Mit der Erwartung an die Präsenz der Kirche in Situationen, in denen es um das Leben als Ganzes in den vielfältigen Situationen seines Gelingens und seines Scheiterns geht, wird die Erfahrbarkeit der Katholizität der Kirche angesprochen. Die Erfahrbarkeit der Katholizität der Kirche wird gefährdet, wenn diese Präsenzerwartung nicht wahrgenommen und ihr somit auch nicht entsprochen werden kann. Die Präsenz der Kirche ist jedoch kein Selbstzweck. Sie wird theologisch „als erfahrbares Zeichen der Beziehung Gottes zu den Menschen“[289] gedeutet.

Wenn die Erfahrbarkeit der Katholizität thematisiert wird, so gilt dies in einem zweifachen Sinn. Zum einen kann man nicht davon reden, dass die Katholizität als Kennzeichen der Kirche des Glaubensbekenntnisses gefährdet würde, zum anderen ist aber Roman Siebenrock zuzustimmen, der die These aufgestellt hat, dass im kirchlichen Handeln die „nota ecclesiae“, die Kennzeichen der Kirche, erfahrbar werden müssten. In diesem Zusammenhang nehmen seine Ausführungen zur Katholizität einen breiten Raum ein.

> „In der ökumenischen Tradition des Konzils umfasst die Bestimmung ‚catholica‘ nicht allein die Verantwortung für die Einheit in Beziehung zu allen Getauften und – im Sinne der Berufung aller Menschen zum Reiche Gottes (LG 16!) – die Offenheit und Verantwortung für alle Menschen. Zur Katholizität der Kirche gehört integral die Sendung, d. h. die Mission. Mission versteht sich deshalb als die Bereitschaft, von allen Menschen berührt zu werden und mit allen Menschen in Kontakt treten zu wollen. Katholisch meint Kirche als Weltkirche im Horizont der einen Menschheit; und zwar synchron und diachron. Daher feiert die Kirche die Eucharistie in Einheit mit allen Menschen: mit jenen, die noch unterwegs sind, jenen, die verherrlicht sind und jenen, die im Prozess der Läuterung stehen. Im Begriff der „Katholizität“ kommt Gottes

[288] Der Begriff der „Katholizität meint ursprünglich das die ganze Welt, alle Menschen und Zeiten Umspannende“ (H. Fries, Katholizität/Katholizismus, in: NHThG, Bd. 3, S. 95-103, hier S. 95). Es geht hier um seine Ursprungsbedeutung, die auf ‚to holon‘, das Ganze, zurückgeht, und somit als ‚umfassend‘ zu verstehen ist. „Katholizität ist primär ein qualitativer Begriff“ (ebd.).

[289]http://www.dbk.de/katholische-kirche/katholische-kirche-deutschland/aufbau-ktah-kirche/pfarrgemeinden/ (10.09.2010)

> Idee der Menschheit zum Ausdruck. Daher ist der Begriff der „Katholizität" ein eminent ‚politischer' Begriff, der auch das Amt in der Kirche – im ursprünglichen Sinne des Wortes – nie unpolitisch sein lässt."[290]

Bemerkenswert ist, dass Siebenrock von der Kirche die Bereitschaft erwartet, sich von allen Menschen berühren zu lassen. Sie gehöre ebenso integral zu ihrer Sendung wie der Willen, mit allen Menschen in Kontakt zu treten. Für beides muss die Kirche unter den Menschen präsent sein. Dies gilt synchron wie diachron. Als Ort des Gedenkens lässt sich die Kirche auch von den Toten und Untergegangenen berühren.

Diesem „innersten Anspruch ihrer eigenen Katholizität" (Ad Gentes 1) wird die Kirche, die sich als „das allumfassende Sakrament des Heils" (Ad Gentes 1) versteht, nicht gerecht, wenn sie keine Orte schafft, an denen sie präsent bzw. berührbar ist, an denen Menschen ihr Leben als Ganzes verankern können, in denen sie – dies gilt für Lebende und Verstorbene – Aufmerksamkeit finden und Zuflucht suchen können. Die Präsenz der Kirche ist – im Sinn von Jürgen Werbick – Zeichen des Heilswillens eines den Menschen guten Gottes.[291]

Der Anspruch unserer Interviewpartner auf wohnortnahe pastorale Präsenz fordert die Realisierung der Katholizität der Kirche von den Bischöfen ein. Die Forderung lässt sich einerseits als strukturkonservativ charakterisieren. Andererseits ist sie im Sinn des Ansatzes für pastorales Handeln modern, wenn man die durch Organizität gekennzeichnete „präsentische Herangehensweise" von Andris Baart zugrunde legt. Beides, die Bewahrung bewährter Pastoralstrukturen und die präsentische Erneuerung der Pastoral wird jedoch nur dann gelingen, wenn die Bischöfe bereit wären, über neue Formen des Priesteramts – unter dem Aspekt gemeindepastoralen Dienstes im Sinne Zulehners[292] – nachzudenken, oder in der Gemeindeleitung durch Diakone und Laien ein Zeichen der Zeit zu erkennen, dass es als Hoffnungszeichen zu deuten gilt.

Es kennzeichnet und verschärft die derzeitige pastorale Krise der Kirche, dass strukturkonservativen Erwartungen mit Strukturreformen begegnet wird, die personalkonservativ motiviert sind. Der Preis dafür – der mögliche Verlust der Erfahrbarkeit der Katholizität – ist hoch. Eine Kirche, die nicht unter den Menschen präsent ist, kann nicht sakramentales Zeichen des unbedingten und universalen Heilswillens Gottes sein.

[290] R. Siebenrock, Leiten als Mit-Leiten. Systematische Überlegungen zum Leitungsamt in der römisch-katholischen Kirche, in: Panhofer, Erlöstes Leiten, S. 199-213, hier S. 206.

[291] Vgl. J. Werbick, Kirche vor Ort, S. 131; ders., Gemeindeleitung mit Profil – aber mit welchem? In: ThPQ 157 (2009), S. 4-10, hier S. 7.

[292] Vgl. Zulehner, Lobinger, Menschen.

Rekonstruiert man unter dem in theologischer Deutung herausgearbeiteten Aspekt der Katholizität und ihrer Erfahrbarkeit die Erwartungen und Ansprüche unserer Interviewpartner, so wie sie in der Analyse zu Tage getreten sind, zeigt sich, dass diese Kategorie geeignet zu sein scheint, das die verschiedenen Erwartungen zusammenbindende Typische zu benennen. In der Relecture der Aussagen unter soteriologisch-ekklesiologischem Aspekt zeigt sich eine gewisse Kohärenz. Im Einzelnen beziehen sich das Selbstverständnis und der Anspruch des Katholischen auf die Kirche vor Ort als immer erreichbarer Anlaufstelle.

> „Immer wenn der Mensch das Gefühl hat, ich brauche die Kirche, dann sollte sie auch da sein". (ID 1030, zu 4.4)
>
> Die Ortskirche wird „als Anlaufstelle" (ID 402, zu 1.2) verstanden.

Hinsichtlich der sozialen Gestalt bezieht sich der ganzheitliche Anspruch auf die Gemeinde als öffentlicher Raum für unterschiedliche Gruppierungen.

> „Eine Gemeinde lebt, wenn alle zusammenkommen." (ID 670, zu 4.3).

Gemeinde wird generations- und traditionsübergreifend als offene Gemeinde bejaht. In ihr und in Ergänzung zu ihr können zielgruppenspezifische Angebote entwickelt werden; sie kann und soll aber nicht zielgruppenspezifisch – und das heißt zugleich nicht lebensraumorientiert – definiert werden.

Zudem bezieht sich der Anspruch des Katholischen theologisch auf die umfassende Gemeinschaft mit Gott und untereinander in

> „Gottesdiensten, bei Gesprächen danach, bei Festen und auch [...] im Freundeskreis". (ID 3208, zu 5).

Er bezieht sich anthropologisch auf die Lebensrelevanz des Glaubens:

> „Glaube muss auch Lebenshilfe sein." (ID 2438, zu 7.3)

Besonders an den Lebenswenden werden das seelsorgerische Gespräch und die ritualisierte Feier in Anspruch genommen.

Der Kommunikationsraum Gemeinde ist in der Einstellung der befragten Personen als Situation konstitutiv für die Erfahrung von Kirche, die in der Fülle der Katholizität als Zeichen des Heils angesehen wird.

Dabei kann innerhalb der Pfarrgemeinde weitgehend spannungsfrei von einer großen Pluralitätstoleranz gegenüber individuellem Glauben und individueller Moral ausgegangen werden:

> „Die Vielfalt belassen". (ID 2207, zu 8.3),

so hat es einer der Befragten auf den Punkt gebracht. Angesprochen wird damit der Ort der individuellen Glaubensüberzeugung und der individuellen moralischen Einstellung in der Kirche.

> Zum ganzheitlichen Anspruch gehört schließlich, dass die Pfarrgemeinde einen eigenen Pfarrer hat. Die Leitung nach c. 517 § 2 CIC wird überwiegend als Notlösung gesehen:
>
> „Es geht nicht anders." (ID 1027, zu 3.5).

Vorteile des Modells werden in Bezug auf das Gemeindeleben gesehen, weil jemand vor Ort ist, und auch in Bezug auf den Priestermangel:

> „Ja, dass halt nicht in jeder Gemeinde ein Priester sein muss." (ID 3370, zu 3.4).

Fusionen werden zugunsten der Präsenz der Kirche vor Ort durchweg abgelehnt:

> „Wir wollen unsere Heimat hier bewahren". (ID 1018, zu 2.2)."[293]

Diese Forderung, durch die Organisation der Pastoral – die Bewahrung der Strukturen, die Erneuerung der Dienste und die Wiederentdeckung der präsentischen Herangehensweise für das Handeln – die Realisierung der Katholizität zu ermöglichen, bereichert und relativiert die in der pastoraltheologischen Forschung bisher diskutierten Fragen nach dem pastoralen Raum, der lebensraumorientierten Seelsorge und der Gemeindeleitung. Auch der Aspekt der pastoralen Funktionalität tritt gegenüber dem ganzheitlichen Anspruch zurück. Die in ganzheitlicher Perspektive mögliche Vielfalt des Katholischen gilt zudem in der Einstellung unserer Interviewpartner als herauszustellendes Qualitätsmerkmal der Pfarrgemeinde.

4.3 Sakramentalität und Katholizität

Unsere Interviewpartner haben zum Ausdruck gebracht, dass sie einen Priester bevorzugen, aber an dem Dienst von Laien in der pfarrgemeindlichen Pastoral zugleich keine Kritik geübt. Damit haben sie auf ein theologisches Problem hingewiesen, das im Folgenden zwar nicht gelöst werden kann, aber doch über das in den Interviews zur Sprache gekommene hinaus bedacht werden muss, setzt doch

[293] Diese Perspektive haben wir vorab in der Herderkorrespondenz veröffentlicht. M. Böhnke, Th. Schüller, Problematische Strategien. Zur Neuordnung der Pastoral in deutschen Diözesen, in: HerKorr 63 (2009), S. 451-456.

die Antwort auf die Frage, wie die Erfahrbarkeit der Katholizität zeitgemäß gesichert werden kann, die Beantwortung der Frage, was das Handeln eines geweihten Amtsträgers von dem eines Laien unterscheidet, der im Namen der Kirche pastoral handelt, voraus.

Im Apostolischen Schreiben Ordinatio Sacerdotalis bestimmt Papst Johannes Paul II. es als Aufgabe der geweihten Amtsträger, dass sie „die Sendung der Apostel fortführen sollten, Christus, den Herrn und Erlöser, zu vergegenwärtigen."[294] Er verweist dabei auf die Kapitel 20 und 21 der Dogmatischen Konstitution Lumen Gentium. Die Konzilsväter des II. Vatikanischen Konzils haben dort formuliert:

> „In den Bischöfen, denen die Priester zur Seite stehen, ist also inmitten der Gläubigen der Herr Jesus Christus, der Hohepriester, anwesend." (LG 21).

Begründet wird dies mit der durch die Weihe verliehenen besonderen Gabe des Heiligen Geistes.

> „Um solche Aufgaben zu erfüllen, sind die Apostel mit einer besonderen Ausgießung des herabkommenden Heiligen Geistes von Christus beschenkt worden (vgl. Apg 1,8; 2,4; Joh 20,22-23). Sie hinwiederum übertrugen ihren Helfern durch die Auflegung der Hände die geistliche Gabe (vgl. 1 Tim 4,14; 2 Tim 1,6-7), die in der Bischofsweihe bis auf uns gekommen ist." (LG 21)

Aufgrund der liturgischen Tradition der Weihehandlung ist es für die Konzilsväter

> „klar, daß durch die Handauflegung und die Worte der Weihe die Gnade des Heiligen Geistes so übertragen und das heilige Prägemal so verliehen wird, daß die Bischöfe in hervorragender und sichtbarer Weise die Aufgabe Christi selbst, des Lehrers, Hirten und Priesters, innehaben und in seiner Person handeln." (LG 21)

Die Vergegenwärtigung von Christus als Herrn und Erlöser geschieht durch das Handeln der geweihten Amtsträger sowie durch die Handlung selbst. Dieses Handeln richtet sich prinzipiell an alle Menschen. In ihrer Existenz verweisen die geweihten Amtsträger auf Christus. Insofern sich Christus durch ihr Handeln vergegenwärtigt, sind sie im sakramentalen Sinn Zeichen und Werkzeug seiner Gegenwart.

Wenn die Vergegenwärtigung Christi als Herr und Erlöser in der Präsenz der Kirche erfahrbar wird und die Präsenz der Kirche ihre Bestimmung in der Vergegenwärtigung Christi findet, indem sie sich ganz auf das Reich Gottes ausrichtet,

[294] Ordinatio Sacerdotalis, Nr. 2 am Ende.

dann ist zu fragen, ob die Präsenz der Kirche ohne die Präsenz eines geweihten Amtsträgers überhaupt sinnvoll gedacht werden kann.

Kommt man bei der Beantwortung der Frage zu dem Ergebnis, dass die Vergegenwärtigung Christi nur durch das (Lebens-) Zeugnis der geweihten Amtsträger möglich ist, wird man alles daran setzen müssen, das Weiheamt so weiter zu entwickeln, dass es auf Dauer genügend Amtsträger gibt. Der Schaden für die Gläubigen und die Kirche wäre sonst unabsehbar.

Nun kennt die Kirche neben der Vergegenwärtigung Christi im geweihten Amtsträger auch die Weisen der Vergegenwärtigung im Handeln der Kirche. Diese erfolgen in der Verkündigung des Wortes Gottes, in der Feier der Sakramente, in der Versammlung der Gemeinde[295] und im Dienst am Nächsten.[296] Deshalb kann es legitim sein, von einer Pluralität von Bezeugungsinstanzen, und darin ist eine Pluralität von Zeugnisträgerschaften impliziert, in der Kirche auszugehen. Es kommt eben nicht unbedingt darauf an, dass ein geweihter Amtsträger das Wort Gottes verkündet – auch wenn dies der Normalfall und Regelfall sein sollte; jeder kann es lesen, auch Laien können es deuten, Theologinnen und Theologen, die nicht Priester sind, es wissenschaftlich erforschen. Es kommt nicht unbedingt darauf an, dass ein geweihter Amtsträger die Gemeinde versam-

[295] Vgl. Sacrosanctum Concilium Nr. 7: „Um dieses große Werk voll zu verwirklichen, ist Christus seiner Kirche immerdar gegenwärtig, besonders in den liturgischen Handlungen. Gegenwärtig ist er im Opfer der Messe sowohl in der Person dessen, der den priesterlichen Dienst vollzieht - denn ‚derselbe bringt das Opfer jetzt dar durch den Dienst der Priester, der sich einst am Kreuz selbst dargebracht hat' -, wie vor allem unter den eucharistischen Gestalten. Gegenwärtig ist er mit seiner Kraft in den Sakramenten, so daß, wenn immer einer tauft, Christus selber tauft. Gegenwärtig ist er in seinem Wort, da er selbst spricht, wenn die heiligen Schriften in der Kirche gelesen werden. Gegenwärtig ist er schließlich, wenn die Kirche betet und singt, er, der versprochen hat: ‚Wo zwei oder drei versammelt sind in meinem Namen, da bin ich mitten unter ihnen' (Mt 18,20)".

[296] U. Schmälzle, Diakonische Pastoral, weist auf die Verbindung von Wort und Tat nach Dei Verbum Nr. 22 hin. Er konstatiert im Anschluss: „Aus der eschatologischen Perspektive des Weltgerichts werden nicht die eucharistische Realpräsenz, der Kult und die Liturgie im Mittelpunkt der Befragung stehen, sondern die diakonale Realpräsenz:
‚Ich war durstig ...
Ich war fremd und obdachlos ...
Ich war nackt ...
Ich war krank ...
Ich war im Gefängnis ... (Mt 25,35-37)".
In Bezug auf das Thema Gemeindeleitung eröffnet sich für ihn daher die folgende Perspektive: „Wenn es stimmt, dass die diakonale und eucharistische Realpräsenz gleich wichtig sind, könnte dann nicht ein ausgebildeter ‚Diakoniker' in die Gemeindeleitung aufrücken?"
(Fundort: http://downloads.kirchenserver.net/18/1723/1/11333436858470791.pdf [10.09.2010] S. 27 und S. 15).

melt. Vielmehr versammelt sich die Gemeinde als Gemeinde der Christen (Mt 18,20) zum Lobpreis Gottes auch, wenn kein geweihter Amtsträger zugegen ist. Es kommt nicht unbedingt darauf an, dass ein geweihter Amtsträger den Dienst am Nächsten ausübt. Vielmehr kommt es darauf an, dass da jemand ist, der die Menschen begleitet, wenn sie dies brauchen. Christus als der Herr und Erlöser wird also auch in der Pluralität der Zeugnisträgerschaften vergegenwärtigt.

Desungeachtet wird er als Haupt der Kirche durch das Bischofsamt repräsentiert. Dieses hat jedoch die Aufgabe, die Pluralität der Zeugnisträgerschaften um der Erfahrbarkeit der Katholizität der Kirche willen zu fördern und ihre Kooperation zu moderieren. Dieser Dienst an der Einheit findet in dem Sakrament der Versöhnung und dem Vorsitz in der Feier der Eucharistie seinen bedeutendsten Ausdruck. Weil beide unabdingbar zum kirchenleitenden Dienst an der Einheit gehören, ist es sinnvoll, dass sowohl der Dienst an der Versöhnung als auch der Vorsitz in der Eucharistiefeier zu den originären Aufgaben der geweihten Amtsträger gehören.

Auf eine Entwicklung des Miteinanders der unterschiedlichen Zeugnisträgerschaften in der Kirche zu setzen, dazu lädt c. 517 § 2 CIC ein. Die ihm zugrundeliegende und durch ihn normierte Praxis wäre dann als „Zeichen der Zeit" zugleich Hoffnungszeichen für die Gläubigen und die Kirche.

5 Schlussfolgerungen

5.1 Der Grundkonflikt

Die Ergebnisse der Untersuchung und deren theologische Deutung können zum einen dazu beitragen, aktuelle Konfliktlinien in der katholischen Kirche zu verstehen: Während sich die Interviewpartner für die Sicherung der Präsenz der Kirche bei den Menschen und damit für die Beibehaltung bestehender pfarrgemeindlicher Strukturen einsetzen, scheint für viele Bischöfe die Unterscheidung von Weihepriestertum und dem Priestertum der Getauften handlungsleitend zu sein. Änderungen an den Zulassungsbedingungen zum Priesteramt werden ebenso wenig ernsthaft erwogen wie die Entwicklung einer Vision zur Beteiligung von Laien und Diakonen an der Gemeindeleitung. Woran es mangelt, ist Vertrauen, das den verschiedenen Zeugnisträgern in der Kirche entgegengebracht wird. Vielmehr wird zur Absicherung eines theologischen Leitungsverständnisses auf den Zusammenhang zwischen dem sakramentalen Charakter des Weiheamts, dem Vorsitz der Eucharistiefeier und dem Amt der Gemeindeleitung in einer Weise verwiesen, die jedwede Neuorientierung in Bezug auf die pastoralen Dienste ausschließt. Zum Konflikt kommt es, weil den strukturkonservativen Erwartungen aus den Pfarrgemeinden durch die personalkonservative Handlungsweise der Bischöfe nicht entsprochen wird. Zahlreiche Bischöfe lösen Pfarrgemeinden auf und legen sie zusammen, um auf diese Weise den Pfarrermangel zu beheben. Die strukturell wiederentdeckte und in Bezug auf das pastorale Handeln durch die „präsentische Herangehensweise" wiederzuentdeckende „organische" Präsenz der Kirche vor Ort könnte die Verliererin in diesem Spiel sein.

5.2 Optionen für die pastorale Planung

Soll die Option für eine wiederzuentdeckende „organische" Präsenz der Kirche vor Ort nicht von vorn herein dem eben skizzierten Grundkonflikt und den in ihm wirkenden Kräften zum Opfer fallen, braucht es starke Argumente. Die Ergebnisse der Untersuchung und deren theologische Deutung können dazu beitragen, Optionen für die pastorale Planung und Entwicklung zu benennen, deren Ziel die Realisierung einer den Erwartungen entsprechenden „zeitgemäßen Nähe" ist. Angesprochen wird damit sowohl die Pastoral als Handlungsform als auch die

Pastoralstruktur als die das pastorale Handeln maßgeblich kontextualisierende Sozialform.

Im Zentrum des pastoralen Handelns ergibt sich aus der Erwartung an die Präsenz der Kirche ein Vorrang der ‚passiven' vor der ‚aktiven' Pastoral. Kirche muss für die Menschen erreichbar sein, nur dann kann sie auch Menschen erreichen. Während eine lebensraumorientierte Pastoral der Priorität der ‚aktiven' oder Angebotspastoral verhaftet bleibt, die sich der Perspektive, wie Kirche Menschen erreichen könne, verschreibt, wird durch die Methode der ‚Organizität' das Mitleben mit den Menschen gefordert. Dass diese Methode die Präsenz der Kirche durch die gegebene Ansprech- und Erreichbarkeit situativ realisiert, ist offenkundig. Ebenso offenkundig ist die Differenz zu einem milieusensiblen Ansatz, der versucht, die Präsenz der Kirche durch Attraktivität zu sichern.

Pastoralstrukturen bestimmen das pastorale Handeln nachhaltig, indem sie den Rahmen vorgeben, in dem dieses stattfindet. Ihre Veränderung oder Erneuerung sollte mit der Zielsetzung erfolgen, möglichst gute Rahmenbedingungen für pastorales Handeln zu schaffen. Die Erwartungen unserer Interviewpartner hinsichtlich der Pastoralstrukturen lassen sich dahingehend zusammenfassen, dass sie die orts- und zeitnahe Präsenz der Kirche ermöglichen sollten. Eine Kirche in ‚Ruf- und Reichweite' erfordert in der Regel – folgt man den Erwartungen unserer Interviewpartner – den Verzicht auf Strukturreformen, insbesondere auf solche, die versuchen, Pastorale Räume großflächig zu definieren.

Ebenso wie durch Pastoralstrukturen – oder vielleicht noch mehr – wird das pastorale Handeln durch pastorale Dienste, Ämter und Rollen beeinflusst. Wenn für das pastorale Handeln zuerst das „Mitleben" mit den Menschen gefordert ist, müssten sich Ausbildung und Personaleinsatz in der pfarrgemeindlichen Pastoral an Begleitung und Beziehung orientieren. Entsprechende Kompetenzen wären zu fördern, die Trennung zwischen Wohnort und Arbeitsstätte wäre durch eine Residenzpflicht für alle pastoralen Dienste zu überwinden. Der Personaleinsatz in mehreren Pfarrgemeinden sollte unterbleiben. Diakone und Laien sollten rechtlich befähigt werden, Gemeindeleitung so lange wahrzunehmen, wie der Pfarrermangel andauert. Über die Möglichkeit der differenzierten Weiterentwicklung des Weiheamtes, etwa durch die Einführung einer relativen Ordination sollte ebenso freimütig diskutiert werden wie über eine communiale Gemeindeleitung im Team.

5.3 Optionen für die Kirchliche Gesetzgebung

Es besteht kein zwingender Grund, c. 517 § 2 CIC aus dem kirchlichen Gesetzbuch zu streichen oder seine Anwendbarkeit durch Instruktionen in Frage zu stellen. Diese Einsicht ergibt sich aus der genetischen Rekonstruktion der Norm.

Sie wird bestätigt durch die Ergebnisse der empirischen Untersuchung und der theologischen Möglichkeit nach gerechtfertigt durch die theologische Deutung der Ergebnisse. Wenn die erkannte und anerkannte Pluralität der Zeugnisträgerschaften mehr als ein Notnagel in Zeiten des Pfarrermangels sein soll, dann sollte der kirchliche Gesetzgeber überlegen, c. 517 §§ 1 und 2 CIC zu einer einzigen Norm zusammen zu fassen. Sie könnte folgendermaßen lauten:

> „Die Bischofskonferenz kann die Erlaubnis geben, dass Diakone und Laien in Zusammenarbeit mit Priestern zur Ausübung der Hirtensorge durch den Diözesanbischof berufen werden, soweit eine Notwendigkeit dazu besteht."[297]

Terminologisch ist zum Verständnis der gewählten Formulierung noch einmal daran zu erinnern, dass der Codex des kanonischen Rechts von 1983 den Begriff Gemeindeleitung nicht verwendet und Gemeindeleitung durch den umfassenderen Begriff der cura pastoralis mit normiert.

5.4 Forschungsdesiderate

Die pastoralsoziologische Untersuchung hat eine Reihe von Forschungsdesideraten zu Tage treten lassen. Die zu bearbeitenden Problemstellungen gehen über die qualitative Inhaltsanalyse hinaus und können hier nur knapp skizziert werden.

Erstens: Es müsste eine umfassende Hermeneutik für das Verhältnis von pastoraler Praxis, kirchlicher Lehre und kirchlichem Recht entwickelt werden. Dieses Vorhaben erfordert die Kooperation verschiedener theologischer Disziplinen, vor allem der Pastoraltheologie, des Kirchenrechts und der Dogmatik, sowie die interdisziplinäre Zusammenarbeit dieser theologischen Disziplinen mit den Sozialwissenschaften. Die Kirchenrechtswissenschaft muss sich der Rechtssoziologie öffnen, um beispielsweise bestimmen zu können, was Priestermangel quantitativ wie qualitativ bedeutet. Die geforderte rechtssoziologische Perspektive ist bisher in der Kirchenrechtswissenschaft kaum ausgebildet. Sie muss jedoch nicht beim Nullpunkt ansetzen. Vielmehr könnte die Kirchenrechtswissenschaft auf pastoralsoziologisch gewonnene Erkenntnisse zurückgreifen. Aber auch das Verhältnis von Dogmatik und Pastoral müsste hermeneutisch so bestimmt werden, dass darin die pastorale Praxis als Ort der theologischen Erkenntnis zur Geltung kommt.

[297] Vgl. M. Böhnke, Geistgewirkte Vollmacht. Eine systematische Skizze zum Verhältnis von Weiheamt und Gemeindeleitung, in: Ahlers, Laukemper-Isermann (Hgg.), Kirchenrecht aktuell, S. 46-55. In dem Artikel wird der Vorschlag ausführlich begründet.

Zweitens verlangt die Bestimmung der neu geschaffenen pastoralen Rollen des moderierenden Priesters sowie der pastoral im Namen der Kirche Handelnden eine entsprechende hermeneutische Reflexion. Sie muss davon ausgehen, dass man der Moderatorenrolle nicht gerecht werden kann, wenn man sie an der des Pfarrers misst. Sie hat zu prüfen, ob man der Rolle der pastoral Handelnden gerecht wird, wenn man sie nicht als Gemeinde leitend versteht. Dass zudem der ekklesiologische Status der Rollen ungeklärt ist, was sich darin zeigt, dass vor allem die Laien ihre Rolle auf Bewährung ausüben, bringt über die hermeneutische Reflexion hinaus wiederum die Dogmatik ins Spiel. Dass nämlich dogmatisch weder die Leitungsfrage noch das Verhältnis von Weiheamt und Laienämtern in Bezug auf die Teilhabe an der Leitung geklärt ist, belastet die pastorale Praxis. Wenn auch rechtsdogmatisch die Sicherung der Pastoral der Punkt ist, von dem her c. 517 § 2 CIC interpretiert werden muss – und dieser Beitrag liegt vor allem in der Sicherung der Präsenz der Kirche vor Ort –, so ist doch schon die Bedingung „Priestermangel" als problematisch anzusehen, dies deshalb, weil sie dazu anleiten könnte, die Rolle der Diakone und Laien vorrangig von ihrer Lückenbüßerfunktion her zu verstehen. Eine solche Interpretation ist nicht unbedingt von Respekt vor der Würde der pastoral Handelnden getragen, welcher durch die Erkenntnis zu sichern wäre, dass die Berufung zur Zeugnisträgerschaft der Beauftragung vorausgeht. Die Berufung der Laien durch Taufe und Firmung ist nicht durch den Priestermangel situationsbedingt. Sie ist eine eigene und nicht vom Weiheamt abgeleitete Bestimmung, um an der Sendung der Kirche teilzunehmen. Entschließt man sich, den Canon von der pastoralen Notwendigkeit her zu interpretieren, d. h. die problematische Bedingung „Priestermangel" durch die Bedingung „soweit eine Notwendigkeit dazu besteht" zu ersetzten, bedeutete dies, im Verständnis des Canons von einer Notlösung zu einer außerordentlichen Form der Gemeindeleitung voranzuschreiten. Dies macht es allerdings umgekehrt umso dringender, das zugrundeliegende Leitungsverständnis auch ekklesiologisch zu verantworten. Zu berücksichtigen wäre bei der Bewältigung dieser Aufgabe einerseits, dass die vorgetragenen Anforderungen an Leitung vor allem pastoraler Natur sind – es geht um Gesprächsführung, Leitung von Gottesdiensten, Gremien und Gruppen –, und andererseits, dass doktrinär mit guten Gründen Weihevollmacht und Jurisdiktionsvollmacht miteinander verbunden werden. Dieses Junktim zwingt nun jedoch dazu, über Wesen und Gestalt einer Jurisdiktionsvollmacht nachzudenken, die in der Weihevollmacht grundgelegt wird. Wenn gesagt wird, Verwaltung, durch die zweifelsfrei Jurisdiktion ausgeübt wird, gehöre nicht notwendigerweise zu den Aufgaben des Weihepriesters, dieser könne vielmehr von Verwaltungsaufgaben entlastet werden, deutet dies darauf hin, dass es erstens eine Grenze der Jurisdiktionsvollmacht gibt, und dass andererseits Personen, die nicht die Priesterweihe empfangen haben, befähigt sein und beauftragt werden können, Verwaltungsakte vorzunehmen, unter anderem auch solche,

durch die eine Pfarrei als Rechtssubjekt geleitet wird.[298] Kanonistisch wird implizit also zwischen einer Jurisdiktionsvollmacht, die notwendig und einer solchen, die faktisch mit dem Weiheamt verbunden ist, unterschieden. Dogmatisch wäre demzufolge sacra potestas als unaufgebbare Einheit von Weihe und Jurisdiktionsvollmacht dadurch zu bestimmen, dass es dem Priester aufgrund seiner Weihe zukommt, den Menschen die Rechtfertigung Gottes, die gleichbedeutend ist mit der Gottesgemeinschaft, mit sakramentaler Wirksamkeit zuzusprechen. Die Rolle des Weiheamtes ließe sich dadurch bestimmen, dass es als Verweis auf die vorgegebene Gnade Gottes verstanden wird, die der geweihte Amtsträger verbindlich sakramental im Wort der Vergebung und in der gemeinschaftlichen Feier der Eucharistie zusagen kann. Das ist seine ihm aufgrund der Weihe zukommende Leitungsaufgabe, die wie alle Charismen zum Aufbau des Leibes Christi einzusetzen ist. Die hohen Erwartungen an die Feier der Eucharistie bestimmen situativ die Wahrnehmung dieser Leitungsaufgabe.
Laien nehmen in pfarrerlosen Gemeinden, deren Pastoral nach c. 517 § 2 CIC geordnet ist, als pastoral im Namen der Kirche Handelnde in vielfältigen Formen Leitung in der Pfarrgemeinde und, wenn sie für das Rechtssubjekt Pfarrei zeichnen, auch der Pfarrgemeinde wahr. Ein möglicher Weg wäre, im Geist der Zusammenarbeit und in pastoraler Zweckbestimmung die neu entstanden Rollen ekklesiologisch als außerordentliche Leitungsämter anzuerkennen. Solche notwendigen (pastorale Nöte wendenden) außerordentlichen Ämter hat es in der Geschichte der Kirche immer wieder gegeben.

Schließlich wäre das generierte Wissen über die Situationsbedingtheit der Pastoral im Hinblick auf die Theorie des pastoralen Handelns weiter zu vertiefen. Hierzu ist schon mehrfach auf das von Andris Baart unter dem Stichwort „Präsentische Herangehensweise“ entwickelte Konzept hingewiesen worden, welches der Adaption, praktischen Erprobung und Evaluation im deutschen Sprachraum harrt.

Alle drei Desiderate sollten aus Gründen, die hier nicht näher dargelegt werden müssen, im Rahmen einer pneumatologischen Reformulierung der Ekklesiologie bearbeitet werden. Sie stellt ein Desiderat dar, dessen Realisierung noch aussteht. Die Richtung dazu hat Augustinus Jünemann in seiner Studie „Kirche – Werkzeug des Geistes. Elemente einer pneumatologischen Ekklesiologie“ vorgegeben. „Der eschatologische Charakter der Kirche als Gabe des Geistes ist dort zu spüren, wo Kirche wagt, sich einzulassen auf neue Erfahrungen, auf neue

[298] Dass diese Auffassung in einer gewissen Spannung zu can. 532 CIC steht, sei ausdrücklich angemerkt. Diese Spannung ist jedoch durch ein päpstliches Indult in Blick auf die besondere staatskirchenrechtliche Situation in den deutschen Bistümern kein wirkliches rechtliches Problem.

Sprache und nicht zuletzt auch auf neue Formen der Leitung."[299] Damit hätte diese qualitative Studie auch einen Beitrag zur ekklesiologischen Theoriebildung geleistet.

[299] A. Jünemann, Kirche – Werkzeug des Geistes. Elemente einer pneumatologischen Ekklesiologie, Trier 2003 (= Trierer Theologische Studien; 70).

6 Literatur

6.1 Universales Recht

Benedikt XVI, Allocutio ad Romanam Curiam ob omina natalica vom 22.12.2005 (Ansprache an das Kardinalskollegium und die Mitglieder der römischen Kurie), in: AAS 98 (2006), S. 40-53.

Codex Iuris Canonici, Fontium annotatione et indice analytico-alphabetico auctus, Roma, Typ.Pol.Vat. 1934. (= CIC/1917).

Johannes XXIII, Ad S. Concilii Patres, ineunte Prima Concilii Sessione vom 11.10.1962, in: AAS 54 (SER. 3 Vol. 4, 1962), S. 786-796; (Deutsche Übersetzung: Eröffnungsansprache des Zweiten Vatikanums, in: Herder-Korrespondenz 17 (1962/63), 87).

Johannes XXIII, Enzyklika Pacem in Terris vom 11.04.1963, in: AAS 55 (SER. 3 Vol. 5, 1963), S. 257-304.

Johannes Paul II, Codex Iuris Canonici, in: AAS 75,2 (1983), S. 1-301; (Deutsche Übersetzung: Codex des kanonischen Rechts, hg. im Auftrag der Deutschen Bischofskonferenz u. a., lat.-dt. Ausgabe, Kevelaer ^{6}2009).

Johannes Paul II, Codex Canonum Ecclesiarum Orientalium, in: AAS 82,2 (1990), S. 1045-1363 (Deutsche Übersetzung: CCEO Gesetzbuch der katholischen Ostkirchen, lat.-dt. Ausgabe, hg. v. L. Gerosa und P. Krämer, Paderborn 2000 (= Amateca-Repetoria; 2).

Johannes Paul II, Adhortatio Apostolica Postsynodalis ad Episcopos, Sacerdotes et Christifideles totius Catholicae Ecclesiae: de sacerdotum formatione in aetatis nostrae rerum condicione, Pastores Dabo Vobis vom 25.03.1992, in AAS 84 (1992), S. 657-804; (Deutsche Übersetzung: Nachsynodales Apostolisches Schreiben, Pastores Dabo Vobis über die Priesterausbildung im Kontext der Gegenwart, in: Verlautbarungen des Apostolischen Stuhls 105, Bonn 1992).

Kongregation für die Evangelisierung der Völker oder Propaganda Fide, La Fonction Évangélisatrice (La funzione di evangelizzare), in: E. Lora (Hg.), Enchiridion Vaticanum. Documenti ufficiale della Santa Sede; Band 5 (1974-1976), Testo ufficiale e versione italiana, Bologna [12]1982, 978-1007 (Rn. 1546-1587).

Kongregation für den Klerus: Internationales Symposion zum 30. Jahrestag des Konzilsdekrets Presbyterorum Ordinis, in: Verlautbarungen des Apostolischen Stuhls 124, Bonn 1995.

Kongregation für den Klerus u.a., Instructio de quibusdam quaestionibus circa fidelium laicorum cooperationen sacerdotum ministerium spectantem, in: AAS 89 (1997), S. 852-877 (Deutsche Übersetzung: Instruktion zu einigen Fragen über die Mitarbeit der Laien am Dienst der Priester vom 15.08.1997, in Verlautbarungen des Apostolischen Stuhls 129, Bonn 1997).

Kongregation für den Klerus, Instruktion, Der Priester, Hirte und Leiter der Pfarrgemeinde, in: Verlautbarungen des Apostolischen Stuhls 157, Bonn 2002.

Pontificia Commissio Codici Iuris Canonici Recognoscendo, Coetus studiorum "De populo Dei", Examen animadvertionum exhibitarum ex processu verbali italice exarato, Art. IX De paroeciis et de parochis, in: Communicationes 13 (1981), S. 111-151.

Pontificia Commissio Codici Iuris Canonici Recognoscendo, Coetus studii "De sacra hierarchia" (olim "De clericis") (Sessio VIII), in: Communicationes 24 (1992), S. 92-127.

Rahner, Karl; Vorgrimler, Hubert (Hgg.), Kleines Konzilskompendium. Sämtliche Texte des Zweiten Vatikanums, Freiburg i. Br. [35]2008.

6.2 Partikulares Recht

Präsidium der Gemeinsamen Synode der Bistümer in der Bundesrepublik Deutschland und der deutschen Bischofskonferenz, Die pastoralen Dienste in der Gemeinde, in: Dies. (Hgg.), Gemeinsame Synode der Bistümer in der Bundesrepublik Deutschland. Beschlüsse der Vollversammlung. Offizielle Gesamtausgabe I, Freiburg i. Br. [7]1989, S. 581-636.

Präsidium der Gemeinsamen Synode der Bistümer in der Bundesrepublik Deutschland und der deutschen Bischofskonferenz, Rahmenordnung für die pastoralen Strukturen und für die Leitung und Verwaltung der Bistümer in der Bundesrepublik Deutschland, in: Dies. (Hgg.), Gemeinsame Synode der Bistümer in der Bundesrepublik Deutschland. Beschlüsse der Vollversammlung. Offizielle Gesamtausgabe I, Freiburg i. Br. [7]1989, S. 679-726.

Österreichische Bischofskonferenz, Dekret über einheitliche Denomination der Pfarrseelsorger, in: Amtsblatt Österreichische Bischofskonferenz Nr. 1 1984, 8, auch abgedruckt in: Österreichisches Archiv für katholisches Kirchenrecht 34 (1983/84), 378.

Schweizer Bischofskonferenz, Beauftragte Laien im kirchlichen Dienst, Freiburg i. Ü. 2005 (= Dokumente der Schweizer Bischöfe, 12).

Erzbischof von Freiburg, Wege kooperativer Pastoral und Gemeindeleitung in pfarreiübergreifenden Seelsorgeeinheiten, in: Amtsblatt der Erzdiözese Freiburg 1996, S. 415-425.

Erzbischof von Köln, Erlaß zur Ergänzung des Kirchenvorstandsrechts und des Rechts der Pfarrgemeinderäte in bezug auf can. 517 § 1 und § 2 CIC vom 01.12.1992, in: Amtsblatt des Erzbistums Köln 132 (1992), S. 336.

Erzbischof von München und Freising, Dem Glauben Zukunft geben. Orientierungsrahmen zur Ausgestaltung von Seelsorgeeinheiten in der Erzdiözese München und Freising. Struktur- und Personalplanung 2020, auf: http://www.erzbistum-muenchen.de/media/media13563120.PDF (28.10.2010).

Erzbischof von Salzburg, Rahmenordnung für Priester und Pfarrassistenten/Pfarrassistentinnen in Gemeinden ohne Pfarrer vor Ort, in: Verordnungsblatt der Erzdiözese Salzburg Nr. 9 vom 01.09.2008, S. 98-103.

Erzbischof von Wien, Diözesane Rahmenordnung für die Beteiligung an den pfarrlichen Seelsorgeaufgaben gemäß c. 517 § 2 CIC (Ordnung für Pfarrassistenten) vom 01.08.1998, in: Wiener Diözesanblatt 136 (1998), 69-72.

Bischof von Basel, Pfarrer/Gemeindeleiter/-in. Voraussetzungen für die Übernahme der Leitungsverantwortung, auf: http://www.bistum-basel.ch/pdf/pfarrer_gemeindeleiter_voraussetzung.pdf (07.09.2010).

Bischof von Bozen Brixen, Richtlinien für die Pastoral in den Seelsorgeeinheiten „Werft eure Netze aus!“ vom 19.06.2009, auf: http://www.bz-bx.net/bolzano/allegati/24125/RichtlinienPastoral.pdf (07.09.2010).

Bischof von Chur, Richtlinien für die Einsetzung von Gemeindeleitern und Gemeindeleiterinnen im Bistum Chur vom 10.03.2000, in: Schweizerische Kirchenzeitung 168 (2000), S. 200-201.

Bischof von Eisenstadt, Diözesane Rahmenordnung für die Gemeindeleitung nach Can. 517 § 2 CIC vom 01.09.1997, in: Amtliche Mitteilungen der Diözese Eisenstadt vom 25.06.1997, 69-71.

Bischof von Feldkirch, Rahmenordnung für den Pfarrmoderator, den Pfarrassistenten/die Pfarrassistentin vom 18.06.2002, in: Feldkircher Diözesanblatt 34 (2002), S. 53-55.

Bischof von Gurk, Vorläufige Rahmenordnung für Pfarrmoderatoren und Pfarrassistenten vom 01.07.2001 (bisher unveröffentlicht).

Bischof von Innsbruck, Rahmenordnung für Pfarrkuratoren/-innen und Pfarrmoderatoren, in: Verordnungsblatt der Diözese Innsbruck 71 (1996), S. 4-6.

Bischof von Innsbruck, Novellierung der Rahmenordnung für Pfarrmoderatoren und Pfarrkuratoren/-innen, in: Diözesanblatt. Amtliche Mitteilungen der Diözese Innsbruck 77 (2002), S. 1-5.

Bischof von Limburg, Gemeindeleitung in Kooperation, in: Amtsblatt Limburg 133 (1991), 117-118.

Bischof von Limburg, Statut für die Pfarrseelsorge, in: Amtsblatt Limburg 137 (1995), S. 259-260.

Bischof von Limburg, Statut für die Pfarrseelsorge, in: Amtsblatt Limburg 148 (2006), S. 222.

Bischof von Linz, Rahmenordnung Pfarrassistent/in, in: Linzer Diözesanblatt 140 (1994), S. 64-66.

Bischof von Linz, Rahmenordnung für Pfarrmoderatoren und Pfarrassistenten/innen, in: Linzer Diözesanblatt 146 (2000), S. 43-46.

Bischof von Mainz, Leitlinien zur künftigen pastoralen Planung in den Pfarrgemeinden des Bistums Mainz, in: Kirchliches Amtsblatt für die Diözese Mainz 1996, S. 45-51.

Bischof von St. Pölten, Rahmenordnung für „Pfarrbeauftragte“ in der Diözese St. Pölten vom 09.01.1997, in: St. Pöltner Diözesanblatt Nr. 1 vom 15.01.1997, S. 22.

6.3 Sekundärliteratur

Adveniat (Hrsg.), Sämtliche Beschlüsse der II. Generalversammlung des Lateinamerikanischen Episkopates Medellin, 24.08.-06.09.1968, Essen 1970.

Assmann, Jan, Religion und kulturelles Gedächtnis, München [3]2007 (= Beck'sche Reihe; 1375).

Baart, Andris, Een theorie van de presentie, Utrecht 2001.

Baart, Andris, Über die präsentische Herangehensweise, auf: http://www.presentie.nl/artikelen (21.09.2010).

Belok, Manfred, (Hrsg.), Zwischen Vision und Planung. Auf dem Weg zu einer kooperativen und lebensweltorientierten Pastoral. Ansätze und Erfahrungen aus 11 Bistümern in Deutschland, Paderborn 2002.

Ders., Kooperative Pastoral. Zauberwort oder pastoraler Paradigmenwechsel?, in: Pastoralblatt für die Diözesen Aachen, Berlin, Essen, Hildesheim, Köln, Osnabrück 54 (2002), S. 300-309.

Ders., Identität und Offenheit. Plädoyer für eine differenzierende Sakramentenpastoral, in: Pastoralblatt für die Diözesen Aachen, Berlin, Essen, Hildesheim, Köln, Osnabrück 62 (2010), S. 291-298.

Biesinger, Albert; Gronover, Matthias, Gemeindekatechese als Familienkatechese. Im Dialog mit den „Zeichen der Zeit“, in: Theologisch Praktische Quartalschrift 158 (2010), S. 132-139.

Böhnke, Michael, Pastoral in Gemeinden ohne Pfarrer. Interpretation von c. 517 § 2 CIC/1983, Essen 1994 (= Münsterischer Kommentar zum Codex Iuris Canonici. Beihefte; 12).
Ders., Die Zukunft der ‚priesterlosen' Gemeinde. Kirchenrechtliche Aspekte, in: Theologie der Gegenwart 38 (1995), S. 162-178.

Ders.,„ Eine Pfarrei ohne Pfarrer ist denkbar, eine Pfarrei ohne Priester nicht. Ein Literatur-, Forschungs- und Praxisbericht zu c. 517 § 2 CIC, in: Althaus, Rüdiger;

Oehmen-Vieregge, Rosel; Olschewski, Jürgen (Hrsg.), Aktuelle Beiträge zum Kirchenrecht. FS für Heinrich F. Reinhardt, Frankfurt a. M. 2002 (= Adnotationes in ius canonicum; 24), S. 55-74.

Ders., Geistgewirkte Vollmacht. Eine systematische Skizze zum Verhältnis von Weiheamt und Gemeindeleitung, in: Ahlers, Reinhild; Laukemper-Isermann, Beatrix (Hrsg.), Kirchenrecht aktuell. Anfragen von heute an eine Disziplin von gestern?, Essen 2004 (= Münsterischer Kommentar zum Codex Iuris Canonici. Beihefte; 40), S. 46-55.

Ders., Universaler Heilswille Gottes. Eine Relecture einleitender Formulierungen in den Texten des Zweiten Vatikanischen Konzils, in: Internationale Katholische Zeitschrift 37 (2008), S. 230-242.

Ders.; Schüller, Thomas, Problematische Strategien. Zur Neuordnung der Pastoral in deutschen Diözesen, in: Herder-Korrespondenz 63 (2009), S. 451-456.
Diess., Gemeindeleitung durch Laien? Internationale Erfahrungen und Erkenntnisse, Regensburg 2011.

Boschki, Reinhold, Gott erinnern, in: Böhnke, Michael; Söding, Thomas (Hrsg.), Gott nennen und erkennen. Theologische und philosophische Einsichten, Freiburg i. Br. 2010 (= Theologische Module; 10), S. 176-216.
Bucher, Rainer, Die Neuerfindung der Gemeinde und des Pfarrgemeinderates, in: Lebendige Seelsorge 55 (2004), S. 18-22.

Ders., Die Provokation der Krise. Zwölf Fragen und Antworten zur Lage der Kirche, Würzburg 2004.

Ders., Die Gemeinde nach dem Scheitern der Gemeindetheologie. Perspektiven einer zentralen Sozialform der Kirche, in: Ritzer, Georg (Hg.), „Mit Euch bin ich Mensch …“. FS anlässlich des 60. Geburtstags von Friedrich Schleinzer, Innsbruck 2008 (= Salzburger theologische Studien; 34), S. 19-46.

Cattaneo, Arturo, Die Institutionalisierung pastoraler Dienste der Laien, in: Archiv für katholisches Kirchenrecht 165 (1996), S. 56-75.
Demel, Sabine, „Priesterlose“ Gemeindeleitung? Zur Interpretation von c. 517 § 2 CIC/1983, in: Münchener Theologische Zeitschrift 47 (1996), S. 65-76.

Bilaterale AG der Deutschen Bischofskonferenz und der Kirchenleitung der Vereinigten Evangelisch-Lutherischen Kirche Deutschlands, Communio Sanctorum. Die Kirche als Gemeinschaft der Heiligen, Bonn 2000.

Diakonia, Zukunft der Gemeindeleitung, Diakonia 32, H. 1 (2001).

Doktór, Tadeusz, Religious Pluralism and Dimensions of Religiosity: Evidence from the Project Religious and Moral Pluralism (RAMP), in: Pickel, Gert; Müller, Olaf (Hgg.), Church and Religion in Contemporary Europe. Results from Empirical and Comparative Research, Wiesbaden 2009 (= Veröffentlichungen der Sektion Religionssoziologie der Deutschen Gesellschaft für Soziologie), S. 25-34.

Ebertz, Michael N., Neue Orte braucht die Kirche, in: Lebendige Seelsorge 55 (2004), S. 7-12.

Ders., Wider den Wohn-Territorialismus. Michael N. Ebertz' Replik auf „Plädoyer für die Verörtlichung des Glaubens“, in: Lebendige Seelsorge 55 (2004), S. 16-17.

Ders.; Ullrich, Peter-Otto, Milieus, Lebensstile und Religion. Sozialwissenschaftliche Grundlagen und Erfahrungen im LOS-Prozess, in: Ebertz, Michael N.; Fuchs, Ottmar; Sattler, Dorothea (Hgg.), Lernen, wo die Menschen sind. Wege lebensraumorientierter Seelsorge, Mainz 2005, S. 146-185.

Ders.; Hunstig, Hans-Georg (Hgg.), Hinaus ins Weite. Gehversuche einer milieusensiblen Kirche, Würzburg [2]2008.

Ders., Wunder, Bernhard (Hgg.), Milieupraxis. Vom Sehen zum Handeln in der pastoralen Arbeit, Würzburg 2009.

Eder, Helmut, Gemeindeleitungsmodelle mit Beteiligung Ehrenamtlicher in der Diözese Linz. Erste Erfahrungen und pastoraltheologische Anmerkungen, in: Theologisch Praktische Quartalschrift (Linz) 157 (2009), S. 48-54.

Englert, Rudolf, Glauben-Lernen im Horizont der Lebensgeschichte, in: Bitter, Gottfried; Gerhards, Albert (Hgg.), Glauben lernen, Glauben feiern. Katechetisch-liturgische Versuche und Klärungen, Stuttgart 1998 (= Praktische Theologie heute; 30), S. 220-234.

Faber, Eva-Maria, Unbegreiflichkeit und Selbstoffenbarung Gottes, in: Böhnke, Michael; Söding, Thomas (Hgg.), Gott nennen und erkennen. Theologische und philosophische Einsichten, Freiburg i. Br. 2010 (= Theologische Module; 10), S. 136-175.

Feiter, Reinhard, Antwortendes Handeln. Praktische Theologie als kontextuelle Theologie, Münster 2002 (= Theologie und Praxis; 14).

Ders.; Müller, Hadwig (Hgg.), Was wird jetzt aus uns, Herr Bischof? Ermutigende Erfahrungen der Gemeindebildung in Poitiers, Ostfildern ³2010.

Flanagan, John C., The Critical Incident Technique, in: Psychological Bulletin 51 (1954), S. 327-358.

Flick, Uwe, Stationen des qualitativen Forschungsprozesses, in: Flick, Uwe; Kardorff, Ernst von; Keupp, Heiner u. a. (Hgg.), Handbuch Qualitative Sozialforschung. Grundlagen, Konzepte, Methoden und Anwendungen, Weinheim ²1995, S. 147-173.

Foitzik, Alexander, Kirche in der Nachbarschaft, in: Herder-Korrespondenz 60 (2006), S. 463-466.

Fries, Heinrich, Katholizität/Katholizismus, in: Neues Handbuch theologischer Grundbegriffe, Bd. 3, S. 95-103.

Froehle, Brian, Die Bedeutung der 'Leitung von Pfarreien' durch Laien in den Vereinigten Staaten. Entstehende Praxis der Leitung von Pfarreien durch Laien in Katholischen Glaubensgemeinschaften, in: Böhnke, Michael; Schüller, Thomas (Hgg.), Gemeindeleitung durch Laien. Internationale Erfahrungen und Erkenntnisse, Regensburg 2011, S. 35-57.

Fürst, Carl G., Canones-Synopse zum CIC und CCEO, Freiburg i. Br. 1992.

Gabriel, Karl; Achtermann, Rainer; Leibold, Stefan, Notprogramm oder weltkirchliche Öffnung? Eine empirische Studie über ausländische Priester in deutschen Diözesen, in: Herder-Korrespondenz 64 (2010), S. 456-460.

Ders., Die Situation ausländischer Priester in Deutschland. Studie im Auftrag der Wissenschaftlichen Arbeitsgruppe für weltkirchliche Aufgaben (zusammen mit Achtermann, Rainer und Leibold, Stefan) (im Erscheinen).

Grünenthal, Hildegard, Der Pfarrgemeinderat in Deutschland – eine gelungene Verbindung von Pastoral- und Apostolatsrat? Rechtliche Überlegungen zum Miteinander und Füreinander im Pfarrgemeinderat, in: Demel, Sabine; Müller, Ludger (Hgg.), Krönung oder Entwertung des Konzils? Das Verfassungsrecht der katholischen Kirche im Spiegel der Ekklesiologie des Zweiten Vatikanischen Konzils, Trier 2007, S. 252-264.

Häder, Michael, Empirische Sozialforschung. Eine Einführung, Wiesbaden 2006.

Haering, Stephan, Die Ausübung pfarrlicher Hirtensorge durch Diakone und Laien – gesamtkirchliches Recht und partikulare Ausgestaltung, in: Archiv für katholisches Kirchenrecht 165 (1996), S. 353-372.

Hallermann, Heribert, Kirchliche Ämter ohne sakramentale Grundlage, in: Trierer Theologische Zeitschrift 108 (1998), S. 200-219.

Ders., Die Verantwortung gemeinsam tragen. Erfahrungen mit der kooperativen Pastoral im Bistum Mainz im Hinblick auf c. 517 § 2 CIC, Mainz 1999 (= Mainzer Perspektiven; 13).

Ders., Seelsorger(in) – ein geschützter Begriff? Kirchenrechtliche Klärungen, in: Lebendige Seelsorge 55 (2004), S. 210-214.

Haslinger, Herbert (Hg.), Handbuch Praktische Theologie, Bd. 2, Mainz 2000.

Ders., Lebensort für alle. Gemeinde neu verstehen, Düsseldorf 2005.

Heimerl, Hans; Pree, Helmuth; Primetshofer, Bruno (Hgg.), Handbuch des Vermögensrechtes der katholischen Kirche unter besonderer Berücksichtigung der Rechtsverhältnisse in Bayern und Österreich, Regensburg 1993.

Heinemann, Heribert, Sonderformen der Pfarrgemeindeorganisation gemäß c. 517. Eine kritische Anfrage, in: Archiv für katholisches Kirchenrecht 163 (1994), S. 337-350.

Heinz, Hanspeter, Zeugnis und Ärgernis. Zur fälligen Diskussion über den Pflichtzölibat, in: Herder-Korrespondenz 64 (2010), S. 335-339.

Heinze, Thomas; Klusemann, Hans W.; Soeffner, Hans-Georg (Hgg.), Interpretation einer Bildungsgeschichte. Überlegungen zur sozialwissenschaftlichen Hermeneutik, Bensheim 1980.
Ders.; Thiemann, Friedrich, Kommunikative Validierung und das Problem der Geltungsbegründung, in: Zeitschrift für Pädagogik 28 (1982), S. 635-642.

Van der Helm, Ad, Un clergé parallèle? Étude socio-juridique de l'activité des laics dans l'église catholique en France et aux Pays-Bas, Strasbourg 1993 (= Recherches institutionelles; 20).

Hilberath, Bernd J., Das Zweite Vatikanische Konzil – ein Aufbruch wartet auf den Durchbruch, in: Una Sancta 64 (2009), S. 145-155.

Hirnsperger, Johannes, Der Pfarrassistent/die Pfarrassistentin: Ein neues Amt in der pfarrlichen Seelsorge. Kanonistisch-pastorale Reflexionen zum Salzburger Modell, in: Archiv für katholisches Kirchenrecht 178 (2009), S. 104-122.

Hofmann, Thomas X., Alternate Forms of Pastoral Leadership and the Power of Governance. Canon 517, § 2 and Developing Practice, Washington D. C. 1990.

Huber, Wolfgang, Kirche als Zeichen in der Zeit – kulturelles Erbe und Sinnvermittlung für das 21. Jahrhundert, in: Adolphsen, Helger; Nohr, Andreas (Hgg.), Glauben sichtbar machen. Herausforderung an Kirche, Kunst und Kirchenbau, Hamburg 2006, S. 29-47.

Hünermann, Peter; Hilberath, Bernd J. (Hgg.), Herders theologischer Kommentar zum Zweiten Vatikanischen Konzil, 5 Bde., Freiburg i. Br. 2004-06.

Hünermann, Peter, Ist der CIC revisionsbedürftig? Dogmatische Anfragen an die Kanonistik zur Interpretation des CIC/1983, zum bischöflichen Amt, zur Ortskirche und zu den Laien, in: Theologie der Gegenwart 50 (2007), S. 15-30.

Jammet, Jean P., Implications canoniques et pastorales de la mise en oeuvre du canon 517 § 2 dans le diocèse de Poitiers, in: L'année canonique 37 (1995), S. 37-46.

Jünemann, Augustinus, Kirche – Werkzeug des Geistes. Elemente einer pneumatologischen Ekklesiologie Trier 2003 (= TThS; 70).

Kampe, Uwe, Formen von Gemeindeleitung. Machbare Strukturveränderungen in Leitung und Seelsorge einer Pfarrgemeinde im Vergleich der Bistümer Limburg und Linz, München 1997.

Karrer, Leo, Vielfalt des Personals. Ein Weg in die Zukunft der Kirche, in: Diakonia 41 (2010), S. 306-312.

Kasper, Walter, Der Leitungsdienst in der Gemeinde, Bonn 1994 (= Arbeitshilfen; 118).

Kaufmann, Ludwig; Klein, Nikolaus, Johannes XXIII. Prophetie im Vermächtnis, Freiburg i. Ü. 1990.

Keck, Dagmar (Hg.), Unter Deinem Segen. Bausteine und Gestaltungselemente für Segensfeiern, Freiburg i. Br. 2008 (= Ideenwerkstatt Gottesdienst, Spezial; 5).

Kehl, Medard, Die Kirche. Eine katholische Ekklesiologie, Würzburg ³1994.

Ders., Pfarreiengemeinschaft als Weg in die Zukunft. Ein Weg wohin? Ein Weg mit uns. Teil II, in: Klerusblatt 89 (2009), S. 61-64.

Klostermann, Ferdinand, Prinzip Gemeinde. Gemeinde als Prinzip des kirchlichen Lebens und der Pastoraltheologie als der Theologie dieses Lebens, Wien 1965 (= Wiener Beiträge zur Theologie; 11).

Kopp, Bernd, Gemeindeleitung zwischen Notlösung und Außerordentlichkeit. Erfahrungen aus der Deutschschweizer Kirche, in: Panhofer, Johannes; Schneider, Sebastian (Hgg.), Spuren in die Kirche von morgen. Erfahrungen mit Gemeindeleitung ohne Pfarrer vor Ort – Impulse für eine menschennahe Seelsorge, Ostfildern 2009 (= Kommunikative Theologie; 12), S. 175-184.

Krämer, Peter, Nichtpfarrliche Gemeinschaften – ein Gegensatz zur Pfarrstruktur? Zur Interpretation von c. 516 § 2 CIC, in: Archiv für katholisches Kirchenrecht 163 (1994), S. 351-364.

Kronawetter, Karl-Heinz, Verkündigung im Internet. Kommunikation des Evangeliums im Web 2.0, in: Gruber, Franz; Niemand, Christoph; Reisinger, Ferdinand (Hgg.), Geistes-Gegenwart. Vom Lesen, Denken und Sagen des Glaubens. FS für Peter Hofer, Franz Hubmann u. Hanjo Sauer, Frankfurt a. M. 2009 (= Linzer Philosophisch-Theologische Beiträge; 17), S. 411-425.

Kuntz, Michael, Jeder Ort ist dem Himmel gleich nah, in: Süddeutsche Zeitung 297 (2009) 24/25/26/27.12.2009, 17.

Lüdecke, Norbert, Der Codex Iuris Canonici als authentische Rezeption des Zweiten Vatikanums. Statement aus kanonistischer Sicht, in: Rottenburger Jahrbuch für Kirchengeschichte 26 (2007), S. 47-69.
Lüdicke, Klaus (Hrsg.), Münsterischer Kommentar zum Codex Iuris Canonici Loseblattsammlung, Essen seit 1985.

Luhmann, Niklas, Organisation und Entscheidung, Wiesbaden ³2011.

Mayring, Philipp, Einführung in die qualitative Sozialforschung. Eine Anleitung zum qualitativen Denken, Weinheim ⁵2002.

Ders., Qualitative Inhaltsanalyse. Grundlagen und Techniken, Weinheim [11]2010.

Medien-Dienstleistung GmbH in Kooperation mit der Katholischen Sozialethischen Arbeitsstelle e.V. (Hgg.), Religiöse und kirchliche Orientierungen in den Sinus-Milieus 2005. Milieuhandbuch, München 2005.

Mette, Norbert, Vom pfarrlichen Territorialprinzip zur Option für ortsbezogene Gemeinden, in: Pastoraltheologische Informationen 26 (2006), S. 8-21.

Ders., Ein neues Verständnis vom Kirche-Sein. Impulse aus einer lateinamerikanischen Ekklesiologie, in: Diakonia 38 (2007), S. 198-203.

Moerschbacher, Marco, Laiendienstämter und ihre theologische Perspektive. Das Beispiel der pastoralen Erneuerung in der Erzdiözese Kinshasa, in: Böhnke, Michael; Schüller, Thomas (Hgg.), Gemeindeleitung durch Laien. Internationale Erfahrungen und Erkenntnisse, Regensburg 2011, S. 153-173.

Müller, Hubert, Leitung der Pfarrgemeinden bei Priestermangel – Beteiligung von Nichtpriestern an pfarrlichen Leitungsaufgaben. Kirchenrechtliche Aspekte, in: Erzbischöfliches Generalvikariat Köln (Hgg.), Der Priesterrat im Erzbistum Köln. Personal- und Pastoralplanung. Bericht über die Tagung vom 26.-28.11.1991 in Bad Honnef, Köln o. J., S. 25-40.

Nientiedt, Klaus, Frankreich. Strukturmodell für die Seelsorge, in: Herder-Korrespondenz 60 (2006), S. 61-63.

Ochs, Robert, Leiten heißt Entscheiden, in: Panhofer, Johannes; Scharer, Matthias; Siebenrock, Roman (Hgg.), Erlöstes Leiten. Eine kommunikativ-theologische Intervention, Ostfildern 2007 (= Kommunikative Theologie; 8), S. 247-263.

Paarhammer, Hans, Übertragung einer Pfarrei an mehrere Seelsorger, in: Lüdicke, Klaus (Hg.), Münsterischer Kommentar zum Codex Iuris Canonici, Loseblattsammlung, Essen 1985, c. 517, Rn. 4.

Panhofer, Johannes, Hören, was der Geist den Gemeinden sagt. Gemeindeleitung durch Nichtpriester als Anstoß zur Gemeindeentwicklung. Eine empirisch-theologische Studie zu can. 517 § 2 CIC, Würzburg 2003 (= Studien zur Theologie und Praxis der Seelsorge; 58).

Ders., Kirche mit einem neuen Gesicht. Zum ekklesiologischen Beitrag dieses Leitungsmodells für eine Kirche von morgen, in: Ders.; Schneider, Sebastian (Hgg.), Spuren in die Kirche von morgen. Erfahrungen mit Gemeindeleitung ohne Pfarrer vor Ort – Impulse für eine menschennahe Seelsorge, Ostfildern 2009 (= Kommunikative Theologie; 12), S. 221-240.

Pastoraltheologische Informationen, Plurale Wirklichkeit Gemeinde, Pastoraltheologische Informationen 28, H. 1 (2008).

Pax, Wolfgang, Führung in der Kirche. Eine Führungskonzeption für die Katholische Kirche, München 2007 (= Benediktbeurer Studien; 15).

Pesch, Otto H., Das Zweite Vatikanische Konzil (1962-1965). Vorgeschichte – Verlauf – Ergebnisse – Nachgeschichte, Würzburg ³1994.

Peukert, Helmut, Kontingenzerfahrung und Identitätsfindung. Bemerkungen zu einer Theorie der Religion und zur Analytik religiös dimensionierter Lernprozesse, in: Blank, Josef; Hasenhüttl, Gotthold (Hrsg.), Erfahrung, Glaube und Moral, Düsseldorf 1982, S. 76-102.

Pollack, Detlef, Worauf die Bindung an die Kirche beruht. Kirchensoziologische Analysen zum Verhältnis der evangelischen Kirchenmitglieder zu ihrer Kirche und den Grenzen kirchenreformerischen Handelns, in: Hermelink, Jan; Wegner, Gerhard (Hgg.), Paradoxien kirchlicher Organisation. Niklas Luhmanns frühe Kirchensoziologie und die aktuelle Reform der evangelischen Kirche, Würzburg 2008 (= Religion in der Gesellschaft; 24), S. 71-99.

Pott, Martin, Glaubenszeugnisse in der Diakonie. Zur Bedeutung sozialpastoraler Ansätze in der Pastoralplanung deutscher Diözesen, in: Krockauer, Rainer; Körber, Manfred (Hgg.), Glaubenszeugnisse in sozialer Arbeit und Diakonie. Impulse für Kirche und Gesellschaft, Münster 2008 (= Werkstatt Theologie. Praxisorientierte Studien und Diskurse; 8), S. 141-155.

Pree, Helmuth, Pfarrei ohne Pfarrer – Leitung und Recht auf Eucharistie, in: Anzeiger für die Seelsorge 195 (1996) S. 18-24.

Primetshofer, Bruno, Kanonistische Bemerkungen zu den österreichischen Pfarrgemeinderats- und Pfarrkirchenratsordnungen, in: Österreichisches Archiv für katholisches Kirchenrecht 42 (1993), S. 156-177.

Rahner, Karl, Grundkurs des Glaubens. Einführung in den Begriff des Christentums, Freiburg i. Br. ⁵1976.

Rees, Wilhelm, Die Sicherung der Hirtensorge. Can. 517 § 2 CIC und die österreichischen diözesanen Rahmenordnungen, in: Panhofer, Johannes; Schneider, Sebastian (Hrsg.), Spuren in die Kirche von morgen. Erfahrungen mit Gemeindeleitung ohne Pfarrer vor Ort – Impulse für eine menschennahe Seelsorge, Ostfildern 2009 (= Kommunikative Theologie; 12), S. 156-174.

Reidegeld, Jochen, Gemeindeleitung, Gemeindeverantwortung, Gemeindeorganisation. Elemente einer differenzierten pfarrlichen Verantwortung, Münster 2011 (= Münsterischer Kommentar zum Codex Iuris Canonici. Beihefte; im Erscheinen).

Rouet, Albert, Auf dem Weg zu einer erneuerten Kirche, in: Feiter, Reinhard; Müller, Hadwig (Hrsg.), Was wird jetzt aus uns, Herr Bischof? Ermutigende Erfahrungen der Gemeindebildung in Poitiers, Ostfildern [3]2009, S. 17-42.

Ruh, Ulrich Gemeindeleitung: Weltkirche als Experimentierfeld, in: Herder-Korrespondenz 64 (2010), S. 603-605.

Sala, Giovanni B., Können Laien Pfarrer sein? Zur Frage der Teilhabe Nichtgeweihter an der pfarrlichen Leitungsvollmacht in der Kirche. Dogmatisch-pastoraltheologische Erwägungen, in: Forum Katholische Theologie 14 (1998), S. 189-212.

Sander, Hans-Joachim, Die pastorale Grammatik der Lehre – ein Wille zur Macht von Gottes Heil im Zeichen der Zeit, in: Wassilowsky, Günther (Hg.), Zweites Vatikanum – vergessene Anstöße, gegenwärtige Fortschreibungen, Freiburg i. Br. 2004 (= Quaestiones Disputatae; 207), S. 185-206.

Schick, Ludwig, Teilhabe der Laien am dreifachen Amt Christi – ein zu realisierendes Programm, in: Pfammater, Josef; Furger, Franz (Hgg.), Theologische Berichte. Die Kirche und ihr Recht, Einsiedeln 1986 (= Theologische Berichte; 15), S. 39-81.

Schmälzle, Udo, Diakonische Pastoral. Geschichte, Dimensionen, Perspektiven. Referat zum Tag der Räte, 10.03.2001 im St. Burkardushaus Würzburg (http://www.downloads.kirchenserver.net/18/1723/1/11333436858470791.pdf. 10.09.2010).

Schmitz, Heribert, ‚Gemeindeleitung' durch ‚Nichtpfarrer-Priester' oder ‚Nichtpriester-Pfarrer'. Kanonistische Skizze zu dem neuen Modell pfarrlicher Gemeindeleitung des c. 517 § 2 CIC, in: Archiv für katholisches Kirchenrecht 161 (1992), S. 329-361.

Schneider, Caroline H., Kooperation oder Fusionierung von Pfarreien? Strukturelle Veränderungen im Bistum Essen aus kirchenrechtlicher Sicht, Essen 2008 (= Münsterischer Kommentar zum Codex Iuris Canonici. Beihefte; 53).

Schneider, Sebastian, „Stolz auf die tollen Leute in der Kirche", in: Udeani, Monika; Eder, Helmut; Heilmann, Monika (Hgg.), Kirche bleiben im Nahbereich. Pfarrgemeindliche Leitungsmodelle mit Beteiligung Ehrenamtlicher, Linz 2009, S. 245-253.

Ders., Eine wechselvolle Geschichte. Zu den Österreich-Treffen von Pfarrmoderatoren und PfarrassistentInnen, in: Ders., Panhofer, Johannes (Hgg.), Spuren in die Kirche von morgen. Erfahrungen mit Gemeindeleitung ohne Pfarrer vor Ort – Impulse für eine menschennahe Seelsorge, Ostfildern 2009 (= Kommunikative Theologie; 12), S. 144-155.

Schüller, Thomas, Die Barmherzigkeit als Prinzip der Rechtsapplikation in der Kirche im Dienste der salus animarum. Ein kanonistischer Beitrag zu Methodenproblemen der Kirchenrechtstheorie, Würzburg 1993 (= Forschungen zur Kirchenrechtswissenschaft; 14).

Ders., Seelsorge in Gemeinden ohne Pfarrer, Limburg 1996 (= Limburger Texte; 21).

Ders., Hirtensorge in Pfarreien ohne Pfarrer. Der c. 517 § 2 CIC – eine kirchenrechtliche Norm für neue Formen der Gemeindeleitung?, in: Kirchliches Recht als Freiheitsordnung. Gedenkschrift für Hubert Müller, Würzburg 1997 (= Forschungen zur Kirchenrechtswissenschaft; 27), S. 169-195.
Ders., Pfarrei und Leitung der Pfarrei in der Krise – eine kritische Bilanz der kanonistischen Diskussion zur sog. „Gemeindeleitung" auf dem Hintergrund kooperativer Seelsorgeformen in den deutschsprachigen Diözesen, in: Ahlers, Reinhild; Laukemper-Isermann, Beatrix (Hgg.), Kirchenrecht aktuell – Anfragen von heute an eine Disziplin von gestern?, Essen 2004 (=Münsterischer Kommentar zum Codex Iuris Canonici, Beihefte; 40), S. 153-170.

Ders., Partikularrechtliche Umsetzung des c. 517 § 2 CIC in den deutschsprachigen Bistümern, in: Böhnke, Michael; Schüller, Thomas (Hgg.), Gemeindeleitung durch Laien? Internationale Erfahrungen und Erkenntnisse, Regensburg 2011, S. 226-251.

Schwartz, Michèle A., Hat die „Gemeindeleiterin" eine Leitungsfunktion? Rechtliche Möglichkeiten der Anwendung der cc. 129 § 2 und 517 § 2 CIC/1983, Berlin 2008 (= ReligionsRecht im Dialog; 7).

Schwendenwein, Hugo, Die Katholische Kirche. Aufbau und rechtliche Organisation, Essen 2003 (= Münsterischer Kommentar zum Codex Iuris Canonici, Beihefte; 37).

Siebenrock, Roman, Leiten als Mit-Leiten. Systematische Überlegungen zum Leitungsamt in der römisch-katholischen Kirche, in: Panhofer Johannes; Scharer, Matthias; Siebenrock, Roman (Hgg.), Erlöstes Leiten. Eine kommunikativ-theologische Intervention, Ostfildern 2007 (= Kommunikative Theologie; 8), S. 199-213.

Spielberg, Bernhard, Kann Kirche noch Gemeinde sein? Praxis, Probleme und Perspektiven der Kirche vor Ort, Würzburg 2008 (= Studien zur Theologie und Praxis der Seelsorge; 73).

Sobanski, Remigiusz, Rechtstheologische Vorüberlegungen zum neuen kirchlichen Gesetzbuch, in: Theologische Quartalschrift 163 (1983), S. 178-188.
Stuflesser, Martin, Memoria Passionis. Das Verhältnis von lex orandi und lex credendi am Beispiel des Opferbegriffs in den Eucharistischen Hochgebeten nach dem II. Vatikanischen Konzil, Altenberge 1998/^{2}2000 (= Münsteraner Theologische Abhandlungen; 51).

Svoboda, Heinrich, Großstadtseelsorge. Eine pastoraltheologische Studie, Regensburg 1909.

Tönnies, Ferdinand, Gemeinschaft und Gesellschaft. Grundbegriffe der reinen Soziologie, Darmstadt 1963 (erstmals Leipzig 1887).

Türcke, Christoph, Erregte Gesellschaft. Philosophie der Sensation, München 2002.

Udeani, Monika; Eder, Helmut; Heilmann, Monika (Hrsg.), Kirche bleiben im Nahbereich. Pfarrgemeindliche Leitungsmodelle mit Beteiligung Ehrenamtlicher, Linz 2009.

Vadakumthala, Alex, Lay Person as Caretaker of a Parish. A Juridical and Theological Study of Canon 517 § 2, Rom 1993.

Vadakumthala, Alex, Bedeutung der 'Leitung der Pfarrgemeinde' durch Laien. Eine analytische Studie von c. 517 § 2 und Erfahrungen und Perspektiven seiner Anwendung in der Kirche Indiens, in: Böhnke, Michael; Schüller, Thomas (Hgg.), Gemeindeleitung durch Laien. Internationale Erfahrungen und Erkenntnisse, Regensburg 2011, S. 252-302

Varelmann, Marianne, Segensfeiern. Theologie-Geschichte-Praxis, Würzburg 2008 (= Studien zur Theologie und Praxis der Seelsorge; 75).

Walter, Peter, Gemeindeleitung und Eucharistiefeier. Zur theologischen Ortsbestimmung des Amtes, in: Fraling, Bernhard; Hoping, Helmut; Scannone, Juan C. (Hgg.), Kirche und Theologie im kulturellen Dialog. FS für Peter Hünermann, Freiburg i. Br. 1994, S. 378-391.

Wanke, Joachim, Einführung in das Thema, in: Sekretariat der Deutschen Bischofskonferenz (Hg.), „Mehr als Strukturen ... Entwicklungen und Perspektiven der pastoralen Neuordnung in den Diözesen". Dokumentation des Studientages der Frühjahrs-Vollversammlung 2007 der Deutschen Bischofskonferenz, Bonn 2007 (= Arbeitshilfen; 213), S. 15-21.

Weber, Franz, Im Gegenwind und Aufwind. Eindrücke vom 11. Treffen der brasilianischen Basisgemeinden, in: Diakonia 36 (2005), S. 439-444.

Ders., Neuverortung von Kirche? Gemeindeentwicklungen in den Kirchen des Südens, in: Diakonia 37 (2006), S. 194-201.

Werbick, Jürgen, Warum die Kirche vor Ort bleiben muß, Donauwörth 2002.
Ders., Plädoyer für die Verörtlichung des Glaubens, in: Lebendige Seelsorge 55 (2004), S. 2-6.

Willke, Helmut, Systemtheorie II. Interventionstheorie. Grundzüge einer Theorie der Intervention in Komplexe Systeme, Stuttgart [3]1999 (= Uni Taschenbuch; 1800).

Wippermann, Carsten; Calmbach, Marc, Wie ticken Jugendliche? Die Sinus-Milieustudie U27, hg. v. BDKJ & Misereor, Düsseldorf 2008.

Zulehner, Paul M.; Lobinger, Fritz, Um der Menschen und der Gemeinden willen. Plädoyer zur Entlastung von Priestern, Ostfildern 2002.

Ders., Die Angst der Kirche vor Umfragen, in: Lebendige Seelsorge 57 (2006), S. 195-200.

7 Anhang

7.1 Anhang 1: Analyse kirchenstatistischer Daten

Bei den betrachteten Pfarrgemeinden handelt es sich um fünf zum Bistum Aachen gehörende Pfarrgemeinden, in denen die Pastoral gemäß c. 517 § 2 CIC durch Laien wahrgenommen wird. Der Betrachtungszeitraum der kirchenstatistischen Daten, erstreckt sich von 1993 bis zum Jahre 2006. Im Jahre 1993 gehörten 13.796 Katholiken diesen fünf Pfarrgemeinden an. Dies entspricht einem Anteil von ca. 1,06 % der zum Bistum Aachen gehörigen Katholiken. Durchschnittlich sind das 2.759 Katholiken pro Pfarrgemeinde. Die kleinste der betrachteten Pfarrgemeinden hat 1.831 Katholiken und die größte 4.268 Katholiken.

Bis zum Jahre 2006 hat sich die Anzahl der Katholiken dahingehend verändert, dass nun 12.725 Katholiken diesen Pfarrgemeinden angehörten. Dies entsprach einem Anteil von ca. 1,09 % der zum Bistum Aachen gehörigen Katholiken.

Es lässt sich demnach ein Rückgang von 1.071 Katholiken im Zeitraum von 1993 bis 2006 beobachten. Relativ zum Bistumsdurchschnitt ist die Zahl geringfügig niedriger, so dass der Katholikenanteil von 1993 bis 2006 von 1,06% auf 1,09% zunimmt. Betrachtet man die Anzahl der Gottesdienstteilnehmer, so lag er im Durchschnitt der Pfarreien in den Jahren 1993 bis 2006 höher als im Bistumsdurchschnitt.

Jahr	Gottesdienstteilnehmer Gemeindedurchschnitt (in %)	Gottesdienstteilnehmer Bistumsdurchschnitt (in %)	Anteil Gottesdienstbesucher bistumsweit (in %)
1993	18,8	15,9	1,35 %
1994	18,6	16,3	1,34 %
1995	16,5	15,7	1,24 %
1996	15,7	15,1	1,26 %
1997	15,0	14,8	1,22 %
1998	15,2	14,2	1,29 %
1999	14,5	13,8	1,31 %
2000	14,4	13,9	1,27 %

2001	15,7	12,9	1,48 %
2002	14,0	12,6	1,40 %
2003	16,4	12,5	1,55 %
2004	13,3	12,1	1,24 %
2005	13,4	11,6	1,34 %
2006	11,6	11,1	1,22 %

Allgemein lässt sich feststellen, dass die Besucherzahl des Gottesdienstes im betrachteten Zeitraum zurückgegangen ist. Diese Tendenz ist sowohl in den fünf Pfarrgemeinden, als auch im Bistum erkennbar. Wird die Relation in Blick genommen, so lässt sich erkennen, dass diese von 1993 bis 2006 relativ konstant geblieben ist. Dieser Wert schwankt zwischen 1,22 % und 1,55 %.

Betrachtet man die Anzahl der Taufen, so fällt auf, dass die Anzahl der Taufen etwa dem Anteil der Katholiken entspricht. Etwa gleiches gilt für die Erstkommunionen. Die Zahlen der Trauungen weisen starke Schwankungen auf. Diese reichen von 0,65% bis 1,67%.

Jahr	% Taufen bistumsweit	% Erstkommunionen bistumsweit	% Trauungen bistumsweit
1993	1,60	1,40	1,34
1994	1,86	1,27	1,64
1995	1,66	1,51	1,67
1996	1,38	1,37	0,76
1997	1,21	1,28	0,65
1998	1,15	1,41	1,04
1999	1,11	1,33	0,97
2000	1,26	1,18	1,47
2001	1,28	1,31	1,00
2002	1,17	1,33	1,51
2003	1,12	1,53	0,78
2004	1,14	1,47	0,85
2005	1,23	1,37	1,47
2006	1,54	1,32	0,89

Bei der Anzahl der Kirchenaustritte ist keine klare Tendenz abzulesen. Vielmehr besticht das Zahlenbild durch große Schwankungen. Dennoch lässt sich sagen, dass die Anzahl der Austritte gemessen an einer Durchschnittspfarre überdurchschnittlich ist.

Jahr	Anzahl d. Kirchen-austritte	% d. Kirchenaustritte bistumsweit
1993	74	1,15
1994	117	1,71
1995	73	0,97
1996	58	0,97
1997	70	1,27
1998	65	1,30
1999	43	0,86
2000	55	1,08
2001	57	1,38
2002	27	0,64
2003	48	0,96
2004	48	1,18
2005	53	1,42
2006	51	1,43

Die Zahlen zu Übertritten und Wiederaufnahmen sind zu gering, um ihnen zuverlässige Aussagen entnehmen zu können.

7.2 Anlage 2: Interviewleitfaden

Bevor ich mit dem Interview beginne, möchte ich Ihnen noch sagen, weshalb dieses Interview heute stattfindet:

Die Grundfrage unseres Forschungsprojektes heißt: Welchen Einfluss hat es auf das kirchliche Leben, wenn Laien an der Gemeindeleitung teilhaben? Zu dieser Grundfrage interviewe ich Gemeindemitglieder von sechs Pfarrgemeinden im Bistum Aachen und Limburg.

Ihre Pfarrgemeinde hat sich entschlossen, unser Forschungsprojekt zu unterstützen. Und ich bedanke mich bei Ihnen, dass Sie sich bereit erklären, sich heute interviewen zu lassen.

Wie in dem Einladungsschreiben bereits genannt, wird das Gespräch mit einem Diktiergerät aufgezeichnet, um später ausgewertet werden zu können. Alle Ihre Daten werden anonymisiert und nach den Regeln des Datenschutzgesetzes behandelt. Sobald die Untersuchung abgeschlossen ist, werde ich alle persönlichen Daten löschen.

Im Verlauf unseres Gesprächs stelle ich Ihnen Fragen, wobei ich Sie bitte, mir all das zu sagen, was Ihnen einfällt und für Sie wichtig erscheint. Wenn Fragen zu schwer sein sollten, können sie unbeantwortet bleiben.

Das Interview dauert ungefähr 1 Stunde und besteht aus 9 Themenschwerpunkten.

Haben Sie noch Fragen?

Ich schalte das Diktiergerät jetzt ein.

****

1. Pfarrer und Pfarrgemeinde

Es gibt den Grundsatz: Jede Pfarrgemeinde soll einen eigenen Pfarrer haben.

1.1 Welche Vorzüge sehen Sie darin, wenn jede Pfarrgemeinde einen eigenen Pfarrer hat?

1.2 Wenn nicht jede Pfarrgemeinde einen eigenen Pfarrer haben kann, was für Nachteile bringt das Ihrer Meinung nach mit sich?

1.3 Was soll in dieser Situation, dass nicht jede Pfarrgemeinde einen Pfarrer hat, gemacht werden?

1.4 Wie lassen sich Ihre Vorstellungen konkret umsetzen?

2. Eigenständigkeit der Pfarrgemeinde

Aufgrund des Priestermangels planen einige deutsche Bistümer, Pfarrgemeinden zusammen zu legen. Damit soll wieder jede Pfarrgemeinde einen eigenen Pfarrer haben.

2.1 Was spricht Ihrer Meinung nach dafür?

2.2 Was spricht dagegen?

2.3 Welche andere Lösung im Umgang mit dem Priestermangel würden Sie vorziehen?

2.4 Wie ließe sich Ihr Lösungsansatz umsetzen?

3. Gemeindeleitungsformen

3.1 Ich lese Ihnen anschließend verschiedene Funktionsträger in der Pfarrgemeinde vor. Bitte sagen Sie mir: Wer gehört für Sie davon zu den leitenden Personen?

- Priester
- Pfarrbeauftragter / Mitglieder des Pastoralteams
- Pfarrgemeinderatsvorsitzender
- Vorsitzender des Verwaltungsrates / des Kirchenvorstands
- Pfarrsekretärin
- Küster
- Organist
- Chorleiter
- Kindergartenleiterin

3.2 Wie nehmen Sie die Rolle des Priesters in Ihrer Pfarrgemeinde wahr?

3.3 In welcher Hinsicht ist er für die Pfarrgemeinde unverzichtbar?

3.4 Welche Vorteile hat für Sie Ihre derzeitige Form der Gemeindeleitung?

3.5 Welche Probleme der gegenwärtigen Form der Gemeindeleitung sehen Sie?

3.6 Wie könnte man die derzeitige Situation verbessern?

3.7 Welche spürbaren Veränderungen haben sich ergeben, seitdem die neue Form der Gemeindeleitung eingeführt wurde

4. Präsenz der Kirche

Es gibt die Aussage. Die Kirche soll nahe bei den Menschen sein.

4.1 Welche Vorzüge sehen Sie darin, wenn es eine Kirche sowie einen kirchlichen Ansprechpartner in erreichbarer Nähe gibt?

4.2 Welche Nachteile für das pfarrgemeindliche Leben sehen Sie, wenn die Kirche an jedem Ort vertreten ist?

4.3 In welcher Gestalt soll die Kirche in Erscheinung treten?

4.4 Wann soll die Kirche für die Menschen da sein?

4.5 Wie lassen sich Ihre Vorstellungen umsetzen?

5. Gemeinschaft

Gemeinde wird u. a. als Gemeinschaft verstanden. Bitte beschreiben Sie mir: In welchen Situationen wird für Sie in der Pfarrgemeinde Gemeinschaft besonders erlebbar?

5.1 Was war dabei besonders gut? Und was noch?

5.2 Was hätte noch besser sein können?

5.3 Was würden Sie verändern?

5.4 Wie soll in den Pfarrgemeinden Gemeinschaftserleben gefördert werden?

6. Glaubensweitergabe

Beschreiben Sie mir bitte, was Ihren Glauben prägt und stärkt.

6.1 Welchen Einfluss hat darauf die Glaubensweitergabe in der Pfarrgemeinde?

6.2 Welche Wege der Glaubensweitergabe sollte die Kirche gehen?

6.3 Was würden Sie hinsichtlich der Glaubensweitergabe in der Pfarrgemeinde ändern?

6.4 Wie können Ihre Änderungsvorschläge in die Realität umgesetzt werden?

7. Glaubenszeugnis

7.1 Was ist ein authentisches Glaubenszeugnis für Sie? Oder anders gesagt: Was ist ein glaubwürdiges Verhalten als Christ?

7.2 Können Sie mir Beispiele nennen, wo Sie ein solches glaubwürdiges Verhalten von Christen erfahren?

7.3 Was fördert Ihrer Meinung nach ein authenthisches Glaubenszeugnis, ein glaubwürdiges Verhalten als Christ?

7.4 Wie könnte die Pfarrgemeinde einen Beitrag zu einem glaubwürdigen Verhalten von Christen leisten?

8. Glaubensverantwortung

8.1 Wer ist für Sie in der Pfarrgemeinde verantwortlich, dass der Glaube der Kirche bewahrt wird?

8.2

Inhaltlich:

Unterscheidet sich der Glaube von einzelnen Pfarrgemeindemitgliedern von dem Glauben, der in der Pfarrgemeinde weitergegeben wird?

Unterscheiden sich die Moralvorstellungen von einzelnen Pfarrgemeindemitgliedern von den Moralvorstellungen, die in der Pfarrgemeinde weitergegeben werden?

Formal:

Gibt es außerhalb der Pfarrgemeinde Formen, wie Gläubige ihren Glauben leben

8.3 Wenn es solche Unterschiede gibt (beim Glaubenszeugnis außerhalb der Pfarrgemeinde und innerhalb der Pfarrgemeinde), sollte versucht werden, sie miteinander zu vereinbaren?

Ist es realistisch, diese zu vereinbaren?

8.4 Was kann getan werden, damit diese Unterschiede mehr in Einklang gebracht werden?

8.5 Wie kann die Zusammenführung von persönlichem und kirchlichem Glaubenszeugnis aussehen?

8.6 Worauf soll besonders geachtet werden, führt man das persönliche und das kirchliche Glaubenszeugnis zusammen?

9. Zusammenarbeit mit anderen Pfarrgemeinden

Beschreiben Sie mir bitte die Kooperation Ihrer Pfarrgemeinde mit den benachbarten Pfarrgemeinden!

9.1 Was läuft in der der Kooperation mit den benachbarten Pfarrgemeinden gut?

9.2 Was zeigt sich als eher schwierig in der Kooperation mit benachbarten Pfarrgemeinden?

9.3 Was sollte an der Kooperation verbessert werden?

9.4 Wie könnte man Ihre Vorschläge umsetzen?

7.3 Anhang 3: Anschreiben

Forschungsprojekt "'Gemeindeleitung' durch Laien"
Einladung zum Interview

Sehr geehrter Herr/Frau __________,

wie in unserem Telefonat am XX.XX.XXXX vereinbart, freue ich mich, Sie am XX.XX.XXXX um XX:XX Uhr im Ort
zu dem Forschungsthema „'Gemeindeleitung' durch Laien" interviewen zu dürfen.

Das Projekt versucht die Frage zu beantworten, wie die Leitung von Laien nach c. 517 § 2 des Kirchlichen Gesetzbuches die religiöse und kirchliche Praxis in den Pfarrgemeinden beeinflusst. Dazu führen Mitarbeiter des Forschungsprojektes eine Befragung von sechs Pfarrgemeinden im Bistum Aachen und Limburg durch.

Mit Zustimmung der Verantwortlichen Ihrer Pfarrgemeinde werden wir insgesamt XX Personen in Ihrer Pfarrgemeinde befragen. Sie persönlich werden interviewt, da wir mehr über die Sicht von Kirchenfernen (etc.) zu unserem Forschungsthema erfahren wollen.

Das etwa 60-minütige Interview besteht aus 2 Teilen. Ungefähr 55 Minuten werde ich Ihnen offene Fragen stellen, bei denen ich Sie bitte, mir all das zu erzählen, was Sie dazu für wichtig halten. In den letzten 5 Minuten bitte ich Sie, einen Fragebogen zur Person, Gemeindlichen Aktivität und Gemeindeleitung auszufüllen.

Als Anlage zu diesem Schreiben erhalten Sie ein Informationsblatt zum Forschungsprojekt, in dem ich nochmals kurz unser Projekt vorstelle und Sie über die datenschutzrechtlichen Bestimmungen informiere.

Als weitere Anlage erhalten Sie eine *Einwilligungserklärung*. Sie ist für uns wichtig, damit die Mitglieder des Projektteams Ihre Daten zu wissenschaftlichen Zwecken auswerten dürfen. Ich bitte Sie die Einwilligungserklärung zu unterschreiben und im Büro der Pfarrgemeinde abzugeben.

Ich möchte mich nochmals herzlich bedanken, dass Sie bereit sind, uns bei unserem Forschungsprojekt durch die Teilnahme an einem Interview zu unterstützen.

Mit freundlichen Grüßen

7.4 Anhang 4: Fragebogen zur Erhebung soziodemographischer Daten

Zur Person

Geschlecht

Weiblich Männlich

Alter

15 bis 30

31 bis 60

61 bis …

Beruf

berufstätig

Beruf ____

nicht berufstätig

Gemeindliche Aktivität

Beteiligung an Liturgie (z. B. Messdiener, Lektor, Kirchenchor)

Beteiligung an Verkündigung (z. B. Gruppenleiter, Bibelkreis, Glaubensgespräche in Familie)

Beteiligung an Diakonie (z. B. Sternsinger, Krankenbesuche)

Beteiligung an Pfarrfesten, Prozessionen, Karneval/Fastnacht etc.

Grad des Engagements

1 sehr engagiert

2

3

4

5

6 gar nicht engagiert

7.5 Anhang 5: Polaritäten

Bitte Denken Sie an einen „Realen Pfarrer" und beurteilen Sie anhand folgender Gegensatzpaare:
(Bitte nur <u>einmal</u> in jeder Zeile ankreuzen!)

Verantwortung übernehmend	❑ ❑ ❑ ❑ ❑ ❑ ❑	Verantwortung abweisend
unpersönlich	❑ ❑ ❑ ❑ ❑ ❑ ❑	persönlich
zugänglich	❑ ❑ ❑ ❑ ❑ ❑ ❑	unzugänglich
gestresst	❑ ❑ ❑ ❑ ❑ ❑ ❑	ruhig
offen	❑ ❑ ❑ ❑ ❑ ❑ ❑	verschlossen
indiskret	❑ ❑ ❑ ❑ ❑ ❑ ❑	diskret
partnerschaftlich	❑ ❑ ❑ ❑ ❑ ❑ ❑	hierarchisch
mutig	❑ ❑ ❑ ❑ ❑ ❑ ❑	abwartend
passiv	❑ ❑ ❑ ❑ ❑ ❑ ❑	aktiv
leistungsorientiert	❑ ❑ ❑ ❑ ❑ ❑ ❑	personenorientiert
verändernd	❑ ❑ ❑ ❑ ❑ ❑ ❑	bewahrend
schwach	❑ ❑ ❑ ❑ ❑ ❑ ❑	stark
kompetent	❑ ❑ ❑ ❑ ❑ ❑ ❑	inkompetent
praxisfern	❑ ❑ ❑ ❑ ❑ ❑ ❑	praxisnah
eigenständig	❑ ❑ ❑ ❑ ❑ ❑ ❑	abhängig
bestimmend	❑ ❑ ❑ ❑ ❑ ❑ ❑	dialogfähig
teilnehmend	❑ ❑ ❑ ❑ ❑ ❑ ❑	distanziert
unterstützend	❑ ❑ ❑ ❑ ❑ ❑ ❑	konfrontierend

Bitte Denken Sie an einen „Idealen Pfarrer“ und beurteilen Sie anhand folgender Gegensatzpaare:
(Bitte nur einmal in jeder Zeile ankreuzen!)

Verantwortung übernehmend	❑ ❑ ❑ ❑ ❑ ❑ ❑	Verantwortung abweisend
unpersönlich	❑ ❑ ❑ ❑ ❑ ❑ ❑	persönlich
zugänglich	❑ ❑ ❑ ❑ ❑ ❑ ❑	unzugänglich
gestresst	❑ ❑ ❑ ❑ ❑ ❑ ❑	ruhig
offen	❑ ❑ ❑ ❑ ❑ ❑ ❑	verschlossen
indiskret	❑ ❑ ❑ ❑ ❑ ❑ ❑	diskret
partnerschaftlich	❑ ❑ ❑ ❑ ❑ ❑ ❑	hierarchisch
mutig	❑ ❑ ❑ ❑ ❑ ❑ ❑	abwartend
passiv	❑ ❑ ❑ ❑ ❑ ❑ ❑	aktiv
leistungsorientiert	❑ ❑ ❑ ❑ ❑ ❑ ❑	personenorientiert
verändernd	❑ ❑ ❑ ❑ ❑ ❑ ❑	bewahrend
schwach	❑ ❑ ❑ ❑ ❑ ❑ ❑	stark
kompetent	❑ ❑ ❑ ❑ ❑ ❑ ❑	inkompetent
praxisfern	❑ ❑ ❑ ❑ ❑ ❑ ❑	praxisnah
eigenständig	❑ ❑ ❑ ❑ ❑ ❑ ❑	abhängig
bestimmend	❑ ❑ ❑ ❑ ❑ ❑ ❑	dialogfähig
teilnehmend	❑ ❑ ❑ ❑ ❑ ❑ ❑	distanziert
unterstützend	❑ ❑ ❑ ❑ ❑ ❑ ❑	konfrontierend

Bitte denken Sie nun an eine reale Pfarrgemeinde ohne Pfarrer und beurteilen Sie anhand folgender Gegensatzpaare:
(Bitte nur <u>einmal</u> in jeder Zeile ankreuzen!)

Verantwortung übernehmend	❑ ❑ ❑ ❑ ❑ ❑ ❑	Verantwortung abweisend
unpersönlich	❑ ❑ ❑ ❑ ❑ ❑ ❑	persönlich
zugänglich	❑ ❑ ❑ ❑ ❑ ❑ ❑	unzugänglich
gestresst	❑ ❑ ❑ ❑ ❑ ❑ ❑	ruhig
offen	❑ ❑ ❑ ❑ ❑ ❑ ❑	verschlossen
indiskret	❑ ❑ ❑ ❑ ❑ ❑ ❑	diskret
partnerschaftlich	❑ ❑ ❑ ❑ ❑ ❑ ❑	hierarchisch
mutig	❑ ❑ ❑ ❑ ❑ ❑ ❑	abwartend
passiv	❑ ❑ ❑ ❑ ❑ ❑ ❑	aktiv
leistungsorientiert	❑ ❑ ❑ ❑ ❑ ❑ ❑	personenorientiert
verändernd	❑ ❑ ❑ ❑ ❑ ❑ ❑	bewahrend
schwach	❑ ❑ ❑ ❑ ❑ ❑ ❑	stark
kompetent	❑ ❑ ❑ ❑ ❑ ❑ ❑	inkompetent
praxisfern	❑ ❑ ❑ ❑ ❑ ❑ ❑	praxisnah
eigenständig	❑ ❑ ❑ ❑ ❑ ❑ ❑	abhängig
bestimmend	❑ ❑ ❑ ❑ ❑ ❑ ❑	dialogfähig
teilnehmend	❑ ❑ ❑ ❑ ❑ ❑ ❑	distanziert
unterstützend	❑ ❑ ❑ ❑ ❑ ❑ ❑	konfrontierend

7.6 Anhang 6: Kategoriensystem

Hauptaspekte	Oberbegriffe	Schlagwörter
Personenbegriffe	Ehrenamtliche	Ehrenamtliche
	Familie	Familie
	Kirchenferne	Kirchenferne
	Kollegialität	Aufgabenabgrenzung Aufgabenverteilung Kollegialität
	Laien	Laien
	Leitungspersonen	Ansprechpartner Bezugsperson Entlastung Ersatzpriester Lebensbegleiter Moderator Pastoralteam Pfarrbeauftragter Pfarrer Priester Priesteramt Priesterfunktion Priesterzentrierung Rolle Seelsorger Überlastung
	Person	Achtung Liebe Loyalität Menschen Personen Persönlich

		Persönlichkeit Verbindlichkeit Verlässlichkeit
	Theologen	Laientheologen Theologe
Strukturbegriffe	Amt	Amt Amtszeitbegrenzung Diakonat Dienst Hierarchie Kirchenhierarchie Mandat Weihe Zölibat Zulassungsvoraussetzungen
	Bibel	Bibel Evangelium Gleichnis Jesus
	Demokratie	Demokratie Diskussionskultur Menschenwürde
	Einheit	Einbindung Einheit
	Erreichbarkeit	Anbindung Anlaufstelle Außenbezirke Entfernung Erreichbarkeit Kirchort Lebensnah Localizing Mobilität

		Mobilitätsverlierer Ortsnähe Präsenz
	Finanzen	Finanzen
	Frauenpriestertum	Frauenpriestertum Priesterinnen
	Gemeinde	Charismen Diaspora Förderung Gemeinde Gemeindemitglieder Gottes Volk Kirchengebäude Räume Tradition Verein
	Generationen	Generationen
	Gesellschaft	Gesellschaft
	Gremien	GR Gremien Gremienarbeit KV PGR Verwaltungsrat VR
	Hauptamtlichkeit	Hauptamtlichkeit
	Kirche	Gestalt Grundfunktion Institution Institutionskritik Katholisch

		Kirche Kirchlichkeit Lehre Papst Urkirche Volkskirche Weltkirche Werteinstanz
	Kompetenz	Ausbildung Kompetenz Rekrutierung Wissen
	Leitungsmodell	Akzeptanz Anerkennung Ausnahmecharakter Außenperspektive Balance Beauftragung Bestätigung Eucharistievorsitz Gefahren Grenzen Grenzerfahrung Identifikation Legitimation Leitung Leitungsgenese Leitungsstil Leitungsteam Leitungsverständnis Letztverantwortung Modell Moderation Pfarrsekretärin Schwierigkeiten Team Viri probati

		Vorgesetzter
	Mangel	Gläubigenmangel Mangel Personalmangel Priestermangel Zeitmangel
	Medien	Medien
	Moral	Moral Sexualmoral
	Pastorale Räume	Dezentral GdG Pastorale Räume Seelsorgeeinheiten
	Pfarrei	Großpfarrei Pfarrei
	Sozial	Caritas Gerechtigkeit Lobbyismus Sozial Soziales Engagement
	Struktur	Gemeindestruktur Innenstadt Kreise Lebensraum Organisationsstruktur Sozialstruktur Struktur Territorial Zentralisierung Zentren
	Verwaltung	Verwaltung

	Zukunft	Zukunft
Vollzugsbegriffe	Aktualisierung	Aktualisierung Anpassung Aufbruch Entwicklung Erneuerung Genese Rückwärtsentwicklung Übergang Umbruch Veränderung Wandel
	Alltag	Alltagsleben Gewohnheit Leben Lebenserfahrungen
	Beziehung	Absprachen Auseinandersetzung Austausch Begleitung Beratung Beziehung Bindung Dialog Eltern Gespräch Kommunikation Konflikt Konkurrenz Kontakte Öffentlichkeit Spannung
	Eigenständigkeit	Eigenleben Eigenständigkeit

		Selbstbewusstsein Selbstständigkeit Selbstverständnis
	Feste	Event Feste Pfarrfest Sonderveranstaltungen
	Fusion	Fusion Zusammenschluss
	Gemeinschaft	Communio Gemeinschaft Gemeinschaftserfahrung
	Geschichte	Geschichte Zeitgeschichte
	Glaube	Alternativen Authentizität Christsein Formen Gebet Glaube Glauben teilen Glaubensfragen Glaubensgespräch Glaubensverständnis Glaubenszeugnis Glaubenszweifel Glaubwürdigkeit Gott Gottesbeziehung Spiritualität Vorbilder
	Heimat	Anonymität Geborgenheit

		Getragen sein Grundvertrauen Heimat Ortskenntnis Zuhause fühlen/kirchliche Heimat
	Katechese	Glaubensweitergabe Katechese Mission Predigt Schule Verkündigung
	Kooperation	Kooperation Koordination Ökumene Personalaustausch Synergieeffekte Zusammenarbeit
	Liturgie	Gottesdienst Liturgie Sonntagsgottesdienst Wortgottesdienst
	Partizipation	Eigeninitiative Engagement Partizipation Teilnahme
	Pastoral	Angebote Bedürfnisse Impulse Individualseelsorge Kategorial Komm- und Gehstruktur Pastoral Pastoralplanung

		Seelsorge Versorgungspastoral
	Pluralität	Diversität Pluralisierung Pluralität Unterschiedlichkeit Vielfalt
	Sakrament	Ehe Eucharistie Lebenswenden Sakrament Sakramentenkatechese Sakramentenspendung
Allgemein	Allgemein	Allgemein Angaben Angst Arbeit Bedeutung Beispiel Berufsperspektive Bistum Deuten Eigenverantwortung Erfahrung Erwartungshaltung Exklusivität Freikirchlichkeit Frustration Grundlage GvG-Vertrag Handeln Heilszusage Ideologie Interreligiosität Kommentar Kränkung

		Krise Kriterien Kritik Maßstab Neutralität Notwendigkeit Offenheit Positionierung Praxis Projekte Prozess Rechtsanspruch Religiosität Separierung Soziologie Subsidiarität Texte Toleranz Überschaubarkeit Überzeugung Unbürokratisch Unterstützung Vakanz Visionen Vita activa Vita contemplativa Vorgaben Vorteile Wahrnehmung Wirkung Wunder Zeit